suhrkamp taschenbuch
wissenschaft 273

Jan M. Broekman (geb. 1931) ist o. Professor für Philosophie, besonders Rechtsphilosophie, an der Universität Leuven. Veröffentlichungen: *Phänomenologie und Egologie*, 1963; *Strukturalismus*, 1971. Herausgeber einer Reihe »Kolleg Rechtstheorie«.

Ante Pažanin (geb. 1930) ist o. Professor für Philosophie an der Fakultät für politische Wissenschaften der Universität Zagreb. Veröffentlichungen: *Wissenschaft und Geschichte in der Phänomenologie E. Husserls*, 1972; auf kroatisch: *Grundzüge der Philosophie*, 1970; *Marx und der Materialismus*, 1972; *Philosophie und Politik*, 1973.

Bernhard Waldenfels (geb. 1934) ist o. Professor für Philosophie an der Universität Bochum. Veröffentlichungen: *Das sokratische Fragen*, 1961; *Das Zwischenreich des Dialogs*, 1971. Mehrere Studien zur französischen Philosophie, namentlich zu Merleau-Ponty. Mitherausgeber der *Philosophischen Rundschau*.

Mit der Erörterung von Fragen der Erkenntnis- und Wissenschaftstheorie endet ein Gesprächsversuch zwischen westlichen und östlichen Autoren, der in drei vorangehenden Bänden (stw 195, 196, 232) begonnen wurde. Phänomenologie und Marxismus suchen auf ihre Weise nach einem Mittelweg zwischen reiner Tatsachen- und reiner Vernunfterkenntnis, zwischen Auslieferung an die Wissenschaft und eindeutigen Fundierungsansprüchen, so daß ein Austausch zwischen Philosophie, Wissenschaft und gesellschaftlicher Praxis möglich wird. Zentrale Probleme sind die Rückbindung wissenschaftlicher Konstruktionen an die Lebenswelt, die Voraussetzungen einer Ideologiekritik, Einheitlichkeit und Differenzierung innerhalb des Erkenntnis- und Wissenschaftsprozesses. Angesicht neuerer Tendenzen in der Wissenschaftstheorie und Wissenschaftsgeschichte (etwa bei Kuhn und Feyerabend, bei Foucault und Desanti) wird der Rückgriff auf eine hierarchische Wesensordung oder eine totalisierende Dialektik zusehends fragwürdig. Spezifische Rationalitäten und Irrationalitäten verlangen nach einer differenzierten Form der Betrachtung und der Kritik.

Phänomenologie und Marxismus

Band 4

Erkenntnis- und Wissenschaftstheorie

Herausgegeben von
Bernhard Waldenfels, Jan M. Broekman
und Ante Pažanin

Suhrkamp

suhrkamp taschenbuch wissenschaft 273
Erste Auflage 1979

Satz: Otto Gutfreund & Sohn, Darmstadt
Druck: Nomos Verlagsgesellschaft, Baden-Baden
Printed in Germany
Umschlag nach Entwürfen
von Willy Fleckhaus und Rolf Staudt

CIP-Kurztitelaufnahme der Deutschen Bibliothek
Phänomenologie und Marxismus / hrsg. von Bernhard Waldenfels ... – Frankfurt am Main: Suhrkamp.
NE: Waldenfels, Bernhard [Hrsg.]
Bd. 4. Erkenntnis- und Wissenschaftstheorie. – 1. Aufl. – 1979.
(Suhrkamp-Taschenbücher Wissenschaft; 273)
ISBN 3-518-07873-9

Inhalt

Vorbemerkung

Die Beiträge dieses vierten Bandes verdanken ihre Entstehung einem weiteren Postdiplomkurs »Phänomenologie und Marxismus«, der im Frühjahr 1978 im Interuniversitären Zentrum Dubrovnik stattfand, unter der gemeinsamen Leitung der Herausgeber dieser Bände. Nachdem in den vorausgehenden Jahren »Konzepte und Methoden« (Bd. 1), »Praktische Philosophie« (Bd. 2) und »Sozialphilosophie« (Bd. 3) im Mittelpunkt standen, schließt das Unternehmen mit der Behandlung von Fragen der Erkenntnis- und Wissenschaftstheorie.

An dieser Stelle sei nochmals allen gedankt, die zum Gelingen dieses Unternehmens beigetragen haben: den Mitarbeitern des Zentrums in Dubrovnik, der Universität Zagreb als dessen Betreuerin, den verschiedenen förderungsbereiten Universitäten, Organisationen und Stiftungen, an erster Stelle der Fritz-Thyssen-Stiftung, die das Projekt vier Jahre lang unterstützt hat, ferner allen Dozenten und Kursteilnehmern, die in gemeinsamer Arbeit die Ideen entwickelt haben, die hier ihren Niederschlag finden. Schließlich sei den Mitgliedern des Bochumer Instituts für Philosophie gedankt, die sich an der Bearbeitung der Manuskripte und am Lesen der Korrekturbögen beteiligt haben, nämlich Michael Frey, Norbert Lanfer, Regula Tagmann und vor allem Hannelore Engels, die die Hauptlast der Schreibarbeit zu tragen hatte.

November 1978

J. M. Broekman
A. Pažanin
B. Waldenfels

Bernhard Waldenfels

Wider eine reine Erkenntnis- und Wissenschaftstheorie

In meinen einleitenden Überlegungen möchte ich zeigen, wie Phänomenologie und Marxismus auf eingebürgerte Disziplinen wie Erkenntnis- und Wissenschaftstheorie reagiert haben oder reagieren könnten, wenn sie sich auf ihre eigenen Aspirationen besännen. Sollte sich dabei herausstellen, daß man in beiden Richtungen vielfach in alte Vorstellungen verstrickt ist, gegen die man doch selbst ankämpft, so wäre dies eine mögliche Aufforderung zu kritischer Selbstbesinnung und zur Selbstveränderung. Ich möchte also keinen bloßen Überblick geben, sondern in eine bestimmte Problematik einführen, die zugleich das theoretische Feld umreißt, in dem sich die Beiträge des vorliegenden Bandes bewegen. Daß sowohl Zielpunkt wie Art der Reaktion vielfach variieren und differieren, schließt nicht aus, daß man von gemeinsamen Tendenzen sprechen kann.

I. Erkenntnistheorie: Letzte Gewißheit und reine Gültigkeit?

1. *Motive der klassischen Erkenntnistheorie.* – Als eigene Disziplin oder gar als Grunddisziplin ist die Erkenntnistheorie durchaus ein Produkt der Neuzeit; sie verbindet sich mit verschiedenen Spielarten der Bewußtseinsphilosophie und der Philosophie der Subjektivität. Bei Artistoteles etwa finden wir keine eigentliche Erkenntnistheorie. Es gibt für ihn kein einförmiges Wissen, das sich lediglich auf verschiedene Gegenstandsbereiche aufteilt, sondern ein vielförmiges Wissen, das teleologisch bestimmten Erkenntniszielen zugeordnet ist, so das theoretische, das praktische, das poietische Wissen; und selbst das »reine Wissen«, das um seiner selbst willen erstrebt wird, ist eingebettet in eine Lebensform, die ihre nichttheoretischen, nämlich ökonomischen, politischen und ethischen Voraussetzungen hat. Eine scharfe Trennung zwischen empirischer Forschung und philosophischer Reflexion ist ohnehin

noch nicht vollzogen. Diese Tradition bricht mit der beginnenden Neuzeit zusammen; es ergeben sich teils Verschiebungen, teils Vereinfachungen, teils natürlich auch Erweiterungen innerhalb des Wissensfeldes.

Ich möchte hier zwei exemplarische Formen der neuzeitlichen Erkenntnistheorie eigens herausheben, die ich mit den Namen Descartes und Kant verbinde, ohne damit behaupten zu wollen, deren grundlegende Philosophie ließe sich auf Erkenntnistheorie reduzieren. Mir geht es lediglich um bestimmte traditionell fortwirkende Motive, die den Bemühungen um eine Erkenntnistheorie eine besondere Pointierung gegeben haben. Der *Descartessche* Ansatz ist zentriert auf das Bewußtsein als Ort der Selbstvergewisserung; zum beherrschenden Motiv wird die *Gewißheit* der Erkenntnis. Dabei ist reine Erkenntnistheorie nur möglich, wenn ein reines Bewußtsein den voraussetzungslosen Anfang bildet. Im Empirismus verschwindet dieses Motiv keineswegs; das Fundament verschiebt sich nur in den Bereich von Erfahrungsdaten. Der *Kantsche* Ansatz kulminiert dagegen in der Vernunft als Inbegriff von Erkenntnisformen; beherrschendes Motiv ist die *Gültigkeit* der Erkenntnis. Reine Erkenntnistheorie ist hier nur möglich, wenn eine säuberliche Trennung zwischen apriorischen Formen und aposteriorischen Inhalten vollzogen wird und zugleich Rechts- und Tatsachenfragen, Geltung und Genesis strikt auseinandergehalten werden können. Die klassischen Positionen werden erschüttert, wenn das Bollwerk des reinen Bewußtseins und die Instanz einer reinen Vernunft ins Wanken geraten.

2. *Reaktionen seitens der Phänomenologie.* – Bekanntlich verarbeitet Husserl an zentraler Stelle Einflüsse von Decartes und Kant (natürlich auch von Hume); dabei ergibt sich eine deutliche Verschiebung der Frageebene.

Descartes' Einfluß macht sich bemerkbar in der sogenannten *phänomenologischen Reduktion*, einer Reduktion dessen, was ist, auf seine Erscheinungsweise; doch von Anfang an kommt es zu einer entschiedenen Revision. Es geht nicht um einen Zweifel an der Wirklichkeit, sondern um eine Ausschaltung des Wirklichkeitsglaubens, und zwar mit dem Ziel, das Ansich der Wirklichkeit in ein Füruns zu verwandeln und ihren Sinn zu enthüllen. Entscheidend ist der Begriff der *Intentionalität*: Die Bewußtseinserlebnisse sind in sich selbst auf anderes bezogen, das Bewußtsein ist nicht länger mehr eine reine Innensphäre. Und an die Stelle einer Introspektion tritt die intentionale Analyse. Über uns selbst erfahren wir nur etwas, wenn wir den Sinn auslegen, den die Wirklichkeit für uns hat und ständig neu gewinnt.

Kants Einfluß ist in der *eidetischen Reduktion* faßbar, in der Reduktion alles Tatsächlichen auf apriorische Wesensstrukturen; doch auch hier bleibt die Revision nicht aus. Husserl richtet gegen Kant den Vorwurf, daß er auf einer zu hohen Stufe beginne und damit uneingestandene Voraussetzungen in seine Fragestellungen einfließen lasse. Die Frage nach der objektiven Gültigkeit rationaler wissenschaftlicher Erkenntnis setzt eine alltägliche *Lebenswelt* voraus als Fundament aller objektiven Erkenntnis, und alles anschaulich-denkende Erkennen zeigt eine »somatisch-psycho-physische Verwurzelung«[1]. Ausschlaggebend ist der erneuerte Begriff der *Erfahrung*. Erfahrung bedeutet von Anfang an kein bloßes Haben von Sinnesmaterial, sondern in ihr verkörpert sich selbst schon eine »verborgen wirkende Vernunft«, die immerfort sinnliche Daten rationalisiert und rationalisiert hat; ihr Gegenstand ist nicht eine wissenschaftlich konstituierte Welt, sondern eine »sinnlich-anschauliche Gegenstandswelt«[2]. Zwar ist es Husserl um invariante Wesensstrukturen zu tun, doch diese werden gewonnen durch Variation von Erfahrungsgegebenheiten, die selbst einem Prozeß der Sinngeschichte entstammen. Weder die Welt noch das Bewußtsein ist etwas Fertiges.

Damit ist die Phänomenologie nicht länger mehr einseitig fixiert auf Gewißheit und Gültigkeit. Entscheidend ist nicht die Frage, ob etwas wirklich und gewiß *ist*, sondern *wie* es sich als solches erweist; und die Frage nach der Gültigkeit verknüpft sich mit der Frage nach der Genese dessen, was mit dem Anspruch auf Gültigkeit auftritt. Es gibt eine »Genealogie der Logik«. Dennoch bleibt Husserls Ansatz in mannigfacher Hinsicht der klassischen Bewußtseins- und Vernunftphilosophie verhaftet. Das Bewußtsein ist zwar kein Ort der Innerlichkeit und der introspektiven Selbstbespiegelung, aber es bleibt doch ein Ort der *Präsenz* und *Selbstpräsenz*. So gilt die Wahrnehmung im Sinne der Präsentation als Urmodus des Erkennens und als Fundament für alle Repräsentationen (sei es in der Erinnerung und Erwartung, in der Phantasievorstellung, in der Bild- und Zeichendarstellung, in der appräsentierenden Fremderfahrung), und es erweist sich als schwierig, dem Deutungscharakter der Wahrnehmung, der konstitutiven Funktion der Sprache oder der Gleichursprünglichkeit der andern und der prägenden Gewalt des Sozialen voll gerecht zu werden. Dementsprechend hat Derrida, in semiotischer Umformung Heideggerscher Gedankengänge, diese Philosophie der Präsenz als letzten Ausläufer der Metaphysik gekennzeichnet und kritisiert.[3] (BROEKMANS Überlegungen zu einer Referenz, die sich im Diskurs selbst herstellt, setzten diese kritische Gedankenlinie fort.) Und was die Vernunft angeht, so ist sie zwar keine fertige Vernunft mehr, die zeit- und geschichtslos universelle Gültigkeit garantiert, aber dennoch werden in ihr *alle Verschiedenheiten zur Einheit* gebracht. Dies geschieht auf hierarchischem Wege in Form einer eindeutig bestimmten Sinnschichtung und auf teleologische Art in Form eines eindeutigen Vernunftziels. Hier setzt eine Kritik an wie die von Foucault, die mit differenten theoretischen Feldern und diskontinuierlichen Entwicklungsschüben rechnet; davon wird noch die Rede sein (vgl. hierzu auch ROUTILA).

Allerdings ist die Phänomenologie bei Husserl nicht stehengeblieben. Die Nachfolgelasten, die er hinterlassen hat, führten zu Fortentwicklungen innerhalb der Phänomenologie selbst, so etwa bei Merleau-Ponty, der bestimmte Züge der Husserlschen Theorie verstärkt, Heideggersche Gedanken aufgreift und auf diese Weise der Bewußtseinsphilosophie eine noch radikalere Absage erteilt. Die phänomenologische Reduktion ist für ihn lehrreich gerade darin, daß sie nicht voll durchführbar ist; der Versuch, das Vorurteil einer fertig gegebenen Welt zu durchbrechen, zeigt uns unsere Inhärenz in einer Welt, die sich immerzu bildet und fortbildet und sich einem totalen Zugriff entzieht. Und was die eidetische Reduktion angeht, so ist die Wesenserkenntnis nicht das Ziel, sondern Mittel zur Erkenntnis der faktischen Welt. Damit wird sie zu einem offenen Prozeß, der immer wieder auf die Empirie zurückgreifen muß. In ihren differenten Gestaltungen schreibt die Wahrnehmung selbst einen originären Text vor.[4] Der Standpunkt des Bewußtseins verschiebt sich auf die leibliche Existenz, die von vornherein als ausdruckshaft, sprachmächtig, sozial getönt erscheint. Der Sinn, der hier entsteht, ist seinem Wesen nach vieldeutig, ohne feste teleologische Orientierung und ohne sichere Direktiven.[5] Im Spätwerk rückt Merleau-Ponty stärker noch von einem Denken ab, das sich im Gegensatz von Subjekt und Objekt verfängt; strukturale Ansätze verstärken sich.[6] Der vorübergehend stark existenzphilosophisch geprägte Ansatz weicht einer indirekteren Denkweise, die den institutionellen und symbolischen Vermittlungen der Geschichte weiten Raum gewährt. Was die Auseinandersetzung mit dem Marxismus angeht, so konzentriert sich das Interesse nun weniger einseitig auf den jungen Marx. Und man kann ohne Übertreibung sagen, daß die französischen Phänomenologen Marx dort näherkommen, wo sie ihm mit größerem Vorbehalt begegnen; denn dies ist ein Zeichen dafür, daß sie nun Marx in seiner Analyse und Kritik der Institutionen ernster nehmen als vorher. Das gilt gewiß für Merleau-Pontys *Abenteuer der Dialektik*, aber auch für Sartres *Kritik der dialektischen Vernunft*, obwohl dieses Werk einem existentialistischen Entscheidungs- und Entwurfdenkens stärker verhaftet bleibt.[7]

3. *Reaktionen seitens des Marxismus.* – Marx rückt von Anfang an ab von einer Philosophie, die im Bewußtsein, oder gar im Bewußtsein des Individuums, ihr Zentrum hat, und damit nimmt er Abstand von einer *reinen* Erkenntnistheorie. Absprungsbasis ist die Kritik an Feuerbachs Sensualismus, einem Ausläufer der klassischen Erkenntnistheorie. Bekanntlich wirft Marx Feuerbach vor, daß er die Wirklichkeit nur unter der Form des Objekts und der Anschauung begreift und nicht unter der Form der sinnlich-materiellen Tätigkeit, der Praxis. So kommt es (bei den deutschen Ideologen) nur zu einer Bewußtseinskritik, nicht zu einer praktisch-kritischen Tätigkeit.[8] Und die Frage nach der Wahrheit stellt sich nur als theoretische, nicht als praktische, d. h. der Beweis der Wahrheit wird nicht im Gange der Praxis selbst gesucht (vgl. 1. und 2. These über Feuerbach). Innerhalb dieser kritischen Perspektive wechseln nicht bloß die Antworten, sondern die Frageebene selbst wird eine andere. Im Hinblick auf die hegelianisierenden deutschen Ideologen schreiben Marx und Engels: »Nicht nur in ihren Antworten, schon in den Fragen selbst lag eine Mystifikation« (Dt. Ideologie, S. 19[9]). Dieser »Terrainwechsel«, mit Althusser zu reden, besagt, daß die Erkenntnisfrage sich fortan im Rahmen der *materiell-gesellschaftlichen Praxis* stellt und sich nicht zu ihren Häupten etabliert. Dieser Wechsel des Gesichtspunktes kann wiederum unter Bezugnahme auf den Descartesschen und den Kantschen Ansatz erläutert werden.

Anders als bei *Descartes* gilt das Bewußtsein nicht mehr als Ort allgemeiner Vergewisserung und als *voraussetzungsloser Anfang*. Einzige Voraussetzungen sind »die wirklichen Individuen, ihre

Aktion und ihre materiellen Lebensbedingungen, sowohl die vorgefundenen wie die durch ihre eigne Aktion erzeugten« (Dt. Ideologie, S. 20). Das *Bewußtsein*, d. h. die Produktion von Ideen und Vorstellungen, ist zunächst unmittelbar verflochten in die materielle Tätigkeit (Arbeit) und den materiellen Verkehr (Sprache); es ist bewußtes Sein, wobei das Sein den wirklichen Lebensprozeß ausmacht; die Erkenntnis unterliegt somit atheoretischen Bedingungen. Ein solches Bewußtsein ist dem wirklichen Leben keineswegs adäquat; es ist immer auch *illusorischer* Ausdruck des konkreten Verhaltens. Reines Bewußtsein und »reine Theorie« sind Produkte der Arbeitsteilung zwischen materieller und geistiger Tätigkeit, die den Schein einer Unabhängigkeit von der bestehenden Praxis aufkommen läßt (a.a.O., S. 31).

Die *Kantsche* Tradition erfährt ebenfalls eine Umformung; es wird nicht länger eine Vernunft als Inbegriff reiner Erkenntnisformen vorausgesetzt. So unterscheidet J. Zelený beispielsweise in bezug auf Kants Metaphysik zwischen einer »rein apriorischen Erkenntnis« und einer »Wissenschaft von jenen Prinzipien..., zu denen man bei den notwendigen Versuchen einer Grundlegung des empirischen Wissens durch das Befragen der Voraussetzungen des erfahrungsmäßigen Verstandesgebrauchs gelangt«[10]; erstere wird durch die materialistische Dialektik negiert, letztere übernommen und weiterbearbeitet. Dabei gewinnt auch die wissenschaftliche Erkenntnis nur einen relativen Eigenstand; letzten Endes ist die sinnliche Welt das »Produkt der Industrie und des Gesellschaftszustandes« (Dt. Ideologie, S. 43); sie verweist auf geschichtliche wandelbare Produktionsformen und Produktionsverhältnisse, wobei Idee und Interessen durchgängig verknüpft sind. Dies ist eine andere Form der Genealogie der Logik und der Moral.

Damit sind wir weit entfernt von einer reinen Erkenntnistheorie und Erkenntniskritik. Die Frage nach der Konstitution der Wirklichkeit stellt sich auch hier, aber ihre Beantwortung findet keinen Standpunkt *jenseits* der materiell-gesellschaftlichen Praxis. Alles unmittelbare Erkennen ist hineinverflochten in den Lebensprozeß; alles theoretisch rekonstruierende Erkennen ist eingelassen in die kritische Darstellung eben dieses Lebensprozesses, d. h. zuförderst in die Kritik der politischen Ökonomie. Es gilt zu unterscheiden zwischen dem »Entstehungsprozeß des Konkreten selbst« und der »Art für das Denken..., sich das Konkrete anzueignen«[11]. Dabei wird die Art und Weise, in der die wissenschaftlichen Rekonstruktionen an den gesellschaftlichen Prozeß, an die Perspektive der Beteiligten zurückgebunden sind, zu einem dringlichen Problem, wenn der Marxismus nicht doch wieder in einen Theoretizismus ausarten soll. (Vgl. hierzu die Überlegungen SRUBARS zur Funktion der Lebens-Welt in der Marxschen Theorie.)

Allerdings fragt es sich, ob nicht auch hier teilweise bestimmte Relikte einer älteren Bewußtseins- und Vernunftphilosophie in verwandelter Form wiederkehren und eigentümliche Schwierigkeiten heraufbeschwören. Was die Rolle des *Bewußtseins* angeht, so ist zu erinnern an den Übergang von der *Vorgeschichte* zur *Geschichte*, an den Übergang von einem Zustand, wo wir die Geschichte machen, ohne es zu wissen, zu einem Zustand, wo wir die Geschichte mit vollem Bewußtsein selber machen. Ist der Gegensatz zwischen »fremden Mächten« und einer »Kontrolle und bewußten Beherrschung dieser Mächte« (Dt. Ideologie, S. 37) in dieser schroffen Form aufrechtzuerhalten, da er die Möglichkeit einer allseitigen Aneignung aller geschichtlich wirkenden Kräfte suggeriert? Ein phänomenologisch orientierter Theoretiker wie Merleau-Ponty würde dem entgegenhalten, daß wir allzusehr in die Geschichte verwickelt sind, als daß wir je hoffen könnten, sie in ein transparentes Geschehen zu verwandeln. Die Problematik des Bewußtseins wird ebenfalls virulent in der Art und Weise, wie man die *Ideologiekritik* konzipiert. Ist die Ideologie zu verstehen als »pathologisches Bewußtsein«, und bleibt sie damit nicht rückgebunden an eine Bewußtseinsphilosophie, selbst wenn diese weniger selbstherrlich auftritt, als es früher geschah? (Vgl. den Beitrag von ORTH) Gibt es nicht auch Tendenzen zu einer a-subjektiven Ideologietheorie, die keine unbeschränkte Verfügungsgewalt über die Geschichte mehr unterschiebt und so das Reflexionsmodell durchbricht? (Vgl. dazu BROEKMAN: über Fetisch und Erkenntnis) Es ist deutlich, wie hier die Überlegungen von Phänomenologie und Marxismus ineinandergreifen und wie sie teilweise an ähnlichen Problemene arbeiten.

Die Frage nach der *Vernunft* meldet sich zu Wort in der Verheißung einer *Universalgeschichte*. Einen entscheidenden Gesichtspunkt bildet hier die Unterscheidung von Erscheinung und Wesen. »Die *Erscheinung* eines Gegenstandes ... ist die Gesamtheit seiner wesentlichen und unwesentlichen Eigenschaften, wie sie noch ungeschieden voneinander der Sinneserfahrung gegeben sind, im Gegensatz zum *Wesen*, welches die Gesamtheit der allgemeinen invarianten Eigenschaften ist, die dem Gegenstand notwendig zukommen.« Dieser Satz könnte nahezu, nämlich ohne den nachfolgenden Hinweis auf eine »dialektische Einheit« von Erscheinung und Wesen, bei Husserl stehen, er steht aber bei marxistischen Autoren.[12] Das Wesen gibt zugleich ein Telos ab, so daß daraus *eine* Geschichte resultiert. Die hierarchische Gliederung des Weltaufbaus dynamisiert sich zu Etappen einer Weltgeschichte. Bleiben nicht hier Hegelsche Auffassungen mächtig, die in die Kontingenz des Geschichtsablaufs hineinspielen und unter dem Stichwort der ›Totalität‹ einen Einheitszwang erzeugen, so daß am Ende doch wieder herausschaut, was zunächst als Spekulation abgewiesen wurde? Ist die Universalgeschichte mehr als ein »Traum der Geschichte«[13], der dort, wo er Gewalt gewinnt, zum Alptraum wird? Kollidiert nicht der Standpunkt der Totalität mit den Rechten des Individuums? (Vgl. die kritischen Überlegungen von VAJDA) Und wenn man die Dialektik von Erscheinung und Wesen wissenschafts-empirisch auflockert (vgl. den Beitrag von NOWAK), läßt sich dann noch so eindeutig zwischen Haupt- und Nebenfaktoren unterscheiden? Gibt es dann noch die Widerspiegelung einer objektiven Ordnung im subjektiven Erkenntnisprozeß? All diese Fragen gewinnen an Kraft, sobald wir neuere Entwicklungen der Wissenschaftstheorie in Betracht ziehen, von denen Phänomenologie und Marxismus in gleicher Weise herausgefordert werden.

II. Wissenschaftstheorie: Grundlegung oder Anpassung?

1. *Extreme Zuordnungen von Philosophie und Wissenschaft.* – Die Konzeption der Erkenntnis, die für eine bestimmte Philosophie maßgebend ist, färbt unweigerlich ab auf ihr Verhältnis zu den Wissenschaften. Wenn wissenschaftlich-methodische Erkenntnis zur beherrschenden und letztgültigen Form der Erkenntnis avanciert, so muß am Ende die Wissenschaftstheorie das Feld der Erkenntnistheorie gänzlich okkupieren; alle Erkenntnisweisen, die nicht mit dem Gang der Wissenschaften unmittelbar oder mittelbar verknüpft sind, werden degradiert zu bloßen Vorformen der Erkenntnis. Daß die im 19. Jahrhundert aufkommende Wissenschaftstheorie anfangs dahin tendiert, das Erbe der Erkenntnis-

theorie anzutreten und diese zu absorbieren, ist eine Tatsache, die sich kaum leugnen läßt.[14] Hieraus resultiert, was das Verhältnis von Philosophie und Wissenschaften betrifft, eine erste Extremform. Die Philosophie wird den Wissenschaften letzten Endes *untergeordnet*. Als eine Metadisziplin, die den faktischen Forschungsgang klärend durchleuchtet und normativ zurechtrückt, bewegt sie sich durchweg auf dem Boden eines bereits etablierten Wissenschaftsbetriebs. Man kann hier von einem Szientismus bzw. von einer szientistischen Philosophie sprechen, sofern der Maßstab der Wissenschaften als einziger Erkenntnismaßstab zugrundegelegt und somit der Geltungsanspruch der Wissenschaften verabsolutiert wird. Ein Paradebeispiel liefert die Spielart des Positivismus, die man als logischen Positivismus bezeichnet. Alle Inhalte objektiv gültiger Erkenntnis werden hier den Wissenschaften überantwortet; darüber hinaus bleibt nur der Formalismus der Erkenntnis (Begriffsbestimmungen, Beobachtungsmethoden, Ableitungsverfahren, Theoriebildung etc.), der sprachlogisch zu analysieren und zu rekonstruieren ist. Wichtige Voraussetzungen der klassischen Erkenntnistheorie halten sich bei aller Hypothetisierung des Erkenntnisverfahrens durch, so etwa die Trennung von Fragen der Gültigkeit und der Genesis, der Begründung und der Entdeckung, das Beharren auf einem einheitlichen Methodenideal oder die Orientierung auf einen eindeutigen Fortschritt hin, sei es im Felde reiner Forschung, sei es im Felde technischer Anwendung.[15]

Gegenüber einer solchen Entmachtung der Philosophie zur reinen Wissenschaftstheorie ergibt sich als ebenso extreme Gegenmöglichkeit der Versuch, die Philosophie den Wissenschaften letzten Endes *vor- oder überzuordnen*. Dieses Festhalten an alten Universalansprüchen erfordert, daß die Philosophie außerhalb oder diesseits der wissenschaftlichen Forschung Fuß faßt. Gelingt dies, so liefert die Philosophie ein Fundament für alle Wissenschaften, und ihr obliegt ferner die Prüfung aller Geltungsansprüche. Apriorische Vernunftformen erscheinen als allgemeines Inventar von Erkenntnisbedingungen oder, in anderer Akzentuierung: Wesensstrukturen liefern den Rahmen, der durch empirische Forschung lediglich ausgefüllt, nicht aber modifiziert werden kann. Vorausgesetzt ist damit eine reine Philosophie, die sich in ihren Begründungsversuchen von aller Vermischung mit der Empirie freihält. Da sie aber traditionelle Ansprüche aufrechterhält und, anders als eine formale oder formalisierte Wissenschaftstheorie, nicht umhin kann, verschiedene Erkenntnisformen, Zeichenebenen, Handlungstypen, Gemeinschaftsformen u. ä. zu unterscheiden, läßt sich eine solche Grenze nur schwer ziehen, und die Gefahr, daß sowohl Alltagsvorstellungen wie bestimmte, oftmals veraltete wissenschaftliche Deutungen sich hinterrücks in das angeblich so reine Territorium der Philosophie einschleichen, liegt auf der Hand.

Es stellt sich nun die Frage, ob es nicht andere Möglichkeiten gibt, Philosophie und Wissenschaften einander zuzuordnen, so daß extreme Formen der Über- wie der Unterordnung vermieden werden. Unter diesem Gesichtspunkt wenden wir uns nun wieder der Phänomenologie und dem Marxismus zu. (Vgl. zum folgenden auch VAJDA)

2. *Positionen innerhalb der Phänomenologie.* – Husserl richtet frühzeitig eine Kampfansage an den Positivismus, der sich mit bloßen Tatsachen bescheidet, und in seiner Replik versucht er ihm seine eigenen Waffen zu entreißen: »Wir sind die echten Positivisten«, so schreibt er an einer Stelle[16] und deutet damit hin auf das Bestreben der Phänomenologie, einen vorurteilsfreien Blick für *alle* originär gegebenen und zu erfassenden Phänomene zu entwickeln. Diese Öffnung des Blicks für die Vielfalt und Verschiedenheit phänomenaler Gegebenheits- und Frageweisen hat vorweg schon eine protreptische Wirkung, sofern sie jedem einseitigen Methodenzwang Einhalt gebietet. Doch darüber hinaus bemüht Husserl sich um eine Klärung und Kritik der Wissenschaften selber. Dabei unterscheidet er deutlich zwischen dem, was der Wissenschaftler in seiner Forschung tut, und dem, was er von seiner Tätigkeit sagt und wie er sie selbst versteht. Nicht akademische Gelegenheitsreden des Wissenschaftlers, sondern seine wirkliche Arbeit ist das, was den Philosophen interessieren muß (vgl. Ideen I, S. 46, Krisis, S. 228).

Im Hinblick auf ein adäquates Verständnis der Wissenschaften und ein adäquates Selbstverständnis der Wissenschaftler entwickelt Husserl drei kritische Gesichtspunkte:

1. Alle wissenschaftlichen Konstruktionen sind rückbezogen auf originäre, vorwissenschaftliche *Erfahrung* (= transzendentaler Gesichtspunkt);
2. damit unterliegen sie zugleich bestimmten *Wesensstrukturen* (= eidetischer Gesichtspunkt);

3. sie sind schließlich ausgerichtet auf bestimmte *Zweckideen* (= teleologisch-genetischer Gesichtspunkt).

Der dritte Gesichtspunkt, der erst später hinzutritt, ist von besonderer Wichtigkeit. Die anfänglich rein statische Vorordnung von Wesenheiten (in Gestalt formaler und regionaler Ontologien) vertieft sich zu einer genetischen Betrachtungsweise: in den Wissenschaften verkörpert sich ein Sinn, der in der Geschichte selbst gestiftet und weitergegeben wird; im Rahmen dieser Genealogie der Wissenschaften wächst den theoretischen Entwürfen von innen her eine geschichtliche Dimension zu.

Die genannten Gesichtspunkte richten sich zugleich gegen eine dreifache Selbstvergessenheit des Wissenschaftlers:

1. gegen das Vergessen des Sinnfundaments der Erfahrung (Objektivismus),
2. gegen das Vergessen der eidetisch-strukturellen Voraussetzungen (Empirismus),
3. gegen das Vergessen der eigenen Geschichte und ihrer Zielstrebigkeit (Technizismus).

Hierbei handelt es sich nicht um eine Kritik von außen, sondern um eine Kritik, die sich in den Wissenschaftsprozeß selbst »einlebt«[17]. Damit versucht Husserl die Gleichsetzung von Erkenntnistheorie und Wissenschaftstheorie rückgängig zu machen. Er denkt an eine »große Verwandlung der ›Erkenntnistheorie‹, der Wissenschaftstheorie..., in der schließlich Wissenschaft als Problem und Leistung ihre Eigenständigkeit verliert und zum bloßen Partialproblem wird« (Krisis, S. 137f.). Eine reine, autarke, nach außen abgeschirmte Wissenschaftstheorie erweist sich als Illusion, weil Wissenschaft selbst schon mehr voraussetzt und anzielt als das, was ausdrücklich in ihr selbst zur Sprache kommt.

Es fragt sich allerdings auch hier, ob damit der Philosophie nicht einerseits zuviel zugemutet, andererseits zuwenig abverlangt wird. Die invarianten Wesensstrukturen, die jeder Empirie vorgeordnet sind, und die leitenden Zweckideen, die ihr eindeutige Bahnen vorschreiben, werden letzten Endes der Kontingenz des Geschichtsganges entzogen. Bei aller Offenheit für die Vielfalt der Erfahrung siegt am Ende doch der Fundierungsanspruch, der die Philosophie den Wissenschaften vorordnet und sie gegen deren Einflüsse immunisiert. Die Voraussetzungen einer traditionellen Bewußtseins- und Vernunftphilosophie schlagen hier ebenfalls durch.

Allerdings ist die Phänomenologie auch hier nicht stehengeblieben. Weniger einseitig gestaltet sich die Zuordnung von Philosophie und Wissenschaften bei Autoren wie Schütz, A. Gurwitsch, Plessner, Merleau-Ponty, Ricoeur u. a.[18] Ich greife hier wiederum exemplarisch auf Merleau-Ponty zurück, der dem Verhältnis von Phänomenologie und Humanwissenschaften von Anfang an und immer wieder entschiedene Aufmerksamkeit geschenkt hat. Der Annahme einer präexistenten Vernunft, die in den Dingen bereits angelegt ist und lediglich im Laufe der Geschichte zum Vorschein kommt, setzt er die These entgegen, daß die Rationalität in der Zufälligkeit der Erfahrung entsteht. »Die phänomenologische Welt ist nicht Auslegung eines vorgängigen Seins, sondern Stiftung des Seins; die Philosophie nicht Reflex einer vorgängigen Wahrheit, sondern, gleich der Kunst, Realisierung von Wahrheit.«[19] Hierbei spielen Begriffe wie Gestalt und Struktur eine entscheidende Rolle; so heißt es von der Gestalt: »Ihr Erscheinen ist nicht die äußere Entfaltung einer präexistenten Vernunft...; sie ist nicht Bedingung der Möglichkeit der Welt, sondern Erscheinung der Welt selbst, nicht Erfüllung, sondern Entstehung einer Norm...«[20]. Unter diesem Vorzeichen steht das Bemühen, einen mittleren Bereich zu restituieren, in dem philosophische Reflexion und wissenschaftliche Empirie zueinander finden. An einer Stelle, wo er von seiner Arbeit Rechenschaft ablegt, spricht Merleau-Ponty von einer »dritten Dimension«, die es zu finden gilt:

»Man muß... einerseits der spontanen Entwicklung des positiven Wissens folgen, indem man sich fragt, ob hier wirklich der Mensch auf den Status eines Objekts reduziert wird, und man muß andererseits die reflexive und philosophische Einstellung überprüfen, ob sie uns wirklich das Recht gibt, uns als unbedingte und zeitlose Subjekte zu definieren. Vielleicht werden diese konvergierenden Untersuchungen am Ende dazu führen, daß wir ein Milieu vor uns sehen, das der Philosophie und dem positiven Wissen gemeinsam ist, und daß sich uns, diesseits des reinen Subjekts und des reinen Objekts, so etwas wie eine dritte Dimension eröffnet, wo unsere Aktivität und unsere Passivität, unsere Autonomie und unsere Abhängigkeit einander nicht mehr widersprechen.«[21]

Hier wird deutlich, wie das Abrücken von einer Bewußtseinsphilosophie alten Stils die Wissenschaften innerhalb der philosophischen Reflexion auf neuartige Weise zum Zuge kommen läßt. Und diese Öffnung des Denkens erweist sich als nötig, wenn wir nicht mehr nur nach den allgemeinen Möglichkeitsbedingungen einer Welt fragen, sondern spezifische Organisationsweisen dieser unserer Welt in den Blick nehmen – wie Husserl selbst es uns nahelegt. Was einem solchen Versuch entgegensteht, sind nicht nur die Verfangenheiten in objektive Tatsachen, sondern ebensosehr die Ausflüchte reiner Reflexion.

Die dritte Möglichkeit, die sich hier abzeichnet, wäre zu charakterisieren als *wechselseitiger Austausch* von Philosophie und Wissenschaften. Den Wissenschaften wohnt eine implizite Philosophie inne, sofern sie allgemeine Gesichtspunkte ins Spiel bringen; und umgekehrt sind in jeder konkreten philosophischen Problematik wissenschaftlich entstandene oder verwertbare Voraussetzungen und Konsequenzen mitenthalten. Ein wechselseitiger Austausch läßt Raum für Antizipationen und Regressionen in beiden Richtungen; philosophische Fragestellungen können bestimmte Forschungen initiieren, Forschungsresultate neue philosophische Konzeptionen erzwingen. Das schließt allerdings aus, daß man säuberlich trennt zwischen apriorischen Formen und aposteriorischen Gehalten, zwischen Wesen und Tatsache und damit eine strenge Gebietstrennung vornimmt zwischen Philosophie und Einzelwissenschaften; unterschiedlich sind lediglich die Zugangs- und Frageweisen. Die Wissenschaften würden nicht mehr darauf beschränkt, dem Philosophen Beispiele zu liefern, sei es im Hinblick auf invariante Wesensgesetze, sei es im Hinblick auf eine formelle Forschungslogik; ihre Beiträge wären substantieller Art. Selbst dort, wo die Phänomenologie von den Wissenschaften abrückt, um in die Lebenswelt einzudringen, wäre ihr Ziel nicht eigentlich das »Vorwissenschaftliche«, welches noch den Gegensatz zum Wissenschaftlichen aufrechterhält, sondern ein »méta-scientifique«, das durch die Wissenschaften hindurch reicht und ihnen Raum gewährt. »Der Primitivismus ist nur das Gegenstück zum Szientismus und selbst noch eine Form des Szientismus.«[22]

3. *Positionen innerhalb des Marxismus.* – Der Marxismus nahm seinen Ursprung unter anderen historischen Bedingungen als die Phänomenologie, schon daraus resultieren gewisse Unterschiede. Die philosophischen Systeme, zumal das Hegelsche, waren in Auflösung begriffen, nicht zuletzt unter dem Andrang einer sich mehr und mehr spezialisierenden und verselbständigenden empirischen Forschung.

Die Marxsche Reaktion auf diese Situation ist nicht frei von Zweideutigkeiten. Manche frühe Passagen können gelesen werden im Sinne der erstgenannten Extremform, derzufolge die Philosophie sich den Wissenschaften *unterordnet* oder besser: sich darinnen *auflöst*. So heißt es in der *Deutschen Ideologie:* »Da, wo die Spekulation aufhört..., beginnt also die wirkliche, positive Wissenschaft...« (S. 27), und an anderer Stelle: es zeigt sich, wie sich »jedes tiefsinnige Problem ganz einfach in ein empirisches Faktum« auflöst... (S. 43). Daß hier eine bestimmte, »spekulative Philosophie« von den positiven Wissenschaften her unterminiert wird, mag diese Einseitigkeiten erklären, verschwunden sind sie damit nicht.

Andererseits wäre darauf hinzuweisen, daß hier einmal die positiven Wissenschaften, in erster Hinsicht die politische Ökonomie, selbst *Moment der geschichtlichen Praxis* sind und deren Verzerrungen widerspiegeln, und daß zum anderen Marx eine *Kritik* der politischen Ökonomie unternimmt und nicht einfach auf der vorgegebenen wissenschaftlichen Forschungsebene weiterarbeitet. Letzteres kann man mit den Worten Siemeks[23] auch so formulieren: Marx bewegt sich nicht nur auf einer *epistemischen* Ebene, d. h. innerhalb der Wissenschaft, deren Resultate und Methoden zu erweitern oder zu verbessern wären, sondern er begibt sich auf eine *epistemologische* Ebene, auf der das gesamte Gegenstandsfeld mitsamt seiner zugehörigen Methodik als bestimmte Bewußtseinsform, und zwar als ideologisch verzerrte Bewußtseinsform, auf seine Voraussetzung hin befragt wird. So besehen kann sich der historische Materialismus entschieden in das Feld der positiven Wissenschaften hineinbegeben, ohne deshalb darin aufzugehen; denn die positive Wissenschaft ist selbst *mehr als reine Wissenschaft*, da sie anderweitigen Voraussetzungen unterliegt.

Siemek besteht allerdings an der erwähnten Stelle darauf, daß der Marxismus im Laufe seiner Geschichte immer wieder dahin tendiert, zu einer »naturalistisch-materialistischen Metaphysik« zu entarten, sofern er einen dialektischen Materialismus entwickelt als eine Theorie des Seins, die er dem historischen Materialismus als einer Theorie des gesellschaftlichen Seins vor- bzw. überordnet. Hier würde sich der Marxismus der zweiten Extremform nähern, wo die Philosophie den Wissenschaften *übergeordnet wird* – was die Rede von einem »wissenschaftlichen Sozialismus« nur verschleiert.

Ich begnüge mich im folgenden damit, einige Fragen zu formulieren, um auf gewisse Ambivalenzen und Engpässe hinzuweisen.

1. Liegt nicht der erwähnten Kritik, die sich von den Widersprüchen der sozialen Wirklichkeit speist, immer noch eine negative Teleologie zugrunde, die einen einheitlichen Vernunftmaßstab voraussetzt und damit Hegelsche Motive in einem anderen Medium produziert? Das zwar sehr eingeschränkte, aber doch vorhandene Interesse, das ein Autor wie Zelený Husserls »Krisis« entgegenbringt, gerät hiermit in ein zweifelhaftes Licht.[24]

2. Läßt sich die genannte Form einer Philosophie als Kritik ohne weiteres auf andere Wissenschaften übertragen? Und droht sie nicht dort, wo sie eine positivere Gestalt annimmt, zu einem formalen *Schematismus* zu erstarren, der konkreten Forschungsergebnissen lediglich überstülpt wird?

3. Was geschieht schließlich aus der Philosophie, wenn sie »verwirklicht« ist durch Revolutionierung der gesellschaftlichen Verhältnisse? Läuft sie hier nicht Gefahr, zu einer bloßen *Rechtfertigungsinstanz* zu entarten? Bei Buhr/Kosing lesen wir: »Die marxistisch-leninistische Philosophie bildet die allgemeine theoretische und methodische Grundlage und zugleich den Kern der umfassenden Weltanschauung des Marxismus-Leninismus«. Die Hobbessche Frage »quis interpretabitur« wird dann allzuleicht mit dem Hinweis auf die Partei gelöst, der »die Führung der Gesamtentwicklung der Wissenschaft« obliegt.[25] Natürlich kann sich die Vernunft nicht widersprechen, und wenn sie es ist, die an der Macht ist, so muß jeder Widerspruch abprallen. Doch wer entscheidet, ob sie an der Macht ist? Geraten wir nicht in ein altes Fahrwasser, wenn Philosophie, wissenschaftliche Forschung und alltägliche Vorstellungen nicht nur in ein wechselseitiges Verhältnis gebracht, sondern zu einer nahtlosen Einheit zusammengeschweißt werden, und wenn die Philosophen als die »Funktionäre der Menschheit« (Husserl) zu wirklichen Funktionären werden? In ihrer Verwirklichung offenbart die Totalität ihre Tücken.

III. Wissenschaftsgeschichte: Einheitlicher Wissensraum oder differente Wissensfelder?

1. *Neuere Tendenzen in der Wissenschaftstheorie.* – Abschließend möchte ich auf einige neuere Entwicklungen der Wissenschaftstheorie eingehen, nämlich auf deren historisch-differenzierende Vorgehensweise, sofern diese für Phänomenologie und

Marxismus eine gemeinsame Herausforderung darstellt. Dies gibt uns Gelegenheit, einige Schwierigkeiten genauer zu umreißen. Zwei Gesichtspunkte möchte ich hierbei besonders hervorheben:

1. Die Idee einer *einheitlichen*, einem einzigen Ziel zugeordneten Gesamtentwicklung wird in Frage gestellt (Gesichtspunkt der Wissenschaftsgeschichte).

2. Dem Einfluß *wissenschaftsexterner*, besonders auch institutioneller Faktoren wird eine gesteigerte Bedeutung beigemessen, und zwar gerade insoweit, als ein einheitliches und eindeutiges Gesamtziel im Schwinden ist (Gesichtspunkt der Wissenschaftssoziologie und -psychologie, der Wissenschaftspolitik).

Was den ersten Gesichtspunkt angeht, so scheint mir die Frage nach dem Entwicklungsverlauf – ob kontinuierlich oder diskontinuierlich – weniger einschneidend. Die Einsicht, daß die Entwicklung des Wissenszuwachses nicht geradlinig und stetig verläuft, sondern daß es Einschnitte, Überlagerungen und Rückfälle gibt, ist weder Phänomenologen noch Marxisten fremd. Fur Husserl ist die Geschichte skandiert durch Stiftungsakte, die bestimmte Traditionen grundlegen, sich im Laufe der Zeit verdunkeln können und bei auftretenden Grundlagenkrisen eine Neubesinnung fordern usf. Und den Marxisten ist die Vorstellung vertraut, daß ein quantitativer Zuwachs durch qualitative Sprünge abgelöst wird, die neue Entwicklungen einleiten, worin das Alte nicht einfach fortdauert, sondern im neuen Licht erscheint und in neue Strukturzusammenhänge eingeht (vgl. den Beitrag von NOWAK). Fraglich ist dagegen, ob es sich hierbei um Stufen und Phasen eines einheitlichen Geschehens handelt, dem ein Gesamtziel zugeordnet werden kann, sei es, daß die Vernunft in immer explizíterer Gestalt hervortritt, sei es, daß sie sich aus dem Widerspiel von Gegensätzen heraus entwickelt, oder ob sich das Wissen sowohl diachron wie synchron in differente Wissensfelder ausfächert, die sich nicht zu einer Totalität zusammenschließen.[26] Was den zweiten Gesichtspunkt betrifft, so hat auch hier die bloße Berücksichtigung externer Faktoren nichts sonderlich Provokatives an sich. Für Husserl sind Sinn- und Tatsachengeschichte, Geltungsansprüche und Genese eng miteinander verknüpft, und Scheler hat bekanntlich zur Entwicklung einer Wissenssoziologie entscheidend beigetragen. Für Marxisten versteht es sich ohnehin, daß die gesellschaftliche Praxis in eine Theoriebildung hineinspielt. Fraglich ist aber, wie der Zusammenhang von internen und externen Faktoren zu denken ist, oder anders gesagt: ob die sog. äußeren Voraussetzungen wirklich so äußerlich sind, daß sie der Reinheit des ›context of justification‹ keinen Abbruch tun.

Was nun die neuere Entwicklung selbst angeht, so wäre hier innerhalb des *angelsächsischen* Bereichs hinzuweisen auf Th. S. Kuhns grundlegende Arbeit über *Die Struktur wissenschaftlicher Revolutionen*, auf Feyerabends Polemik gegen den Methodenzwang sowie auf die lang andauernde Diskussion, die sich an Kuhns Thesen anschloß und an der Popper, Lakatos, Toulmin und viele andere sich beteiligten. Entscheidend ist hier der Gedanke *revolutionärer Umbrüche* in der Wissensentwicklung und deren Erklärung durch Paradigmenwechsel, die den kontinuierlichen Gang der normalen Wissenschaft unterbrechen, und wichtig ist außerdem der Rekurs auf die *Gemeinschaft der Wissenschaftler*, innerhalb derer die Diffusion des Wissens sich abspielt, ohne daß dabei rationale Argumentationen allein den Ausschlag geben. Die Grundthesen dieser Theorie sind hinreichend bekannt, und wichtige Punkte dieser Diskussion, vor allem die Frage nach der Kommensurabilität und Inkommensurabilität von Theorien und nach der Erklärbarkeit des Wandels in der Wissenschaft, finden in dem Beitrag von NEWTON-SMITH ausführliche Berücksichtigung.[27] Hinzuweisen wäre allenfalls auf den eigentümlichen Tatbestand, daß von Phänomenologen der Idee eines Gestaltwechsels, die bei Kuhn wie bei Feyerabend eine mehr als illustrierende Rolle spielt, bislang so wenig Beachtung geschenkt wurde; die Art und Weise, wie hier die Konstitution der Wirklichkeit in den vorprädikativen Bereich von Sicht- und Sprechweisen verlagert wird, ist etwas, was den Phänomenologen am wenigsten fremd sein dürfte. Ich komme darauf weiter unten zurück.

Wenig bekannt außerhalb des eigenen Landes sind die in *Frankreich* unternommenen Versuche, im Anschluß an Bachelard und in Verfolgung strukturaler Denkweisen eine neue Epistemologie auszubilden, die ebenfalls der Wissenschaftsgeschichte weiten Raum gibt. Anders als in den angelsächsischen Ländern ist hier die Phänomenologie als kritischer Gesprächspartner gegenwärtig, und in stärkerem Maße noch gilt das für den Marxismus, dessen theoretische Gestalt allerdings deutliche Retuschen erfährt. Unter dieser Rücksicht seien, abgesehen von bekannten Namen wie Foucault, Althusser oder Lévi-Strauss, zwei Theoretiker ausdrücklich erwähnt: der Philosoph und Mathematiker J. Desanti und der Epistemologe D. Lecourt. Desanti erörtert in seinem Buch *La philosophie silencieuse ou critique des philosophies de la science* (Paris 1975) in einem ausführlichen Kapitel die traditionelle Beziehung zwischen den Wissenschaften und der Philosophie; dabei übt er detaillierte Kritik an beherrschenden Figuren der Philosophiegeschichte wie Aristoteles, Descartes, Kant, Hegel und Husserl[28]. Lecourt erörtert in einer Studie, die den Titel trägt *Pour une critique de l'épistémologie* (Paris 1972)[29], die Theorien von Bachelard, Canguilhem und Foucault und mustert sie unter marxistischen Vorzeichen. Einige leitende Gesichtspunkte kehren hier und an anderer Stelle immer wieder.

1. Die Kritik richtet sich gegen eine positivistische und evolutionistische Epistemologie im Sinne einer reinen Wissenschaft der Wissenschaft; denn diese setzt fälschlich voraus, daß das Wissen eine *homogene Realität* darstellt und daß es zu einem *Abschluß* gelangen kann in Form einer Reflexion, die die Gesetze ihres Funktionierens und ihrer Formation enthüllt. Selbst Althussers Theoretizismus, der die Philosophie als »Theorie der theoretischen Praxis« etabliert, unterläge noch entsprechenden Vorurteilen, denen die tatsächliche Geschichte der Wissenschaften entgegensteht (vgl. Lecourt, a.a.O., Einleitung).

2. Positiv plädiert man allgemein für eine differenzierende Sichtweise: es ist nicht zu rechnen mit einem einheitlichen Wissensraum, sondern mit *differenten* theoretischen Feldern – Desanti spricht von »rationalités locales«[30] –, nicht mit einer homogenen Einheit und einem einheitlichen Telos der Geschichte, sondern mit *diskontinuierlichen* Schüben.

3. Es stellt sich die Aufgabe, *spezifische Mechanismen* der Sinnbildung zu analysieren, die sich weder auf der Ebene allgemeiner Möglichkeitsbedingungen noch auf der Ebene empirischer Tatsachenverknüpfung erfassen lassen; dabei kommt der Einrichtung von regelspezifischen Diskursen eine besondere Bedeutung zu (vgl. Foucaults Untersuchungen zur Klinik, zum Gefängniswesen, zur Regelung der Sexualität).

Was durch diese neueren Entwicklungen der Wissenschaftstheorie teils direkt, teils indirekt in Frage gestellt wird, ist ebensowohl eine teleologische Wesensanalyse wie auch eine totalisierende Dialektik. Das entschiedene Abrücken von einer Philosophie des Bewußtseins oder des Subjekts bringt Begriffe wie Rationalität, Sinn,

Ziel, Intention, Totalität oder Universalität ins Wanken oder lädt doch zumindest zu deren Überprüfung ein.

2. *Die Idee einer Einheit des Wissens.* – Ich möchte die globalen Überlegungen und Hinweise hier abbrechen und wenigstens an einem Punkt andeuten, wie man auf die genannte Herausforderung antworten könnte, ohne sie sogleich in das alte Für und Wider von absoluter und relativer Wahrheit, von Rationalismus und Irrationalismus umzubiegen. Merleau-Ponty hat sich wiederholt damit zur Wehr gesetzt, daß eine Theorie, die Untergründe, Schattenseiten und Ambiguitäten der Vernunft mit in Betracht zieht, keine Zerstörung der Vernunft bedeutet. Ähnliches ließ sich vielleicht sagen zugunsten einer *Differenzierung* der Vernunft in verschiedene Wissensfelder. Es könnte ja sein, daß »das fruchtbare Bathos der Erfahrung« (Kant, Prol. A 204) erst so wirklich erreicht wird.

Wer das Moment der Verschiedenheit und der Mannigfaltigkeit betont, setzt sich sogleich dem Verdacht aus, der reinen Beliebigkeit und der bloßen Partikularität das Wort zu reden, wenn er nicht einschränkend hinzufügt: Verschiedenheit und Mannigfaltigkeit sind bezogen auf eine Einheit, die der Differenzierung zugrunde liegt und sich – wenigstens approximativ und auf die Dauer – in ihr wiederfindet. Einheitlicher Ursprung und einheitliches Ziel, sei es im Erkennen, sei es im Handeln, gelten als die notwendigen Grenzdämme gegen ein Ausufern der Differenzen. Vernunft und Einheit sind auf gewisse Weise eines. Vernunft regiert dort, wo letzten Endes ein *einheitliches Prinzip* den Zusammenhang der Erkenntnis garantiert und dem Erkenntnisgang eine *eindeutige Richtung* vorschreibt. Seit in der Neuzeit das Methodenideal aufkam, wird dieser Organismus des Wissens zu einem systematischen Zusammenhang, der nach Regeln herzustellen ist: Vernunft als Gesetzgeberin, die sich nicht mehr mit einer vorgegebenen Ordnung begnügt, sondern diese erst schafft.

Diese Idee einer systematischen Vereinigung allen Wissens findet spätestens bei Kant ihren deutlichen Ausdruck. Was zwar die Realisierung dieser Idee in der konkreten Erkenntnis angeht, kann man kaum vorsichtiger zu Wege gehen, als Kant es tut. Das systematische Ganze bedeutet »Einheit der Mannigfaltigkeit unter einer Idee«, die zugleich den Zweck des Ganzen verkörpert. Doch da uns das Ganze nie gegeben ist, fungiert die Idee nur als regulative

Idee (vgl. KrV, Anhang zur transzendentalen Dialektik). Es handelt sich für uns um eine »versteckte Einheit« (KrV B 679), der wir uns nur mehr oder weniger annähern. Und da wir die Einheit nicht zur Verfügung haben, sie vielmehr erst suchen müssen, läßt sich die Mannigfaltigkeit der Arten und Gesetze auch nicht apriori aus einer Einheit herleiten. So tritt neben das Prinzip der *Einheit* (Gleichartigkeit, Homogenität) das der *Mannigfaltigkeit* (Varietät, Spezifikation). Die Mannigfaltigkeit gilt es nicht einfach hinzunehmen, sondern sie ist ebenso aufzusuchen wie die Einheit, und Kant warnt deutlich vor einer ungezügelten Begierde nach Einheit, die durch die Gegenmaxime zu mäßigen ist. Beide Prinzipien vereinigen sich jedoch in einem dritten Prinzip der *Verwandtschaft* (Affinität, Kontinuität); denn schließlich »sind alle Mannigfaltigkeiten untereinander verwandt, weil sie insgesamt durch alle Grade der erweiterten Bestimmung von einer einzigen obersten Gattung abstammen« (KrV B 686). Die Heterogenität ist nur Moment eines Prozesses, in dessen Verlauf sich das systematische Ganze ausdifferenziert und durchartikuliert. Zwar ist Kant nicht Rationalist genug, um die Möglichkeit auszuschließen, daß die Natur sich unserem Vernunftstreben widersetzen könnte: »in Ansehung der besondern Gesetze, ihrer Mannigfaltigkeit und Ungleichartigkeit« ist die Natur »von allen Einschränkungen unseres gesetzgebenden Erkenntnisvermögens frei« (Einleitung zur KU, 1. Fassung, Werke, hrsg. v. Weischedel, Bd. V, S. 187); doch eine solche Möglichkeit würde besagen, daß die Natur in ein »roh chaotisches Aggregat« zerfällt uns nur das »Herumtappen unter Naturformen« bliebe (ebd., S. 186f.). Was sich einer letzten Vereinheitlichung entzieht, erscheint somit als Unvernunft, als Chaos. Sich mit dieser Möglichkeit abzufinden hieße, daß die Vernunft gegen ihre eigene Bestimmung verstößt; daher setzt jedermann voraus, daß die Vernunfteinheit der Natur angemessen sei und »daß die Vernunft hier nicht bettele, sondern gebiete, obgleich ohne die Grenzen dieser Einheit bestimmen zu können« (KrV, B 681).

Daß diese Gedanken auch in die Phänomenologie und in den Marxismus noch hineinspielen, wurde schon früher erwähnt, als von der Umwandlung klassischer Erkenntnismotive und entsprechenden Relikten die Rede war. Solche Kompromisse müssen nachdenklich stimmen, wenn wir ihre Voraussetzungen bedenken. In diesem Zusammenhang ist es nicht ohne Reiz zu sehen, wie Kant zwei Begriffe, die später teils in der Phänomenologie, teils im

Marxismus, teils in beiden eine wichtige Rolle spielen bei der Differenzierung des Wissensfeldes, aufgreift und ihnen den Stachel nimmt, indem er sie der postulierten Einheit zuordnet. Ich denke hier an die Begriffe *Horizont* und *Interesse*. Jeder Begriff, so schreibt Kant, kann als Punkt angesehen werden, »der, als der Standpunkt eines Zuschauers, seinen Horizont hat, d. i. eine Menge von Dingen, die aus demselben können vorgestellet und gleichsam überschauet werden«. Der *eine* Horizont besteht aus »kleinen« und »verschiedenen Horizonten« (Gesetz der Spezifikation). Diese lassen sich zu einem »gemeinschaftlichen Horizont« vereinen, daraus »man sie insgesamt als aus einem Mittelpunkte überschauet«, bis schließlich die höchste Gattung einen »allgemeinen und wahren Horizont« eröffnet (KrV B 686f.). Die Perspektivität verwandelt sich in eine allgemeine Überschau, der Begriff des Horizonts als Grenzlinie verliert damit aber seinen Sinn. Und was das Interesse angeht, so gesteht Kant zwar zu, daß es innerhalb der Vernunft verschiedene Interessen gibt – solche, die auf Einheit und solche, die auf Verschiedenheit zielen –, behauptet aber, daß kein »wahrer Widerstreit« auftreten kann, weil ein allgemeines und umfassendes Vernunftinteresse im Hintergrund steht: die »Teleologie der menschlichen Vernunft« (vgl. KrV B 682, 694). Sowenig etwas *der* Vernunft widersprechen kann, sowenig kann sie sich selbst widersprechen. Wäre die Vernunft nicht eine und eins mit sich selbst, so wäre sie keine. Alle Verschiedenheit findet hier ihre Grenze.

3. *Die Heterogenität von Seh- und Frageweisen.* – Angesichts einer solch festgefügten und ausgereiften Tradition tut jede Neuerung sich schwer; denn sie reißt unwillkürlich einen Hohlraum auf, den sie selbst zunächst nur notdürftig und unvollkommen auszufüllen vermag. So kommt es leicht dazu, daß alteingespielte Vorstellungen, Alternativen oder Verdikte sich erneut breitmachen und den neuen Platz wieder besetzen. Wo relative Bedingungen der Theoriebildung ins Auge gefaßt werden, ist schnell der Vorwurf des Relativismus bei der Hand; wo Grenzen im Begründungsverfahren behauptet werden, ertönt rasch der Vorwurf des Irrationalismus, d. h. einer schlichten Verweigerung von Gründen; oder wenn die Reinheit einer bloßen Geltungssphäre angetastet wird, ist alsbald von Psychologisierung, Soziologisierung, Politisierung und gar Schlimmerem die Rede. Und die Gefahr, daß Vertreter einer neuen Theorie vor ihrer eigenen Entdeckung zurückschrecken, und daß –

mit NEWTON-SMITH zu reden – eine aufregend beginnende Attacke zu einer »langweiligen« abgeschwächt wird, liegt ebenso nahe wie die andere Möglichkeit, daß Neuerer einen schrillen Ton anschlagen und zu Schockformulierungen greifen, um sich gegen vorschnelle Vereinnahmungen oder überlegene Abwehrgesten zur Wehr zu setzen. Es fällt leicht, hier manchen Strukturalisten der ersten Stunde zu zitieren oder aber Feyerabend, wenn dieser schreibt: »Ohne ›Chaos‹ keine Erkenntnis, ohne häufiges Abrükken von der Vernunft kein Fortschritt«, oder etwas weniger provokativ: »... eine Methode, die die Vielfalt fördert, ist auch als einzige mit einer humanistischen Auffassung vereinbar«.[31] Ein Mittel, diese Debatte von einer sterilen Polemik freizuhalten, bestünde darin zu prüfen, ob hier vielleicht neue *Fragen* gestellt und nicht bloß alte Fragen anders beantwortet werden; es könnte ja sein, daß in der alten Frageweise bereits eine Vereinfachung oder gar eine »Mystifikation« vorliegt. Ein derartiges Vorgehen wäre übrigens für eine Theorie, die mit heterogenen Wissensansätzen rechnet, eine Probe aufs Exempel. Ich richte im folgenden mein Augenmerk auf allgemeinere Aspekte des Wissenserwerbs und der Wissensänderung, die sich nicht auf wissenschaftliche Erkenntnis beschränken. Speziellere Fragen bezüglich der Möglichkeiten und Grenzen einer Vereinheitlichung wissenschaftlicher Theorien überlasse ich kompetenteren Autoren.

Eine entscheidende Streitfrage bildet Kuhns These von der *Inkommensurabilität* von Theorien oder Paradigmen. Kuhn hat diese These zunächst dahingehend erläutert, daß verschiedene Paradigmen nicht nur unvergleichbar, sondern oft auch unvereinbar sind[32]. Dagegen ließe sich leicht einwenden, unvergleichbare Theorien, d. h. solche, die sich auf verschiedene Dinge oder Welten beziehen, könnten nicht unvereinbar sein, da ihnen der Konfliktstoff fehlt. Das mag zutreffen, sofern man sich auf die Ebene von *Satzaussagen* begibt, die wahr oder falsch sein können. Unverträglichkeit besagt hier Unverträglichkeit *gleichzeitiger Geltung* gegensätzlicher Propositionen oder Theorien. Nun hat aber Kuhn die Paradigmenbildung nicht auf der Ebene von Aussagensystemen angesiedelt, sondern sie vorverlagert in einen Bereich, wo sich bestimmte Seh-, Frage- und Sprechweisen etablieren, die allererst den Boden abgeben für wahre oder falsche Aussagen. Von daher rührt die wiederholte Berufung auf eine Theorie der Wahrnehmung sowie der Vergleich des Paradigmenwechsels mit dem

Gestaltwechsel. Noch in seinem Nachwort zur zweiten Auflage, wo Kuhn auf seine Kritiker antwortet und einiges abmildert, spielt er an auf eine »Hypothese des Sehens«, die zwar auch, aber nicht nur metaphorische Funktionen für die Interpretation wissenschaftlicher Erkenntnis übernimmt (S. 208). Unverträglichkeit besagt aber hier etwas anderes, nämlich die Unmöglichkeit einer *simultanen Realisierung* wie einer *sukzessiven Akkumulierung* verschiedener Sehweisen (vgl. S. 124).[33] Diese Unverträglichkeit besagt insofern auch eine Unvergleichbarkeit, als gemeinsame Kriterien fehlen, an denen verschieden Struktur- oder Gestaltbildungen zu messen und eindeutig einzustufen wären.[34] Wir müssen etwas erst so oder so sehen, um darüber sprechen und urteilen zu können, und dieses Sehen vollzieht sich in Form von *Selektionen*, die immer auch *Exklusionen* sind und keine reine Gewinnrechnung zulassen (S. 219). Es handelt sich keineswegs um die Kommensurabilität und Kompatibilität von reinen Theorien, sondern von *Praktiken*, die ein mehr oder weniger begrenztes Feld generieren, konkreten Bedingungen und spezifischen Regelungen unterliegen und damit realen Konflikten ausgesetzt sind, die sich mit einer bloßen Wahrheitslogik allein nicht beheben lassen. Wir können diesen Gedanken verallgemeinern, wie Kuhn und auch Feyerabend es selber vielfach tun, und ihn auf verschiedenartige Praktiken anwenden, nicht nur auf Sehweisen, sondern auch auf Sprechweisen, Handlungstypen, Kommunikationsformen, Gefühlsweisen, Kunstpraktiken, Rituale usf., die alle ihre verschiedenen Prozeduren und Stilformen entwickeln. Die Heterogenität des Wissens ist deshalb unüberwindlich, weil Wissen nie ein reines Wissen ist, sondern eine Form der Praxis, die bestimmten wandelbaren Fragestellungen und Zielsetzungen entspringt. Um Husserl nochmals zu zitieren: Die Wissenschaft wird zu einem »Partialproblem«.

Gewiß hat Kuhn später seine Thesen etwas abgeschwächt, aber zumindest an einigen wichtigen Stellen doch der Versuchung widerstanden, sich vorschnell zu akkomodieren. Die Inkommensurabilität soll nicht so verstanden werden, daß sie jede Verständigung und Argumentation zwischen Vertretern verschiedener wissenschaftlicher Richtungen ausschließt (vgl. Nachwort, Abschn. 5). Kuhn bietet eine Sequenz von Übergangsformen an, Übersetzung, Überzeugung, Konversion. Doch was heißt hier Übergang? Eine *Übersetzung* schafft Verständigung, hebt aber die Differenzen nicht auf; das Allgemeine tritt sozusagen nicht von oben hinzu, sondern pflanzt sich seitwärts fort.[35] Eine umgreifende Allgemeinheit wäre nur möglich in einer Übersprache, die aber keine Übersetzung mehr benötigte. *Überzeugung* kann gelingen, wenn einer in der fremden Sprache heimisch wird – hier wieder die Frage: kann man in beliebig vielen Sprachen heimisch werden? Schließlich bleibt die *Konversion*, in der man in eine neue geistige Konstellation eintritt – sie aber bleibt ein Gestaltwechsel, was besagt, daß die »Eigenheitssphäre« gegen eine andere eingetauscht, aber nicht durch eine zusätzliche erweitert wird. Ausgeschlossen ist damit lediglich eine Monadologie von Paradigmen und Traditionen bzw. entsprechenden Gruppen, die nebeneinander existieren; ausgeschlossen wird ferner die Vorstellung, man könne Paradigmen wechseln wie Kleider (hier hat das »anything goes« seine Grenze).

Wollte man einer solchen Betrachtungsweise ernsthaft widersprechen, so müßte man beispielsweise die Annahme machen, Erkennen sei nichts anderes als ein *Abbilden*, das eine vorgegebene Ordnung lediglich *reproduziert*. So könnte es dann mehrere Abbildungen geben, die sich perspektivisch vereinigen, es wäre ein Prozeß der Annäherung möglich, indem das Vorbild immer vollständiger und differenzierter abgebildet würde, und es könnte eine Elimination falscher Bilder geben, das heißt solcher, die dem Original widersprechen. Ein solcher Abbildungsprozeß müßte auf ein umfassendes Weltbild hinzielen, in das alle partiellen Bilder aufgenommen würden. Dagegen könnte man vielfach argumentieren, etwa auf der Ebene der Wahrnehmung: hat es Sinn von einer *wahren* Gestalt zu sprechen, da jede Wahrnehmungsbildung ein Reizmaterial selektiv verarbeitet und organisiert? NOWAK vergleicht in ähnlichem Zusammenhang die Erkenntnis mit einer Karikatur. Und hat es Sinn, von einer *umfassenden* Gestalt zu sprechen, da jede Gestaltbildung sich von einem Hintergrund abhebt, der mehr oder weniger im Dunkeln bleibt und nur so seine Funktion ausübt? Oder man könnte die Sprache ins Feld führen: gehören zu ihr nicht notwendig spezifische Strukturen und begrenzte Ausdrucksmöglichkeiten, die alles Gesagte mit einem Hof nicht nur des Ungesagten, sondern des so nicht Sagbaren umgeben? Eine Theorie der Malerei, in der bestimmte Malweisen und Maltechniken einem eindeutig bestimmten Fortschrittsprozeß zugeordnet werden, wird heute niemand im Ernst mehr vertreten wollen. Ist aber die Malerei ein so abseitiges Beispiel, daß sie uns über den Erkenntnis- und

Wissensprozeß nichts lehren kann? Und hat Kuhn so unrecht, wenn er vorschlägt, die Betrachtungsrichtung Wissenschaft-Kunst auch einmal umzukehren? Nietzsche hat bereits ähnliches versucht, und man sollte darauf nicht vorschnell mit dem Vorwurf einer Ästhetisierung der Erkenntnis antworten. Wahrnehmungsstrukturen und Techniken spielen in beiden Bereichen, in Wissenschaft und Kunst, eine entscheidende Rolle. Es spricht also vieles dafür, daß Erkennen kein bloßes Abbilden ist, sondern ein *Anordnen*, das spezifische Ordnungen *produziert*. In diesem Sinne gilt Nietzsches Satz: »Erkennen ist Schaffen«. Wenn Kuhn am Ende zwar auf der ontologischen Ebene der Darstellung einen eindeutigen Erkenntnisfortschritt ablehnt, ihn aber auf der instrumentalen Ebene der Problemlösung einräumt (vgl. S. 217f.), so ist auch das noch ein allzugroßes Zugeständnis. Denn woher nehmen wir eindeutige, absolute Erfolgskriterien? Aus dem Überleben? Doch gibt es nicht mehrere Formen des Überlebens? Und zeigt nicht auch das Projekt einer technischen Weltbeherrschung Gewinn und Verlust in einem, wenn wir an den ökologischen oder den medizinischen Bereich denken?

Gerade die Phänomenologie hätte zu alldem einiges zu sagen, man denke an die ganze Konstitutionsproblematik, die sich mit einer Theorie der Perspektivität verbindet.[36] Eine bloße Rückbesinnung reicht allerdings nicht aus, um dem Gedanken einer Heterogenität des Wissens volle Geltung zu verschaffen. Ich nehme ein Beispiel von Husserl. An einer entscheidenden Stelle in der ›Krisis‹ (S. 141 f.), wo eine spezifische Thematisierung der Lebenswelt ins Auge gefaßt wird, spricht Husserl von verschiedenen historischen Sonderwelten, von denen der Neger am Kongo, der chinesischen Bauern usf. und stellt fest, daß die für jene feststehenden Tatsachen keineswegs die unseren sind; doch dann beruft er sich sogleich auf eine allgemeine Struktur der Lebenswelt, die alle Relativitäten übersteigt und uns allen erlaubt, auf einer ersten fundamentalen Stufe dasselbe zu sehen. »Dasselbe« sind dann allerdings Körper, zwar sollen es nicht die der Physik sein, doch ähnelt hier das »Kategoriale der Lebenswelt« fatal der Naturkörperlichkeit, wie Descartes sie im Gefolge der neueren Physik konstruiert hat. Sehen wir wirklich »dasselbe«, und sei es auch nur auf einer vorkulturellen oder überkulturellen Ebene? Leben wir wirklich vorweg schon in »ein und derselben Welt« (a.a.O., S. 166)? Natürlich kennt Husserl den ständigen Geltungswandel, der von vornherein seine kulturellen und sozialen Aspekte hat. »›Das‹ Ding selbst ist eigentlich das, was niemand als wirklich gesehenes hat, da es vielmehr immerfort in Bewegung ist...« (a.a.O., S. 167). Doch in was für einer Bewegung ist es, in einer Bewegung, die auf eine volle Gegenwart des Dinges abzielt? Gibt es »das Ding« überhaupt als ein potentiell allen sichtbares oder bleibt es nicht vielmehr gebunden an spezifische Wahrnehmungs- und Umgangsweisen? Oder nehmen wir das Beispiel der Sprache. Wenn Husserl von einer »neuartigen Sprache« redet, die aus letzter transzendentaler Einsicht erwächst und sodann als das »früher völlig Verschlossene und Unsagbare« in die Lebenswelt einströmt (a.a.O., S. 214), so bleibt auch diese Auskunft zwielichtig. Gerät der Ausbruch aus einer bestehenden Sprechweise nicht ins Niemandsland eines letzten oder ersten Sprechers, der über die Verschiedenartigkeiten der Sprechweisen hinweggleitet? Gewiß ließe sich auch anderes von Husserl zitieren, doch würde dies das Ausmaß der erforderlichen Umorientierung nicht deutlich genug markieren.

Allerdings gibt es radikalere Versuche innerhalb der Phänomenologie, die der hier zur Erörterung stehenden Problematik stärker entgegenkommen. Ich denke wiederum an Merleau-Ponty und A. Gurwitsch, die beide mit Entschiedenheit die Gestalttheorie in ihre Wahrnehmungslehre integriert haben und damit zu einer beweglicheren Sichtweise gelangt sind. Was Merleau-Ponty angeht, so sei hier noch einmal an die These erinnert, daß die Bildung einer Gestalt eine Norm entstehen läßt und nicht bloß zur Anwendung bringt. Hier berührt er sich mit Kuhns Vorstellung, daß sich in der Erfahrung selbst, schon vor aller Regelanwendung, Grundmuster herausbilden, die sich nicht aus irgendwelchen Regeln herleiten lassen. Um seine These plausibel zu machen, trifft Merleau-Ponty allerdings eine wichtige Unterscheidung. Er spricht von einer originären und einer sekundären Wahrnehmung, d. h. von einer produktiven Wahrnehmung, die bestimmte Gestalten erstmalig entstehen läßt, und einer eingelebten Wahrnehmung, die vertraute Gestalten wiedererkennt und wiedererzeugt und auf diese Weise eine Wahrnehmungstradition fortsetzt[37]. Entsprechend unterscheidet Merleau-Ponty im Bereich der Sprache zwischen einem originären Sprechen (parole parlante), das neue Bedeutung generiert, und einem sekundären gewohnheitsmäßigen Sprechen (parole parlée), das sich innerhalb vorgefundener Formen bewegt.[38] Solche Formen eines Gestalt- und Bedeutungswechsels bzw. einer

Gestalt- und Bedeutungstradierung können durchaus in Bezug gesetzt werden mit dem, was Kuhn als revolutionären und normalen Zustand der Wissenschaft beschreibt. Einer umbruchartigen Änderung des Seh-, Rede- oder Handlungsstils stünden Phasen der Konsolidierung gegenüber, die allerdings nicht nur als gewohnter Ablauf, sondern auch als ein Prozeß der Differenzierung und differenzierten Anwendung bestimmt werden müßten. Einer dogmatischen Erstarrung der Wissenschaft entspräche eine Stereotypisierung des Verhaltens; Merleau-Ponty verwendet hier umgekehrt eine Metapher aus dem Bereich der Wissenschaft, wenn er von einer »Scholastik der Existenz« spricht[39]. Bei A. Gurwitsch, der später mit Merleau-Ponty in engem Kontakt stand, finden wir bereits in seiner Habilitationsschrift einige wichtige Äußerungen, in denen die Identität von Gebrauchsdingen problematisiert und mit den bekannten Umschlagsphänomenen in Beziehung gesetzt wird.[40] Heideggers bekannte Analyse des »Zeugs« wird hier gestalttheoretisch ergänzt und aufgelockert, wobei Autoren wie Köhler, Bühler, Rubin, Goldstein u. a. eine wichtige Rolle spielen. Eine Theorie der Anomalien, von der Kuhn Gebrauch macht, fände hier ihren Platz. Diese wenigen Beispiele mögen andeuten, wie eine Theorie der Gestaltbildung, des Gestaltwechsels und ähnlicher Phänomene innerhalb der Phänomenologie einen Boden findet, der einen Austausch mit ähnlich gerichteten Versuchen innerhalb der Wissenschaftstheorie zuläßt. Die wenigen Stellen, an denen Feyerabend sich auf eine phänomenologische Sicht- und Beschreibungsweise beruft (a.a.O., S. 354f., 389f.), zeigen, daß hier einige theoretische Sprengkraft liegt, sofern man die Phänomenologie nicht einem Kult des Gegebenen dienstbar macht.

4. *Irrationalität oder Rationalitätstypen?* – Wenn es zutrifft, daß wir mit heterogenen Seh- und Frageweisen zu rechnen haben, die sich mit verschiedenen Zielsetzungen verbinden und auch einen Wandel der konkreten Maßstäbe nach sich ziehen, so wird die einfache Entgegensetzung von Rationalität und Irrationalität zusehends fragwürdig. Statt dessen sollten wir davon ausgehen, daß es verschiedene Formen und Typen der Rationalität gibt, die trotz aller Übersetzungsbemühungen nicht durchweg in ein Gesamtsystem integriert werden können. Daran knüpft sich eine Fülle von Problemen, die nach neuen Antworten verlangt.

Beginnen wir mit dem Problem des *Relativismus*. Eine Relativierung des Wissens, die dieses von bestimmten Seh-, Sprech- und Handlungsbedingungen abhängig macht, bedeutet keine Relativierung von *Geltungsansprüchen* in dem Sinne, daß nun Beliebiges behauptet werden könnte. Ein einfaches Beispiel: wenn sich die Farbwahrnehmung auf bestimmte Weise strukturiert hat, so gibt es zutreffende und unzutreffende Zuordnungen und damit auch wahre und falsche Prädikationen. Es geht hier also nicht geradwegs um die Relativierung der Wahrheit, sondern um die Bedingungen, unter denen Wahres behauptet werden kann. Mit der Frage nach Ursprung, Voraussetzungen und Funktion der Wahrheit wiederholt sich auf gewisse Weise das alte Problem einer »ontologischen Wahrheit«, die der Aussagewahrheit vorgeordnet ist, nur daß die Frage nun nicht mehr mit der Berufung auf einen eindeutig strukturierten Kosmos oder einen maßgebenden göttlichen Geist beantwortet wird, sondern vielmehr im Hinblick auf die Strukturierungsleistung der Erfahrung selbst; diese Verlagerung des Problems bahnt sich bei Kant dort an, wo er auf eine *menschliche* Vernunft rekurriert, nur daß hier zu rasch eine einheitliche Vernunftausstattung ins Spiel gebracht wird. Relativität besagt andererseits nicht eine Aufspaltung des Wissens in monadologisch abgekapselte Welten. Schon der Gedanke einer Strukturierung und Gestaltung, wie er in entsprechenden Wahrnehmungs- und Sprachtheorien auftritt, ist nicht zu trennen von dem Moment einer Umstrukturierung und Umgestaltung. Alles Neue oder Neuartige fordert als Kontrast einen traditionellen Hintergrund, und Innovationen sind – mit einem Ausdruck der russischen Formalisten – zu begreifen als »kohärente Verformungen«, die immer schon bestehende Formsysteme voraussetzen und sie als Widerlager brauchen. Mit der Neuauflage einer historischen Typenlehre hat dies gewiß wenig zu tun.

Was die Organisation der Erfahrung selber angeht, so kann es sich hier nicht um eine bloße *Beliebigkeit* handeln, die nur das Gegenbild zu einer rationalen Notwendigkeit wäre. Das Nicht-Notwendige, für das es bezeichnenderweise keinen adäquaten Ausdruck gibt, ist gewiß nicht das rein Zufällige. Wir haben hier eine Zwischenskala, die mit Ausdrücken wie »konkret möglich«, »erlaubt« u. ä. zu besetzen wäre. Husserl spricht in ähnlichem Zusammenhang von einer »motivierten«, d. h. kontextabhängigen Möglichkeit im Gegensatz zur rein logischen Möglichkeit, die Denkbares bezeichnet (vgl. Ideen I, § 47; ferner vgl. ROUTILAS modallogische Reflexionen zum Geschichtsablauf). Es lassen sich jedoch verschiedene Formen denken, unter denen die Beliebigkeit der Organisationsweisen sich einschränkt. Es sind z. B. abweichende Farbsysteme denkbar, die verschiedene Zäsuren und Differenzierungsgrade aufweisen; aber es ist nicht möglich, eine Farbskala zu entwerfen, auf der Blau näher bei Rot liegt als Grün. In bezug auf sprachliche Lautsysteme hat R. Jakobson ähnliche Strukturgesetze aufgezeigt, die den möglichen Aufbau eines Lautsystems einschränken, ohne eine bestimmte Bauweise durchgängig zu erzwingen.[41] Hier spielen neben physiologischen und psychologischen Gesetzmäßigkeiten auch praktisch-soziologische hinein. Erinnert sei nur an ein berühmtes Beispiel: die Übernuancierung von Ausdrücken für Weiß in der Eskimosprache, welche nicht zu trennen ist von bestimmten alltäglichen Verrichtungen und Orientierungsbedürfnissen. So schließt Kuhn auch ausdrücklich aus, daß Mitglieder einer Gemeinschaft *irgendwelche* Wahrnehmung haben könnten; die Unfähigkeit, beispielsweise Wölfe von Hunden zu unterscheiden, wäre unter gegebenen Umständen lebensgefährlich (vgl. S. 207). Und was schließlich den Zusammenhang innerhalb von Erfahrungs-, Gesprächs- oder Handlungssequenzen angeht, so ist auch hier der Gegensatz zur zwingenden Konsequenz keineswegs die *Zusammenhanglosigkeit*. Wittgensteins Idee einer Familienähnlichkeit ließe sich ohne Mühe ins Diachronische wenden. Denkbar sind Verkettungen von Systemzuständen, die kontinuierlich bestimmte Elemente gemeinsam haben, ohne daß deshalb der Anfangs- und der Endzustand gemeinsame Elemente haben müssen (ein einfaches Schema: S^0 : a, b; S^1 : b, c; S^2 : c, d usf.). Eine solche serielle Anordnung kommt ohne ein steuerndes Prinzip aus und ohne die Gliederung in Gesamtsystem und Teilsysteme. Kuhns Insistieren auf Ähnlichkeitsbeziehungen, die noch nicht durch Identitätskriterien vereinheitlicht sind (vgl. Nachwort, Abschn. 4), weist hin auf die allgemeine Möglichkeit lockerer Zusammenhänge, die Spielräume lassen, ohne daß diese sich unendlich dehnen ließen. In diesem Sinne gibt es Gesprächszusammenhänge, Wahrnehmungsabfolgen, Farbtexturen, Gefühlslogiken und manch andere Formen der Verbindung, die keiner unverbrüchlichen Regel unterliegen und dennoch nicht im Unverbindlichen versickern.[42] Die Statuierung eines mittleren Feldes motivierter Möglichkeiten und offen-bestimmter Zusammenhänge hat ihre Auswirkung auf den jeweils möglichen Argumentationsstil. Der Gegensatz zur zwingenden Argumentation ist auch hier nicht die *Grundlosigkeit*, sondern das Vorbringen »guter Gründe«, die nicht zwingend sein müssen und es auch oft nicht sein können (vgl. Kuhn, S. 210). Die Art der Begründung und das Gewicht, das bestimmten Argumenten zufällt, hängt letzten Endes ab von der jeweiligen Lebensform. So heißt es bei Wittgenstein: »Was die Menschen als Rechtfertigung gelten lassen, – zeigt, wie sie denken und leben« (Phil. Untersuchungen, 325). Hierbei geht es also nicht um eine pure Verweigerung von Gründen, sondern um die Grenzen der Begründbarkeit, von denen schon Aristoteles deutlich gewußt hat: »Es ist nämlich genauso ungereimt, vom Mathematiker Wahrscheinlichkeiten hinzunehmen wie vom Rhetor denknotwendige Beweise zu fordern« (Nik. Ethik I, 1).

Schließlich könnte der Einbruch *externer Faktoren* in den Wissenschaftsprozeß als Quelle der Irrationalität angesehen werden. Doch hier wäre zu fragen, ob und wieweit eine strenge Scheidung in externe Faktoren, d. h. solche, die auf bestimmte Personengruppen, Umstände usf. Bezug nehmen, und interne Faktoren, d. h. solche, die inner- und zwischentheoretische Gehalte betreffen (vgl. hierzu NEWTON-SMITH), überhaupt durchzuhalten ist. Zu jedem theoretischen Feld gehören Relevanzstrukturen, die eine bestimmte Thematik als solche auszeichnen und bestimmte selektive Interessen widerspiegeln.[43] Diese Strukturierungsleistung könnte nur dann in einen »Innenbereich« reiner Geltungs- und Begründungszusammenhänge verlegt werden, wenn sie selbst durch ein methodisch geregeltes und allgemein begründbares Verfahren hervorgebracht werden könnte. Doch eine solche Vereinigung von Methode und Sache – Hegels Wunschtraum – kann einer künstlich hervorgebrachten Methodik niemals gelingen. Wird dennoch ein entsprechender Versuch gemacht, so besagt dies, daß eine bestimmte Methodik verabsolutiert und ein Methodenzwang erzeugt wird, wogegen Feyerabend mit Recht seine Invektiven schleudert. Eine in diesem Sinne reine Wissenschaft wäre eine dogmatische Wissenschaft, die ihre Methodik als Deckmantel benutzt. Die Alternative bestünde auch hier nicht in einer *Regellosigkeit*, sondern – wie Feyerabend es später präzisiert[44] – in einem beweglichen Umgang mit Regeln, der sich für andersartige Regelungen offenhält. Auch dies gilt nicht nur für die Regeln der Wissenschaft, sondern für alle Regelsysteme; auch hier ist die

Wissenschaft ein »Partialproblem«, allerdings eines von hoher Signifikanz.

Eine Differenzierung der Vernunft, wie sie durch neuere Entwicklungen der Wissenschaftstheorie nahegelegt wird, bedeutet also keineswegs von sich aus ein Abgleiten in Unvernunft und Irrationalität. Im Gegenteil, hier entsteht eine Barriere gegen den Vernunftzwang, der sich dann einstellt, wenn eine Einheit usurpiert wird, und sei es unter dem Deckmantel der Universalität. Diese Betrachtungsweise, die in dem Anspruch auf ein überschauendes Wissen überzogene Herrschaftsansprüche wiedererkennt, ist – abgesehen vielleicht von Feyerabend – bei französischen Epistemologen stärker entwickelt. Macht der Vernunft – Macht der Methode, das sind schillernde Titel und gleitende Übergänge. So ist es Foucault, der mit größter Entschiedenheit den Gedanken verficht, daß jeder Diskurs, jede Disziplin äußere und innere Grenzen selber mitproduziert. Der Wille dringt nicht von außen her störend in ein Reservat reiner Wahrheit ein, sondern ist in jeder Theorie gegenwärtig als »der Wille zur Wahrheit – jene gewaltige Ausschließungsmaschinerie«[45]. An anderer Stelle heißt es:

»Innerhalb ihrer Grenzen kennt jede Disziplin wahre und falsche Sätze, aber jenseits ihrer Ränder läßt sie eine ganze Teratologie des Wissens wuchern. Das Äußere einer Wissenschaft ist sowohl mehr bevölkert als auch weniger bevölkert, als man glaubt: es gibt dort die unmittelbare Erfahrung, die imaginären Themen der Einbildungskraft, die unvordenkliche Überzeugungen tragen und immer wieder erneuern; aber vielleicht gibt es keine Irrtümer im strengen Sinn, denn der Irrtum kann nur innerhalb einer definierten Praxis auftauchen und entschieden werden; hingegen schleichen Monstren herum, deren Form mit der Geschichte des Wissens wechselt. Ein Satz muß also komplexen und schwierigen Erfordernissen entsprechen, um der Gesamtheit einer Disziplin angehören zu können. Bevor er als wahr oder falsch bezeichnet werden kann, muß er, wie Georges Canguilhem sagen würde, ›im Wahren‹ sein.«[46]

Ordnung des Diskurses besagt also, daß die praktische Dimension mitten in die Sphäre der Theorie hineinragt. Und wenn es spezifische Formen der Rationalität gibt, so auch spezifische Formen der Irrationalität und des Zwanges; eine geradezu aufs Ganze gehende Kritik muß daran abprallen. Dies war für Foucault der Anlaß, die Macht mehr und mehr und in einer gewissen Einseitigkeit in den Bereich anonymer Regelungen, Instanzen und Strategien zu verlagern und aufzusplittern. Die Frage nach dem Subjekt verschwindet damit ebensowenig wie die Frage nach der Wahrheit; doch in beiden Fällen zeigt sich eine entscheidende Verschiebung im traditionellen Gefüge. Wahrheit bedeutet für Foucault nicht weiterhin »den Inbegriff wahrer Dinge, die es zu entdecken oder zu akzeptieren gilt«, sondern »den Inbegriff von Regeln, nach denen man Wahres von Falschem scheidet und mit dem Wahren spezifische Machtwirkungen verbindet«. In diesem Sinne läßt sich behaupten: »Die Wahrheit ist selbst Macht«, und die Ablösung des Wahrheitsvermögens von bestimmten Formen sozialer, ökonomischer und kultureller Vorherrschaft kann sich weder in einem machtfreien Raum abspielen, noch einen solchen anzielen; eine Befreiung der Wahrheit von jeglicher Macht wäre eine »Chimäre«.[47] Von einer reinen Erkenntnis- und Wissenschaftstheorie sind wir damit denkbar weit entfernt, von Phänomenologie und Marxismus vielleicht doch nicht, sofern hier bestimmte Blick- und Denkschranken fallen.

Bei Foucault verbindet sich mit dieser Verschiebung der Thematik eine neue, gewiß spröde Form des Ethos; an Stelle des »universalen Intellektuellen« – sollte man hinzufügen: an Stelle des »Philosophen als Funktionär der Menschheit« und an Stelle des »totalen Menschen«? – tritt der »spezifische Intellektuelle«, der sein Musterbild im »savant-expert« hat.[48] Eine Ernüchterung, so mag man einwenden, die mit dem rein Technischen liebäugelt. Das könnte sein, schon das Vokabular spricht vielfach dafür; doch der Gedanke einer Spezifizität, die sich nicht einfach höheren Gattungen unterordnet und einer Totalität einordnet, hat vieles für sich – und manches gegen sich, was hohl klingt.

Anmerkungen

1 *Erste Philosophie*, Bd. I, Husserliana VII, Den Haag 1956, S. 228. Dieser Band enthält – abgesehen von der *Krisis* – die wichtigsten Beiträge Husserls zu Kant. Daß eine phänomenologische Lesart der *Kritik der reinen Vernunft* nicht ausgeschlossen ist, hat Husserl mehrfach betont. Vgl. dazu I. Kern: *Husserl und Kant*, Den Haag 1964. Schließlich hat Heidegger in wiederholten Anläufen, in seinem Kant-Buch und vorher und nachher in seinen Vorlesungen (vgl. *Phänomenologische Interpretationen von Kants Kritik der reinen Vernunft*, Frankfurt 1977; *Die*

Frage nach dem Ding, Tübingen 1975), eine neuartige Interpretation vorgelegt, in der er eine erkenntnis- und wissenschaftstheoretisch verengte Interpretation zu revidieren versucht.

2 *Die Krisis der europäischen Wissenschaften und die transzendentale Phänomenologie*, Husserliana, VI, Den Haag 1954 (im folgenden zitiert als ›Krisis‹).

3 Vgl. *La voix et le phénomène*, Paris 1967.

4 Vgl. die programmatischen Ausführungen im Vorwort zur *Phénoménologie de la perception*, Paris 1945 (dt. Übersetzung: Berlin 1966), ferner: »Die Humanwissenschaften und die Phänomenologie«, in: *Vorlesungen I*, Berlin 1973.

5 Merleau-Ponty hat wiederholt den Versuch unternommen, diese phänomenologisch gewonnenen Einsichten auf den Marxismus und speziell auf den historischen Materialismus zu applizieren (vgl. *Phénoménologie de la perception*, S. 199ff., dt. Übersetzung: S. 204ff.). In den stärker politisch orientierten Arbeiten (vgl. die entsprechenden Aufsätze in *Sens et non-sens*, Paris 1947, ferner *Humanisme et terreur*, Paris 1947, und *Les aventures de la dialectique*, Paris 1955) ist der philosophische Hintergrund ständig mitgegenwärtig; auch die Änderung der politischen Perspektive in letztgenanntem Werk ist anders nicht zu denken.

6 Vgl. hierzu die Beiträge von J. J. Kockelmans, A. Métraux, J. Taminiaux und B. Waldenfels in: R. Grathoff/W. Sprondel (Hrsg.): *Maurice Merleau-Ponty und das Problem der Struktur in den Sozialwissenschaften*, Stuttgart 1976.

7 Vgl. hierzu J. O'Neill: »Merleau-Pontys Kritik am marxistischen Szientismus«, in: *Phänomenologie und Marxismus*, Bd. 2.

8 Merleau-Ponty macht einen ähnlich gezielten Unterschied zwischen einer »ideellen Befreiung«, die nur das Bewußtsein verändert, und einer »realen Befreiung«, die zu einer Umgestaltung des Lebensbereichs führt; er knüpft dabei an bei den pathologischen Studien von K. Goldstein, in denen Verhaltensstrukturen und Milieus einander zugeordnet werden. Vgl. *La structure du comportement*, 2. Aufl. Paris 1949, S. 237ff. (dt. Übersetzung: Berlin 1976, S. 254ff.)

9 Wir zitieren *Die deutsche Ideologie* nach MEW, Bd. 3, Berlin 1969.

10 Vgl. *Studien über Dialektik*, Prag 1975, S. 34f.

11 *Grundrisse der Kritik der politischen Ökonomie*, Einleitung, Berlin 1953, S. 22. Vgl. dazu A. Schmidt (Hrsg.): *Beiträge zur marxistischen Erkenntnistheorie*, Frankfurt 1970, Vorwort, S. 12, ferner den dortigen Beitrag von E. W. Iljenkow.

12 M. Buhr/A. Kosing: *Kleines Wörterbuch der marxistisch-leninistischen Philosophie*, Berlin 1974, S. 95.

13 Vgl. Merleau-Ponty, *Éloge de la philosophie*, Paris 1953, S. 67 (dt. in: *Vorlesungen I*, S. 40).

14 Zur faktischen Gleichsetzung von Wissenschaftstheorie und Erkenntnistheorie und zur gleichwohl fortbestehenden Möglichkeit ihrer Unterscheidung vgl. W. Stegmüller: *Probleme und Resultate der Wissenschaftstheorie und der Analytischen Philosophie*, Bd. IV, 1. Halbband, Berlin 1973, S. 22ff.

15 Stegmüller weist darauf hin (a.a.O., S. 28ff.), daß die Verbindung vom Empirismus und Positivismus (dessen verschiedene Spielarten deutlich unterschieden werden) mit Logik und Wissenschaftstheorie wenigstens teilweise eine historische Zufälligkeit darstellt. Zur Entflechtung dieses Problemknäuels schlägt er eine entschiedene *Neutralisierung* der Wissenschaftstheorie vor, nämlich in Form einer angewandten Logik, die keine realwissenschaftlichen und metaphysischen Geltungsfragen zu lösen beansprucht und kein bestimmtes philosophisches Credo voraussetzt. Mit dieser Aussparrung eines formalen Zwischenbereichs stellt sich das Problem einer Zuordnung von Philosophie und Wissenschaften natürlich aufs neue, und es bleibt auch die Frage, wieweit die *Anwendung* eines formellen Verfahrens von materialen Erwägungen abgelöst und neutralisiert werden kann. Zweifel an der »Reinheit« dieses Verfahrens bleiben.

16 *Ideen zu einer reinen Phänomenologie und phänomenologischen Philosophie*, 1. Bd., Husserliana III, Den Haag 1950, S. 46 (zitiert als ›Ideen I‹).

17 Vgl. *Cartesianische Meditationen*, Husserliana I, Den Haag 1950, §4.

18 Zur allgemeinen Orientierung vgl. J. J. Kockelmans/Th. J. Kisiel (Hrsg.): *Phenomenology and Natural Sciences*, Essays and Translations, Evanston 1970.

19 *Phénoménologie de la perception*, S. XV (vgl. dt. Übersetzung: S. 17).

20 Ebd., S. 74 (dt. Übersetzung: S. 85).

21 »Titres et travaux«, S. 5 (unveröffentlichter Text von 1952), vgl. das Vorwort des Übersetzers zu *Die Struktur des Verhaltens*, S. IX.

22 *Le visible et l'invisible*, Paris 1964, S. 236. – Selbst Stegmüller, der durchweg – in Kantischer Manier – auf strenge Grenzziehungen bedacht ist, spricht dort, wo er das Verhältnis von Wissenschaftstheorie, empirischer Wissenschaftswissenschaft und Spezialwissenschaft bzw. von Wissenschaftstheorie und Erkenntnistheorie erörtert, von einer »Rückkoppelung«, die eine »wechselseitige Befruchtung und Durchdringung« ermöglicht; sogar eine »Wissenschaftsmetaphysik« ist vorgesehen, die nichtempirische Feststellungen über wissenschaftliche Fakten trifft (vgl. a.a.O., S. 17f., 24). Bedeutet aber »Durchdringung« nicht mehr als wechselseitige Nutzung fremder Resultate? Und was ist der Ermöglichungsgrund für eine solche Durchdringung?

23 M. Siemek: »Die Gesellschaft als philosophisches Problem bei Marx«, in: *Phänomenologie und Marxismus*, Bd. 3, S. 148ff.

24 Vgl. »Die marxistische und die phänomenologische Auffassung der sog. Krise der Wissenschaft«, in: *Studien über Dialektik*, S. 77ff. Zur Kritik an den teleologischen Restbeständen einer solchen Dialektik verweise ich auf meine Beiträge in *Phänomenologie und Marxismus*, Bd. 1 u. 3.

25 Vgl. Buhr/Kosing, a.a.O., S. 221, 311, ferner Zelený, a.a.O., S. 104: »Aus den historischen Bedingungen ergibt sich, daß die kommunistische Partei Hauptträger der vereinigenden Auffassung der Rationalität und damit eines neuen historischen Typs kritischen Denkens ist, das notwendigerweise die wissenschaftliche Selbstreflexion des Kritikers enthält.«

26 Ein Beispiel: In einer Aufsatzsammlung sowjetischer Wissenschaftshistoriker: *Wissenschaftskonzeptionen*, hrsg. von G. Domin (Berlin 1978), ist Kuhns Konzeption deutlich vertreten; doch den hier angeschnittenen Fragen geht man teilweise mit vorsichtigen Formulierungen aus dem Weg. So endet eine sehr abgewogene Studie von N. I. Rodny mit dem Ergebnis: es gibt Widersprüche zwischen den »geschlossenen Strukturen« der Wissenschaft und dem »offenen Charakter der Bewegung«, daneben aber auch von Kuhn ignorierte immanente Widersprüche der Wissenschaft als »Grundmechanismus des Fortschritts« (197). Werden diese Widersprüche von Kuhn *nur* ignoriert? An anderer Stelle (bei E. G. Lejkin) herrscht die reine Fortschrittsapologie vor, die sich die Argumente erspart. Zelený (a.a.O., S. 95ff.) gelangt sehr rasch zu bekannten Großtypen der Rationalität, von denen der Marxismus ein neuer und grundlegender ist. Wird nicht damit die an gleicher Stelle zugestandene Vieldimensionalität in der Grundlegung der Wissenschaft (S. 101) rasch wieder geschichtsphilosophisch vereinfacht?

27 Vgl. hierzu auch die knappe Zusammenfassung der Problematik bei E. Ströker: *Wissenschaftsgeschichte als Herausforderung*, Frankfurt 1976.

28 Von dem gleichen Autor stammt eine kritische *Introduction à la phénoménologie* (Paris 1976). In seiner wissenschaftstheoretisch orientierten Kritik an Husserl setzt Desanti fort, was J. Cavaillès in den 40er Jahren (bevor er als Mitglied der Résistance umkam) begonnen hatte.

29 Dt. Übersetzung: Berlin 1975.

30 *Introduction à la phénoménologie*, S. 16.

31 P. Feyerabend: *Wider den Methodenzwang*, Frankfurt 1977, S. 250, 68. Einen Freibrief für ein unkontrolliertes Dahinströmen von Gedanken sollte man hinter diesen und ähnlichen Maximen allerdings nicht suchen: »Wir wollen ... neue Beziehungen zwischen wohlgegliederten Ganzheiten schaffen und nicht ein paar Wellen in einem Meer öden Dahintreibens. Der Anarchismus ist ein Heilmittel für strenge Denker, die mit ihrer Strenge zu weit gegangen sind« (S. 34).

32 Th. S. Kuhn: *Die Struktur wissenschaftlicher Revolutionen*, zweite revidierte und um das Postskriptum von 1969 ergänzte Auflage, Frankfurt [3]1978, S. 116 (alle folgenden Zitate von Kuhn beziehen sich auf diesen Text). Vgl. dazu Ströker, a.a.O., S. 51 f. sowie den Beitrag von NEWTON-SMITH in diesem Band, Abschn. 3.

33 Dazu führt Feyerabend eine Fülle von Wahrnehmungs- und Sprachbeispielen an (a.a.O., Kap. 17), und er wehrt sich ausdrücklich gegen den Versuch, die Problematik der Inkommensurabilität auf die Ebene der Aussage zu verlagern (S. 370).

34 Kuhn erwähnt im Hinblick auf eine Beschreibung wissenschaftlicher Theorien Genauigkeit, Einfachheit, Fruchtbarkeit als allgemeine Wertmaßstäbe, die sich bei ihrer Anwendung aber nicht als eindeutige ›positive‹ Auswahlkriterien entpuppen (S. 211).

35 Merleau-Ponty unterscheidet an einer Stelle, wo er auf verfremdende ethnologische Erfahrungen zu sprechen kommt, zwischen einem »universel de surplomb«, das mit einer streng objektiven Methode zusammengeht, und einem »universel latéral«, das eine Transformation der Eigenerfahrung voraussetzt (»De Mauss à Lévi-Strauss«, in: *Signes*, Paris 1960, S. 150).

36 Daß auch die perspektivische Vervielfältigung der Wirklichkeit eine lange Tradition hat (die allerdings bezeichnenderweise nicht in der Philosophie, sondern in der bildenden Kunst beginnt), zeigt C. F. Graumann in seiner Monographie *Grundlagen einer Phänomenologie und Psychologie der Perspektivität*, Berlin 1960.

37 *Phénoménologie de la perception*, S. 53 f. (dt Übersetzung: S. 66). Bei Husserl entspricht dem die Doppelheit von ursprünglichem Kennenlernen und späterem Verfügen über Bekanntheitsstrukturen (vgl. etwa *Cartesianische Meditationen*, § 33).

38 A.a.O., S. 207 f., 229 (dt. Übersetzung: S. 211 f., 232).

39 A.a.O., S. 99 (dt. Übersetzung: S. 108).

40 *Die mitmenschlichen Begegnungen in der Milieuwelt*, Berlin 1977, § 15.

41 Vgl. *Kindersprache, Aphasie und allgemeine Lautgesetze*, Frankfurt [3]1972.

42 Hierzu und zum folgenden vgl. meinen Beitrag »Verhaltensnorm und Verhaltenskontext«, in: Phänomenologie und Marxismus, Bd. 2.

43 Vgl. hierzu A. Gurwitsch: *Das Bewußtseinsfeld*, Berlin 1975 und A. Schütz: *Das Problem der Relevanz*, Frankfurt 1971.

44 Vgl. die Äußerung Feyerabends, die NEWTON-SMITH in seinem Beitrag (s. Anm. 22) zitiert.

45 *L'ordre du discours*, Paris 1971, S. 22 (dt. Übersetzung: Frankfurt 1977, S. 15).

46 Ebd., S. 35 f. (dt. Übersetzung: S. 23 f.). Vgl. hierzu Feyerabend: »Die Prinzipien verursachen eine gewisse Abgeschlossenheit: es gibt Dinge,

die nicht gesagt werden oder ›entdeckt‹ werden können, ohne die Prinzipien zu verletzen (und das heißt *nicht*: ohne ihnen zu widersprechen)« (a.a.O., S. 368).

47 Vgl. »Vérité et pouvoir«, Entretien avec M. Fontana, in: *L'Arc 70*: La crise dans la tête, 1977, S. 26.

48 Ebd., S. 22-24.

Mihály Vajda
Die Kritik der Tatsachenwissenschaften bei Lukács und Husserl

Befragen wir die beiden radikalen Philosophien unserer Epoche, den Marxismus und die Phänomenologie, nach ihrem Verhältnis zur Wissenschaft, so zeigen sich auch in dieser Hinsicht augenfällige Parallelen. Wollen wir diese Problematik möglichst konkret analysieren, so dürfen wir nicht in abstrakter Allgemeinheit über Phänomenologie und Marxismus sprechen. Es gibt so viele Phänomenologien und Marxismen, wie es entsprechende Autoren und Werke gibt. Ich habe für meine Analyse je *ein* grundlegendes Werk ausgewählt, nämlich Georg Lukács' *Geschichte und Klassenbewußtsein* und Edmund Husserls *Die Krisis der europäischen Wissenschaften und die transzendentale Phänomenologie*. Diese Auswahl wurde keineswegs willkürlich getroffen. Beide Werke sind nämlich für ihre Denkweise repräsentativ und haben entscheidenden Einfluß auf deren jeweilige Entwicklung ausgeübt. Und was auch nicht nebensächlich ist: beide sind Produkte der Zwischenkriegszeit, einer Zeit, die der geistigen Ausgestaltung unserer Epoche wohl am entschiedensten den Boden bereitet hat; dementsprechend verraten beide in gleicher Weise ein tiefes Bewußtsein von der Krise der bürgerlichen Kultur.

Das Verhältnis einer philosophischen Theorie zur Wissenschaft ist selbstverständlich nicht nur durch ihre eigene innere Entwicklung bestimmt. Auch wenn eine Philosophie ihr eigenes Antlitz jahrzehnte- und jahrhundertelang bewahrt, übt die geistige Atmosphäre, in der sie sich immerzu neugestaltet, nicht nur allgemein, sondern auch in jeder konkreten Frage Einfluß auf sie aus. Marx' Verhältnis zu den Wissenschaften war notwendigerweise viel positiver als das seiner radikalen Nachfolger im 20. Jahrhundert. »Die Ausschließlichkeit, in welcher sich in der zweiten Hälfte des 19. Jahrhunderts die ganze Weltanschauung des modernen Menschen von den positiven Wissenschaften bestimmen und von der ihr verdankten ›prosperity‹ blenden ließ«[1] – um mich der Worte Husserls zu bedienen – spielte auch in Marx' Denken eine bestimmte Rolle. Wenngleich er sehr heftig – und im Bewußtsein einer neuen Wissenschaftlichkeit – nicht nur die Ergebnisse, sondern auch die Verfahrensweise der bürgerlichen Gesellschaftswissenschaften, in erster Linie die der Nationalökonomie kritisierte, so bedeutet dies keineswegs, daß der Status und die Möglichkeit der Wissenschaften als Wissenschaften bei ihm auf Bedenken gestoßen wären. Im 20. Jahrhundert haben die Wissenschaften diese Selbstverständlichkeit eingebüßt. Die moderne Phänomenologie ist schon das Geisteskind einer Epoche, in welcher der voraussetzungslose Glaube an die Wissenschaften eine eher konservative als radikalkritische Rolle spielt. Dieser Umstand erklärt ihr ziemlich eindeutiges Verhältnis zu den Wissenschaften. Demgegenüber ist das Verhältnis des Marxismus zu denselben viel komplizierter, was freilich mit verschiedensten Faktoren zu erklären ist. Grundsätzlich ist auf die Spannung hinzuweisen, die zwischen seiner Herkunft aus dem 19. Jahrhundert und seinem fortlebenden Radikalismus besteht. Die philosophischen Verfechter des marxistischen Radikalismus im 20. Jahrhundert – die sog. »Philosophie der Praxis« oder der »westliche Marxismus«, dessen Hauptwerk zweifellos Lukács' *Geschichte und Klassenbewußtsein* ist – mußten sich, gerade um den ursprünglichen Radikalismus bewahren zu können, kämpferisch mit dem Szientismus der konservativen marxistischen Richtungen auseinandersetzen. Dieser Szientismus war nämlich nicht nur Ausdruck eines politischen Konservativismus, sondern zeugte zugleich von einer Affinität zur Orthodoxie im engeren Sinne des Wortes. Wenn Lukács die marxistische Orthodoxie als Methodenfetischismus charakterisiert, muß er notwendigerweise die der Marxschen Methode inhärente, aber durch Zeiteinflüsse verschleierte Wissenschaftskritik herauslocken.

Es wäre überflüssig, nun das Problem aufzuwerfen, ob die szientistische Orthodoxie der Theoretiker der II., später auch der III. Internationale oder aber die dialektische Orthodoxie der Philosophie der Praxis den wahren Marxismus vertritt. Denn in unserem Zusammenhang genügt es darauf hinzuweisen, daß auch die Wissenschaftskritik in *Geschichte und Klassenbewußtsein* eine Art von radikalem Marxismus des 20. Jahrhunderts repräsentiert, deren Vergleich mit der phänomenologischen Wissenschaftskritik zur Erhellung beiderseitiger Gemeinsamkeiten und Verschiedenheiten beitragen wird.

Ich möchte kurz und skizzenhaft jene Berührungspunkte hervorheben, an denen sich die beiden Kritiken begegnen, oft sogar fast wörtlich decken. Da ich mich vor allem mit der Bedeutung und Funktion dieser Kritiken beschäftigen möchte, werde ich darauf verzichten müssen, diese selbst detailliert zu beschreiben. Aber das wäre ohnehin überflüssig: Jeder Leser der zwei Bücher wird wohl ohne Schwierigkeiten bemerken, daß beide Werke – trotz der Verschiedenheit ihrer geistigen Atmosphäre – in dieser Hinsicht nahe verwandt sind.

Die Kritik betrifft natürlich nicht den Gültigkeitsanspruch der Wissenschaft schlechthin. Phänomenologie und Marxismus kritisieren an den Tatsachenwissenschaften, daß deren Einstellung, die sich als die einzig und allein wissenschaftliche ausgibt, der Forderung nach *wahrer* Wissenschaftlichkeit nicht entspricht und auch nicht entsprechen kann. Die Tatsachenwissenschaften unserer Epoche sind außerstande, jene Rolle zu erfüllen, die jede wahre Wissenschaft erfüllen soll. Sie versagen nämlich gerade dort, wo sie ihre Existenzberechtigung herholen sollten; denn sie haben nichts mehr zu tun mit der *Sinngebung* unseres menschlichen Daseins. Husserl stellt diese Frage sehr scharf schon am Anfang:

»Bloße Tatsachenwissenschaften machen bloße Tatsachenmenschen ... In unserer Lebensnot ... hat diese Wissenschaft uns nichts zu sagen. Gerade die Fragen schließt sie prinzipiell aus, die für den in unseren unseligen Zeiten den schicksalsvollsten Umwälzungen preisgegebenen Menschen die brennenden sind: die Fragen nach Sinn oder Sinnlosigkeit dieses menschlichen Daseins ... Wissenschaftliche, objektive Wahrheit ist ausschließlich Feststellung dessen, was die Welt, wie die physische so die geistige Welt, tatsächlich ist. Kann aber die Welt und menschliches Dasein in ihr in Wahrheit einen Sinn haben, wenn die Wissenschaften nur in dieser Art objektiv Feststellbares als wahr gelten lassen, wenn die Geschichte nichts weiteres zu lehren hat, als daß alle Gestalten der geistigen Welt, alle den Menschen jeweils haltgebenden Lebensbindungen, Ideale, Normen wie flüchtige Wellen sich bilden und wieder auflösen, daß es so immer war und sein wird, daß immer wieder Vernunft zum Unsinn, Wohltat zu Plage werden muß?«[2]

Auch Lukács hat darauf hingewiesen, daß eine Wissenschaft, die nur »Tatsachen« aufdecken und von daher Gesetzmäßigkeiten unserer Welt bestimmen will, keine richtungsweisende Instanz für unser Handeln sein kann:

»Eine Situation, in der die ›Tatsachen‹ eindeutig für oder gegen eine bestimmte Richtung des Handelns sprechen, hat es nie gegeben und kann und wird es nie geben. Und je gewissenhafter die Tatsachen – in dieser ihrer Isoliertheit, d. h. in ihren Reflexionszusammenhängen – erforscht werden, desto weniger können sie eindeutig in eine bestimmte Richtung weisen. Und daß ein bloß subjektiver Entschluß wiederum an der Wucht der unbegriffenen und automatisch ›gesetzmäßig‹ wirkenden Tatsachen zerschellen muß, versteht sich von selbst.«[3]

Was die Tatsachenwissenschaften uns bieten können, ist nichts mehr als die Voraussage von Geschehnissen der objektiven Welt, der wir uns anpassen können. In diesem Sinne dienen sie nicht unserer Selbstverwirklichung, sondern machen uns zu einem Teil der naturgesetzlich beherrschten »objektiven« Welt; sie machen uns zu Objekten der Transzendenz.

Dieses Versagen der Wissenschaften vor der Aufgabe der menschlichen Erkenntnis, nämlich unserem Sein und unserer Tätigkeit einen Sinn zu verleihen, ist nach Meinung beider Philosophen die Folge des Umstandes, daß die Wissenschaften außerstande sind, sich auf den *Standpunkt der Totalität* zu stellen. Die Wissenschaft ist zur *techné*, zur Manipulationskunst geworden. Sie ermöglicht keine sinnvolle menschliche Handlung mehr, sondern nur noch eine beschränkte Kalkulation. Denn unsere menschliche Wirklichkeit verkörpert keine Totalität mehr, sondern besteht nur noch aus einer Summe von »Einzeltatsachen«, die von »objektiven« Gegensätzen beherrscht sind. Der Verlust der Totalität bedeutet aber gleichzeitig auch die *Aufhebung der Geschichtlichkeit*. »Die Unwissenschaftlichkeit dieser scheinbar so wissenschaftlichen Methode liegt also darin – sagt Lukács –, daß sie den *geschichtlichen Charakter* der ihr zugrunde liegenden Tatsachen übersieht und vernachlässigt.«[4]

Husserl formuliert denselben Gedanken positiv: »Ein Erschauen nicht von Außen her, vom Faktum, und als ob das zeitliche Werden, in dem wir selbst geworden sind, ein bloß äußerliches Nacheinander wäre, sondern *von Innen* her. Wir, die wir nicht nur geistiges Erbe haben, sondern auch durch und durch nichts anderes als historisch-geistig Gewordene sind, haben nur so eine wahrhaft uns eigene Aufgabe. Wir gewinnen sie ... nur aus einem kritischen Verständnis der Gesamtheit der Geschichte – *unserer* Geschichte.«[5] Eben dieses Erschauen nicht von Außen, vom Faktum her, dieses kritische Verständnis der Gesamtheit unserer Geschichte ist es, was den Tatsachenwissenschaften abgeht.

Eine andere Gemeinsamkeit liegt in der *Kritik an der totalen Quantifizierung*. Die Wissenschaften haben unsere qualitative

Welt, unsere Lebenswelt auf bloße Quantitäts-Relationen reduziert. Der Verlust des Sinnes für die Qualität ist untrennbar vom Verlust des Sinnes für die Eigenheiten der Zeitlichkeit. Für die modernen Wissenschaften hat die Zeit ihre Qualität verloren; sie wurde nivelliert zu einer Dimension, die auf derselben Ebene steht wie die Raumdimensionen.

Wir könnten die Gemeinsamkeiten der Husserlschen und der Lukácsschen Wissenschaftskritik Schritt für Schritt weiter verfolgen und würden sehen, daß es ziemlich schwierig wäre, die beiden Standpunkte zu unterscheiden. Die Wissenschaftskritik der beiden Werke ist nicht nur identisch in ihrer Kritik an den Methoden der Wissenschaften und in ihrer Kritik daran, daß die Wissenschaften den Anspruch der wahren menschlichen Erkenntnis unerfüllt lassen: beide sind sich auch darin einig, daß man eine schlechte Einstellung, einen *schlechten Rationalismus* für das Versagen der modernen Wissenschaften verantwortlich machen kann. Die Krise der Wissenschaften ist für beide Philosophen auch Ausdruck einer Krise des gesamten Menschentums: für Husserl die Krise des europäischen Menschentums, der Verlust einer wahren Teleologie, für Lukács die Krise des Kapitalismus. Beide Auffassungen laufen auf dasselbe hinaus, auf das totale Objektwerden des Menschen, für beide hat die Krise ihre Wurzeln im naturalistischen Objektivismus. »Die ›Krise‹, sagt Husserl, konnte dann deutlich werden als das *scheinbare Scheitern des Rationalismus*. Der Grund des Versagens einer rationalen Kultur liegt aber ... nicht im Wesen des Rationalismus selbst, sondern allein in seiner Veräußerlichung, in seiner Versponnenheit, in ›Naturalismus‹ und ›Objektivismus‹.«[6]

Und Lukács sagt: Es »... erscheint die (selbst bei den ›kritischsten‹ Philosophen) naive und dogmatische Gleichstellung von formellmathematischer, rationaler Erkenntnis einerseits mit Erkenntnis überhaupt, andererseits mit ›unserer‹ Erkenntnis als das charakteristischste Kennzeichen dieser ganzen Epoche.«[7] Die Kehrseite dieses einseitigen, formalen, objektivistischen und naturalistischen Rationalismus ist notwendigerweise eine Irrationalität des Ganzen. Auf der einen Seite die mathematisch-rationell erfaßbaren Teilsysteme, »das Prinzip der auf Kalkulation, auf *Kalkulierbarkeit* eingestellten Rationalisierung«[8], die Welt der ersten und »zweiten« Natur, in der die Bewegung der von menschenfremden, »objektiv-rationalen« Gesetzen beherrschten Sachen von den Menschen vorhersehbar und manipulierbar ist; auf der anderen Seite die Irrationalität der ganzen Welt, einer Welt, in der sich der Mensch fremd bewegt, seinen Platz nicht finden kann und irrationalen Mächten ausgeliefert ist.

Dieser naturalistische Objektivismus auf der einen und eine letzten Endes irrationale Weltauffassung auf der anderen Seite kennzeichnen die Einstellung der modernen Wissenschaften und sind das Charakteristikum unserer Weltepoche. Die Kritik der Wissenschaften ist aber weder bei Lukács, noch bei Husserl Selbstzweck. Das Scheitern der Wissenschaften ist nur *ein Anzeichen der Lebenskrise* der Menschheit, deren Ursachen und praktische Transzendierungsmöglichkeit die beiden Philosophen aufdecken wollen.

Auch wenn die Beschreibung der beiden Kritiken skizzenhaft bleiben muß, ist nicht zu übersehen, daß sie in beinahe allen Aspekten identisch sind. Dieser Eindruck wird sich noch verstärken, wenn wir nicht nur die wichtigsten Aspekte der Kritik, sondern dazu auch den Aufbau der beiden Werke berücksichtigen. Die Gedankengänge in Husserls *Krisis* und in Lukács' großem Aufsatz in *Geschichte und Klassenbewußtsein*, nämlich jenem über »Die Verdinglichung und das Bewußtsein des Proletariats«, sind sich ebenso nahe wie ihre kritische Einstellung gegenüber den Tatsachenwissenschaften. Beide verfolgen die Geschichte der neuzeitlichen europäischen Philosophie, beide zeigen, wie der Objektivismus des frühneuzeitlichen Denkens in Skepsis einmünden mußte, beiden scheint der Versuch der deutschen klassischen Philosophie, die Identität von Objekt und Subjekt im Transzendentalismus wiederherzustellen, auf halbem Wege steckengeblieben zu sein; dementsprechend gehen sie davon aus, daß man die Lösung in einem folgerichtig zu Ende geführten Transzendentalismus suchen muß.

Die Kritik der Tatsachenwissenschaften und die Bestrebung, den Standpunkt der Totalität in der Erkenntnis durch den folgerichtigen Transzendentalismus wiederherzustellen, um damit die echte menschliche Rationalität, die Geschichtlichkeit, die europäische Teleologie wiederzufinden, ist bei beiden Denkern identisch. Die Bedingungen hingegen, unter welchen dieses Ziel erreichbar ist, scheinen auf den ersten Blick einander diametral entgegengesetzt zu sein. Der Standpunkt der Totalität, der in beiden Denksystemen die Genesung der Wissenschaften und des menschlichen Daseins bedingt, ist bei Husserl bestimmt als Standpunkt des wahren Philosophen, bei Lukács dagegen als der des Proletariats. Die Wiederherstellung der wahren Menschlichkeit scheint hier eine individuelle, rein geistige Leistung zu sein, dort die Leistung einer Klasse, ein praktischer Akt. Bei Lukács ist die gedankliche Umstellung, das erkenntnismäßige Wiederfinden des Standpunktes der Totalität, nur untergeordnetes Teilmoment einer praktischen Umwälzung der bürgerlichen Welt. Man könnte sogar sagen, daß die folgenden kritischen Worte von Lukács auch Husserls Einstellung charakterisieren: »Durch die Spezialisierung der Leistung geht jedes Bild des Ganzen verloren. Und da das Bedürfnis nach einer – wenigstens erkenntnismäßigen – Erfassung des Ganzen dennoch nicht aussterben kann, entsteht der Eindruck und der Vorwurf, als habe die ebenfalls auf diese Weise arbeitende, d. h. ebenfalls in dieser Unmittelbarkeit steckenbleibende Wissenschaft die Totalität der Wirklichkeit in Stücke gerissen, über ihre Spezialisierung den Blick für das Ganze verloren.«[9] In der Beschreibung des Sachverhalts und in den Zielen sind sich der radikale Marxismus von Lukács und die Phänomenologie einig; die Wege zur Lösung hingegen sind nicht nur gegensätzlich, sondern der Husserlsche Weg ist für Lukács eben nur Teilmoment jener Weltumstände, die beide kritisieren und übersteigen wollen. Für Lukács wäre die Husserlsche Lösung eine Scheinlösung, da der Erkenntnisfortschritt nur innerhalb eines Fortschritts der menschlichen Verkehrsformen, ja sogar nur als Teilmoment desselben möglich ist. Geistesgeschichte und historischer Materialismus kann und darf man nicht auszusöhnen versuchen. Für Husserl ist es der Geist selbst, der aus eigenen Kräften seinen originellen, in der europäischen Geschichte entstandenen Weg wiederfinden muß, damit die falsche Objektivität, die Geistesfeindschaft der Wissenschaften abgeschafft werden kann, während für Lukács nur eine reale Umgestaltung als revolutionäre Umwälzung der bürgerlichen Produktionsformen eine Neugestaltung ermöglichen könnte.

Diese Gegenüberstellung der zwei Konzeptionen führt aber m. E. zu einer verhängnisvollen Vereinfachung; einer Vereinfachung nicht nur der Differenzen zwischen Phänomenologie und Marxismus, sondern auch der beiden Konzeptionen selbst. Die nahezu völlige Übereinstimmung der Kritik und des Zieles bliebe unverständlich, würde man Husserls Konzeption einfach als geistesgeschichtliche, Lukács' Sichtweise dagegen als historisch-materialistische bezeichnen. Es unterliegt freilich keinem Zweifel, daß bei Husserl der Geist der bestimmende Faktor der menschlichen Geschichte ist. Würde aber dieser Geist nicht die verschiedenen empirisch-konkreten Einstellungen der Menschheit umfassen, die in jeder spezifischen historischen Situation konkrete Handlungs- und Erkenntnisformen der Gesellschaften bestimmen, dann wäre seine ganze Phänomenologie nicht nur innerlich widerspruchsvoll, sondern auch unsinnig. Husserl kritisierte schon früh die psychologische Einstellung der sog. Geistesgeschichte, und diese ist auch im großen Spätwerk, der *Krisis*, verwandt mit den objektivistischen, naturalistischen Wissenschaften. »Der Historizismus nimmt seine Position in der Tatsachensphäre des empirischen Geisteslebens, und indem er es absolut setzt, ohne es geradezu zu naturalisieren (zumal der spezifische Sinn von Natur dem historischen Denken fernliegt und es jedenfalls nicht allgemein bestimmend beeinflußt), erwächst ein Relativismus, der seine nahe Verwandtschaft mit dem naturalistischen Psychologismus hat, und der in analoge skeptische Schwierigkeiten verwickelt« – schreibt er schon 1911 in seinem berühmten Aufsatz »Philosophie als strenge Wissenschaft«.[10] Die geistesgeschichtliche Einstellung ist Husserl ebenso fremd wie die naturalistische.

Ist vielleicht der Husserlsche Geist mit dem absoluten Geist bei Hegel gleichzusetzen? Eine hegelianisierende Auffassung der Phänomenologie wäre nicht absurd. Da Husserl keine endgültige Lösung seiner transzendentalen Phänomenologie finden konnte, lassen seine nie vollendeten Versuche die Tür auch für diese Lösung offen. Aber seine Vorstellung der Lösung war dennoch eine ganz andere: Hegels absoluter Geist als Entfaltung der ganzen menschlichen Geschichte reduziert das Individuum auf ein Mittel in einem vorgegebenen Ganzen. Die Hegelsche Philosophie bleibt eine Philosophie der menschlichen Entfremdung. Der Husserlsche Geist hingegen strebt zu einer Einheit der menschlichen Praxis mit dem Denken, deren wahre Entfaltung zu einem wirklichen Subjekt-Werden der Menschheit und damit jeder menschlichen Persönlichkeit führen würde. Der Geist im Sinne Husserls verkörpert somit die in Handlung und Erkenntnis zur Einheit verflochtene und verwirklichte menschliche Selbstentfaltung. Für Husserl verkörpert die verwirklichte Einstellung der transzendentalen Phänomenologie »die Wiedergeburt Europas aus dem Geiste der Philosophie«[11], nicht nur eine neue erkenntnismäßige, sondern auch eine neue praktische Einstellung, eine neue geistige Form des Lebens. Es stimmt zwar, daß Husserl die konkret-materiellen Formen dieses neuen Lebens nicht erforscht, aber daß seine neue Einstellung nur eine neue kontemplativ-erkenntnismäßige Haltung bleibt, das wird von jedem Kenner seiner Philosophie ausgeschlossen. Die realisierbare und zu realisierende Einheit von Theorie und Praxis ist in der Husserlschen Phänomenologie ebenso eine Selbstverständlichkeit wie im Marxismus:

»... es ist noch eine dritte Form der universalen Einstellung möglich (gegenüber der in der natürlich fundierten religiös-mythischen Einstellung und andererseits der theoretischen Einstellung), nämlich die im Übergang von theoretischer zu praktischer Einstellung sich vollziehende Synthese der beiderseitigen Interessen, derart, daß die in geschlossener Einheitlichkeit und unter Epoché von aller Praxis erwachsende Theorie (die universale Wissenschaft) dazu berufen wird (und in theoretischer Einsicht selbst ihren Beruf erweist), in einer neuen Weise der Menschheit, der in konkretem Dasein zunächst und immer auch natürlich lebenden, zu dienen. Das geschieht in Form einer neuartigen Praxis, der der universalen Kritik allen Lebens und aller Lebensziele, aller aus dem Leben der Menschheit schon erwachsenen Kulturgebilde und Kultursysteme, und damit auch einer Kritik der Menschheit selbst und der sie ausdrücklich und unausdrücklich leitenden Werte; und in weiterer Folge eine Praxis, die darauf aus ist, durch die universale wissenschaftliche Vernunft die Menschheit nach Wahrheitsnormen aller Formen zu erhöhen, sie zu einem von Grund aus neuen Menschentum zu wandeln, befähigt zu einer absoluten Selbstverantwortung aufgrund absoluter theoretischer Einsichten.«[12]

Andererseits vertritt aber auch Lukács nicht die Konzeption eines flachen historischen Materialismus. Obwohl die neue Einstellung, der Standpunkt der Identität von Subjekt und Objekt, nicht nur einen Erkenntnisfortschritt, sondern auch die totale Umgestaltung der bisherigen Verkehrs- und Verhaltensformen erfordert, kann keine gedankenlose, quasi-automatische, naturgesetzlich (oder eben willkürlich-irrational) eintretende Umwälzung der zwischenmenschlichen Verkehrs- (lezten Endes der Produktions-) Formen diesen wahren Standpunkt erreichen. Die reale Umwälzung der Wirklichkeit und das Fortschreiten zum wahren Standpunkt der Erkenntnis sind nicht nur voneinander unablösbare, sondern letztlich sogar identische Prozesse. Die Revolutionierung der verdinglichten Welt, d. h. der bürgerlich-kapitalistischen Produktionsweise bedeutet, daß das Proletariat dazu fähig wird, sein zugerechnetes proletarisches Klassenbewußtsein (den Standpunkt des identischen Subjekt-Objekt) auszubilden. Den methodologischen Gesichtspunkt seines Werkes hat Lukács schon 1919 formuliert:

»Die Entwicklung der Gesellschaft ist ein einheitlicher Prozeß. Das bedeutet soviel, daß auf einem Punkte des gesellschaftlichen Lebens eine gewisse Phase der Entwicklung nicht erfolgen kann, ohne daß ihre Wirkungen auf allen übrigen Punkten fühlbar werden würden. Durch diese Einheitlichkeit und diesen Zusammenhang der gesellschaftlichen Entwicklung wird es möglich, daß man denselben Prozeß aus dem Standpunkt sowohl der einen als auch der anderen gesellschaftlichen Erscheinung erfassen kann, und daß man doch zum Verstehen desselben Prozesses gelangt. Aus diesem Grunde kann man über die Kulturen, in ihrer scheinbaren Isolierung von den übrigen gesellschaftlichen Erscheinungen, sprechen. Denn, wenn wir die Kultur einer Zeit richtig erfassen, so haben wir in ihr die Wurzel der Gesamtentwicklung dieser Zeit erfaßt und somit sind wir eben dorthin gelangt, als wenn wir von der Analyse der wirtschaftlichen Verhältnisse ausgegangen wären.«[13]

Wenn wir Husserls und Lukács' Wissenschaftskritiken nun aus der Sicht von Lukács betrachten, wie sie oben formuliert ist, müssen wir einsehen, daß, auch wenn Husserl nur den philosophischen Aspekt des Prozesses berücksichtigt und sich nur auf die Veränderung der geistigen Einstellung konzentriert, dies noch kein Argument ist gegen die teilweise bestehende Übereinstimmung der beiden Konzeptionen. Für die eine Konzeption ist der Standpunkt des identischen Subjekt-Objekts der des wahren Philosophen, für Lukács ist es der Standpunkt des Proletariats. Könnte es nun aber nicht sein, daß der Standpunkt des wahren Philosophen identisch ist mit dem proletarischen Standpunkt, da letztlich jeder Standpunkt ohnehin von »Philosophen« formuliert wird? Daß hier die problematische Seite beider Konzeptionen zu Tage tritt, davon wird später noch die Rede sein.

Die wahre Differenz beider Standpunkte ist also keineswegs die zwischen Geistesgeschichte und historischem Materialismus. Aber auch wenn wir Lukács' eben zitiertem Gedankengang folgen und akzeptieren, daß das Wesen einer historischen Epoche ebensogut von ihrer Kultur, ihrer geistigen Einstellung wie von ihren Produktionsformen, menschlichen Verkehrsformen usw. her begriffen werden kann, weil jede Epoche eine historische Totalität bildet, deren Elemente keine zufällige, sondern eine wesenhafte Einheit bilden, müßten wir hier die Frage aufwerfen, ob bei Husserl das Fehlen einer Analyse der menschlichen Verkehrsformen (im weitesten Sinne der gesellschaftlichen Produktions- und Reproduktionsformen) nicht darauf hinweist, daß er das Nacheinander der Einstellungsformen nicht erklären kann und es auch nicht als erklärungsbedürftig betrachtet. Es ist vielleicht interessant, die einzige Stelle aus Husserls Buch zu zitieren, wo er über die »faktischen« Ursachen einer Einstellungsänderung spricht. Er äußert sich hier über die Ausgestaltung der originellen theoretischen Einstellung der Griechen: »Natürlich hat der Einspruch der theoretischen Einstellung, wie alles historisch Gewordene, seine faktische Motivation im konkreten Zusammenhang geschichtlichen Geschehens. Es gilt also in dieser Hinsicht aufzuklären, wie aus der Art und dem Lebenshorizont des griechischen Menschentums im 7. Jahrhundert in seinem Verkehr mit den großen und schon hochkultivierten Nationen ihrer Umwelt jenes *thaumazein* sich einstellen und zunächst im Einzelnen habituell werden konnte.« – »Wir gehen darauf nicht näher ein«[14] – fügt er noch hinzu. Daraus läßt sich schließen, daß die »faktische Motivation« des »historisch Gewordenen« für Husserl eine Nebensache bleibt. Dies kann nicht bestritten werden. Nur muß hinzugefügt werden, daß für jede Geschichtsbetrachtung, in welcher die Geschichte nicht objektivistisch oder als Naturgeschehen aufgefaßt wird, sondern in der wirklich die Spezifika der Menschengeschichte erfaßt werden sollen, diese faktische Motivation notwendigerweise eine Nebensache bleiben muß. Wenn wir unsere Geschichte selbst gemacht haben, d. h. wenn nicht transzendente Mächte die jeweilige konkrete Änderung unserer Lebensformen (d. h. Produktions-, Verkehrs- und gedanklichen Einstellungsformen) bestimmt haben, dann dürfen diese faktischen Motivationen nicht als Ursache der Einstellungsänderung, sondern nur als Impuls aufgefaßt werden, der jeweils verarbeitet worden ist. Ich zitiere Lukács: »Das von uns selbst Gemachte der Wirklichkeit verliert... sein sonst mehr oder weniger fiktionsartiges Wesen: wir haben – nach dem... prophetischen Wort von Vico – unsere Geschichte selbst gemacht, und wenn wir die ganze Wirklichkeit als Geschichte (also als *unsere* Geschichte, denn eine andere gibt es nicht) zu betrachten imstande sind, so haben wir uns tatsächlich zu dem Standpunkt erhoben, wo die Wirklichkeit als unsere ›Tathandlung‹ aufgefaßt werden kann.«[15]

Wenn wir die menschliche Geschichte nicht objektivistisch mit transzendenten Ursachen erklären wollen, dürfen wir nur den inneren Zusammenhang der aufeinanderfolgenden Einstellung verfolgen. Das heißt aber, daß letzten Endes auch in der Aufeinanderfolge der geistigen Einstellungsänderungen die wahre Menschheitsgeschichte erfaßt werden kann. Die Folge der historisch sich ablösenden Produktionsverhältnisse wird vom verflachten historischen Materialismus aufgefaßt als ein Ablauf gedankenloser physischer Tätigkeitsformen, weil er versucht, die Geschichte als objektive Naturgeschichte zu fassen. Auch wenn dieser Materialismus sieht, daß die menschliche Entwicklung eine bewußte sein soll, rekurriert er auf die Naturgeschichte der Produktionsmittel, d. h. wiederum auf eine Transzendenz. Aber gerade diese Reihe sich historisch ablösender Produktionsverhältnisse beinhaltet als Wesensmoment eine Abfolge geistig-gedanklicher Einstellungsformen.

Aber wir müssen hier einen wichtigen Unterschied bei den Konzeptionen machen. Die Betonung liegt in beiden Werken auf der Bewußtseinsseite der Menschheitsentwicklung; beide analysieren die Entwicklung der philosophischen Konzeptionen als den Ausdruck und das geistige Wesen der europäischen Geschichte. Daß Husserl das europäische Menschentum ausdrücklich betont, hingegen Lukács den europäischen Charakter der untersuchten Entwicklung nicht einmal erwähnt, macht hier keinen Unterschied. Auch Lukács identifiziert implizit die europäische Geschichte mit der Menschheitsgeschichte. Beide suchen einen Ausweg aus der Krise, deren augenfälligstes Symptom die Herrschaft der Tatsachenwissenschaften, die objektivistisch-naturalistische Einstellung ist. Beide bewerten diese Epoche der *Verdinglichung* (das praktisch-bewußtseinsmäßige Dingwerden der menschlichen Verhältnisse) negativ; Husserl spricht von einem Irrweg der europäischen Teleologie. Aber ist diese Epoche auch für Lukács ein Irrweg? Eine negative Bewertung der Verdinglichung kann auch Lukács aus seinem Denken nicht eliminieren, wenngleich er den Standpunkt der Utopie, eines dem Sein entgegengesetzten Sollens als philosophische Bestätigung und Weihe verwirft. »Gerade dadurch – so sagt er –, daß die Intentionen des Subjekts, sein empirisch gegebenes Dasein nicht einfach hinzunehmen, die Form des Sollens annimmt, erhält die unmittelbar gegebene Form der Empirie eine philosophische Betätigung und Weihe; sie wird philosophisch verewigt.«[16] Aber die praktisch-gedankliche Transzendierung der Epoche der Verdinglichung bleibt auch bei Lukács ein Sollen. Die Frage ist nur, ob die verdinglichte Welt eine Bedingung ist für die Realisierung der unverdinglichten, unentfremdeten Zustände, die den Standpunkt des identischen Subjekt-Objekts ausdrücken, oder ob diese Welt der Verdinglichung nur eine Verirrung des Geistes ist, ein Stadium der europäischen Menschheitsgeschichte, das die Menschheit auch hätte vermeiden können. – Während für Lukács der angestrebte Standpunkt der Totalität nur durch eine Aufhebung der zerstückelten Welt zustandekommen kann, scheint bei Husserl die Epoche der naturalistischen Einstellung vom Gesichtspunkt der Teleologie des europäischen Menschentums her betrachtet nur ein zufälliges Zwischenstadium zu sein. Ob dies nur so scheint, oder ob Husserl die Welt der naturalistischen Einstellung und der Verdinglichung, d. h. die bürgerliche Weltepoche, wirklich als Irrtum auffaßt, der hätte vermieden werden können, ist nicht eindeutig zu entscheiden.

Wenn wir diese zwei Skizzen einer Geschichte der Philosophie vergleichen, können wir feststellen, daß beide den Weg der europäischen Philosophie von Descartes bis zur deutschen Klassik als Weg beschreiben, der notwendig Schritt für Schritt in die Verdinglichung hineinführt. Beide beschreiben dasselbe, aber sie finden andere Ursachen. Für Husserl scheint ein einziger gedanklicher Schritt, die geistige Entwicklung von Descartes, für die Fehlentwicklung der europäischen Philosophie verantwortlich zu sein. Hier wird der Unterschied der beiden Philosophien sehr deutlich. Lukács' Interesse konzentriert sich eindeutig auf die Einstellung der modernen Gesellschaftswissenschaften. Wenn er seine scharfe und mit Husserl übereinstimmende Kritik an den Tatsachenwissenschaften übt, spricht er beinahe ausnahmslos über Ökonomie, Jurisprudenz usw.; die Naturwissenschaften spielen keine große Rolle. Es ist aber eindeutig, daß sich seine Kritik auch auf die letzteren bezieht. Husserls Verhältnis zu verschiedenen Wissenschaftszweigen hingegen ist viel differenzierter. Obwohl er die objektivistisch-naturalistische Einstellung *jeder* Wissenschaft, also auch die der Naturwissenschaften, gleicherweise verurteilt, ist für ihn der Objektivismus keine notwendige Folge der naturwissenschaftlichen Methode. Die Methode selbst, die große und geniale Entdeckung Galileis, gehört seiner Meinung nach zu den wertvollsten Errungenschaften des menschlichen Geistes. Er kritisiert nur eine falsche Interpretation des Sinnes dieser Methode. Ein erstes

Ergebnis der falschen Selbstbewertung der naturwissenschaftlichen Methode war es, daß die sogenannten Geisteswissenschaften diese Methoden unbefragt übernahmen und akzeptierten. Der verhängnisvolle Irrtum der Geisteswissenschaften, das Bestreben nämlich, analog zur Naturwelt der Naturwissenschaften eine Geisteswelt aufzubauen, konnte überhaupt nur entstehen, weil die Naturwissenschaften selbst ihre eigene konstruierte Naturwelt falsch interpretierten, diese als objektive Natur betrachteten, eine technische Verfahrensweise mißverstanden und als objektive Beschreibung deuteten. Diese falsche Einstellung bricht nach Husserl schon bei Galilei durch. »*Galilei*, der Entdecker... der Physik bzw. der physikalischen Natur, ist zugleich *entdeckender* und *verdeckender Genius*.«[17] Und weiter: »Ich nenne *Galilei* natürlich *ganz im Ernst* auch weiterhin an der Spitze der größten Entdecker der Neuzeit, und ebenso bewundere ich natürlich ganz im Ernst die großen Entdecker der klassischen und nachklassischen Physik und deren nicht weniger als bloß *mechanische*, sondern in der Tat *höchst erstaunliche Denkleistung*. Diese wird durchaus nicht herabgesetzt durch die gegebene Aufklärung derselben als *techné* und durch die *prinzipielle Kritik*, welche zeigt, daß der eigentliche, der ursprungs-echte Sinn dieser Theorien den Physikern, auch den großen und größten, *verborgen* blieb, und verborgen bleiben mußte.«[18] Aber dieser Sinn des »verborgen bleiben *mußte*« deutet nicht auf historische Schranken – wie Lukács hier sagen würde –, sondern hier wird auf die Unmöglichkeit hingewiesen, sich dieser Methode mit vollem Kraftaufwand zu widmen und ihr gleichzeitig *kritisch* gegenüberzustehen.

»Aber der Mathematiker, der Naturwissenschaftler – sagt Husserl –, günstigenfalls ein höchst genialer Techniker der Methode – der er die Entdekkung verdankt, die er allein sucht –, ist eben normalerweise durchaus nicht befähigt, solche Besinnungen (nämlich die nach dem historischen Urstiftungssinn der Naturwissenschaften – M. V.) durchzuführen. In seiner wirklichen Forschungs- und Entdeckungssphäre weiß er gar nicht, daß all das, was diese Besinnungen zu klären haben, überhaupt *klärungsbedürftig* ist, und zwar um des höchsten für eine Philosophie, für eine Wissenschaft maßgeblichen Interesses willen, des der wirklichen Erkenntnis *der Welt selbst*, der *Natur selbst*. Und gerade das ist durch eine traditionell gegebene, zur *techné* gewordene Wissenschaft verlorengegangen, soweit es überhaupt bei ihrer Urstiftung bestimmend war. Jeder von einem außermathematischen, außernaturwissenschaftlichen Forscherkreis herkommende

Versuch, ihn zu solchen Besinnungen anzuleiten, wird als ›Metaphysik‹ abgelehnt.«[19]

Die Naturwissenschaft selbst ist also nicht verantwortlich für die Verschleierung ihres ursprünglichen Sinnes; ja man kann von den Naturwissenschaftlern auch nicht erwarten, daß sie die nötigen Besinnungen selbst durchführen. Die Geburt der Naturwissenschaften – die große Entdeckung – implizierte keineswegs schon die Entfaltung des naturalistischen Objektivismus. Dieser verdankt sein Zutagetreten und seine Verallgemeinerung keineswegs den Naturwissenschaften.

»Die Zerspaltung und Sinnesverwandlung der Welt war die begreifliche Folge der zu Anfang der Neuzeit in der Tat *ganz unvermeidlichen* (Hervorhebung M. V.) *Vorbildlichkeit der naturwissenschaftlichen Methode* oder anders gesagt, der naturwissenschaftlichen Rationalität.«[20]

Die Erfolge der Naturwissenschaften haben das ganze neuzeitliche europäische Menschentum verblendet.

»Die Welt muß an sich eine rationale Welt sein, im neuen Sinne der Rationalität, welcher an der Mathematik bzw. der mathematisierten Natur abgenommen worden war, und dementsprechend muß die Philosophie, die universale Wissenschaft von der Welt, aufzubauen sein als einheitliche rationale Theorie ›more geometrico‹.«[21] Und »wenn, wie das ... als selbstverständlich gilt, die naturwissenschaftlich rationale Natur eine an sich seiende Körperwelt ist, so mußte die Welt an sich eine in einem früher ungekannten Sinn eigentümlich *gespaltene* Welt sein, gespalten in Natur an sich und in eine davon unterschiedene Seinsart: Das psychisch Seiende.«[22]

Hier wird das Weltbild der Tatsachenwissenschaften, der schlechten Rationalität und des Objektivismus geboren, in dem die Welt als Totalität verlorengegangen ist. Dieser Beschreibung der neuzeitlichen Gedankenentwicklung könnte auch Lukács zustimmen. Die Welt der rationalen Theorie *more geometrico* ist nämlich nichts anderes als die Welt des Kapitalismus, deren Wesen einerseits die wachsende Herrschaft des Menschen über die Natur ist, andererseits der Verlust der Totalität, die Zerstückelung, das Ausgeliefertsein des Menschen an eigene Wesenkräfte, die ihm als fremde Mächte entgegentreten. Die Zerspaltung der Welt in eine Natur an sich und in eine zweite psychische Natur der isolierten Individuen entspricht in jeder Hinsicht der von Lukács beschriebenen verdinglichten Welt des Kapitalismus.

Durch sie wird »dem Menschen seine eigene Tätigkeit, seine eigene Arbeit als etwas Objektives, von ihm Unabhängiges, ihn durch menschenfremde Eigengesetzlichkeit Beherrschendes gegenübergestellt...« »U. z. geschieht dies sowohl in objektiver wie in subjektiver Hinsicht. Objektiv, indem eine Welt von fertigen Dingen und Dingbeziehungen entsteht (die Welt der Waren und ihrer Bewegung auf dem Markte), deren Gesetze zwar allmählich von den Menschen erkannt werden, die aber auch in diesem Falle ihnen als unbezwingbare, sich von selbst auswirkende Mächte gegenüberstehen... Subjektiv, indem – bei vollendeter Warenwirtschaft – die Tätigkeit des Menschen sich ihm selbst gegenüber objektiviert, zur Ware wird, die der menschenfremden Objektivität von gesellschaftlichen Naturgesetzen unterworfen, ebenso unabhängig vom Menschen ihre Bewegung vollziehen muß, wie irgendein zum Warending gewordenes Gut der Bedarfsbefriedigung.«[23]

Wenn wir Husserls Gedankengang im Sinne von Lukács weiterführen, dann müssen wir sagen, daß die unvermeidliche Vorbildlichkeit der naturwissenschaftlichen Methode, die Ablehnung jeder Besinnung über den wahren Sinn der naturwissenschaftlichen Methode, eine notwendige Folge der verdinglichten Produktions- und Verkehrsformen ist, einem andern Ausdruck derselben Totalität. Die Methodenvorherrschaft geht Hand in Hand mit jenen verdinglichten Lebensformen. Nur ist für Lukács diese Welt der Verdinglichung nicht philosophisch transzendierbar, solange sie praktisch noch nicht überwunden ist. Husserls Gedankengang, der besagt, daß sich schon in Descartes' Meditationen »eine Urstiftung vollzog, die in ihrer eigenen historischen Auswirkung (als wie einer verborgenen Teleologie der Geschichte folgend) dazu bestimmt war, eben diesen Rationalismus durch Enthüllung seines verborgenen Widersinns zu zersprengen: eben jene Gedanken, die diesen Rationalismus als *aeterna veritas* begründen sollten, tragen einen *tief verborgenen Sinn* in sich, der zutage gekommen, ihn völlig entwurzelt«[24] – eben dieser Husserlsche Gedankengang mußte Lukács sehr fernstehen. Das bürgerliche Denken kann sich nicht selbst überwinden. Der Gedanke der Totalität, d. h. jener des wahren Menschentums, konnte nur als Standpunkt des Proletariats ans Licht treten.

Sicher, bei Husserl ist es nicht eindeutig, ob dieser genannte, tief in der europäischen Teleologie verborgene Sinn, der im entarteten Descartesschen Radikalismus steckte, notwendig verborgen bleiben mußte. Husserl beschreibt lediglich, was bei Descartes geschah: »In der verhängnisvollen Form einer Unterschiebung de eigenen seelischen Ichs für das ego, der psychologischen Immanenz für die egologische Immanenz, der Evidenz der psychischen ›inneren‹ oder ›Selbstwahrnehmung‹ für die egologische Selbstwahrnehmung wirken sich die ›Meditationen‹ bei *Descartes* aus und wirken sie historisch fort bis zum heutigen Tage.«[25] Sobald Descartes' psychologische Selbstmißdeutung im europäischen Denken Wurzel gefaßt hatte, brauchte es, um den Standpunkt der transzendentalen Phänomenologie erreichen zu können und um die Größe des Descartesschen Radikalismus verstehen zu können, den Weg der neuzeitlichen europäischen Philosophie, ebenso wie es bei Lukács die Vervollständigung der Verdinglichung, das totale Objektwerden des Subjekts brauchte, um den Standpunkt des identischen Subjekt-Objekts erreichen zu können.

Hier tritt der Hauptgegensatz der beiden Konzeptionen deutlich hervor. Für Husserl nämlich wird wahre menschliche Erkenntnis durch die Überwindung des objektivistisch-naturalistischen Standpunktes der Tatsachenwissenschaften und der rationalistischen Philosophie realisiert. Die Verwirklichung der transzendental-phänomenologischen Einstellung ist nur vom Standpunkt *des unbeteiligten Zuschauers* aus erreichbar, jenem Standpunkt nämlich, den die modernen Tatsachenwissenschaften und die dazugehörige Philosophie in ihrer naturalistischen Einstellung verlassen haben. Für Lukács hingegen ist der Standpunkt des identischen Subjekt-Objekts keineswegs der Standpunkt eines unbeteiligten Zuschauers. Im Gegenteil: er betont nachdrücklich, daß *ein unbeteiligter Zuschauer* diesen Standpunkt der Totalität gerade nicht erreichen kann; nur jene Klasse, die am tiefsten betroffen ist, von den gesellschaftlichen Zuständen der verdinglichten Welt und deren Schicksal eindeutig abhängt von der Überwindung der bürgerlichen Einstellung, kann in einem praktisch-theoretischen Akt diese Welt und damit auch deren geistige Einstellung überwinden.

Schon jetzt können wir sehen, daß die wirkliche Differenz zwischen Lukács' und Husserls Standpunkt in der Beurteilung der Frage nach *dem falschen Bewußtsein* liegt. Wir haben gesehen, daß der Standpunkt der Totalität bei Lukács der des Proletariats ist, bei Husserl hingegen der des wahren Philosophen. Wir haben aber diesen Unterschied vorerst als unwesentlich beiseite geschoben. Auch der Standpunkt des Proletariats ist ja theoretisch in der Philosophie formuliert, und Husserl untersucht nicht, welche soziologische Relevanz der Standpunkt des Philosophen hat, obwohl er keineswegs glaubt, daß es sich hier um bloße Erkenntnisse handle. Die Verbreitung dieser Erkenntnisse, die Bildungsbewegung, ist für Husserl ausdrücklich ein politischer Kampf, eine Frage der Macht: »Offenbar führt das nicht einfach zu einer homogenen Verwandlung des normalen, im ganzen befriedigenden staatlich-nationalen Lebens, sondern mit Wahrscheinlichkeit zu großen inneren Spaltungen, in denen dasselbe und das Ganze der nationalen Kultur in einen Umbruch hineingerät. Die in der Tradition konservativ Befriedigten und der philosophische Menschenkreis werden einander bekämpfen, und sicherlich wird der Kampf sich in der politischen Machtsphäre abspielen.«[26] Husserl will aber nicht soziologisch bestimmen, wer zu diesem philosophischen Menschenkreis gehört. Nur Lukács bestimmt soziologisch die Träger des falschen objektivistischen Bewußtseins; für Husserl ist es einfach da.

Wir sind nun auf die m. E. wichtigsten Probleme unserer Epoche gestoßen. Es ist nämlich zu fragen,

– ob wir, um die Krise unserer Epoche zu bewältigen, wirklich eine totale Umstellung benötigen; die Antwort auf diese Frage fordert auf zu einer kritischen Überprüfung der beiden oben analysierten radikalen Konzeptionen, wobei wir deren beinahe identisches Verhältnis zur Wissenschaftlichkeit mit berücksichtigen müssen;
– ob diese Umstellung – sei sie total oder nur partiell – den Standpunkt *einer* soziologisch-konkret umgrenzbaren sozialen Klasse, Gruppe, Schicht darstellt, oder ob sie vielleicht nur auf dem Wege der Befreiung von jeder Partikularität erreichbar ist.

Ich bin davon überzeugt, daß dies die derzeit wichtigsten philosophischen Fragen sind. Es wäre aber unsinnig zu glauben, sie seien wirklich beantwortbar. Die kritische Überprüfung der Haltungen von Lukács und Husserl kann aber vielleicht zur Klärung dieser Fragen beitragen, und das wäre immerhin schon ein Ergebnis.

Ich möchte noch kurz auf Husserls Konzeption eingehen, um zu zeigen, wie er den Weg der aufeinanderfolgenden Umstellungen beschreibt; jenen Weg nämlich, auf dem die Menschheit von der ursprünglichen natürlichen zur erhofften transzendental-phänomenologischen Einstellung des unbeteiligten Zuschauers gelangen soll. »Außerwissenschaftliche, von der Wissenschaft noch nicht berührte Kultur ist Aufgabe und Leistung des Menschen in der

Endlichkeit. Der offen endlose Horizont, in dem er lebt, ist nicht erschlossen, seine Zwecke und sein Wirken, sein Handel und Wandel, seine personale, seine gruppenmäßige, seine nationale, seine mythische Motivation, alles bewegt sich in endlich überschaubarer Umweltlichkeit. Da gibt es keine unendlichen Aufgaben, keine idealen Erwerbe.«[27] »Das natürliche Leben charakterisiert sich... als naiv geradehin in die Welt Hineinleben, in die Welt, die als universaler Horizont immerfort in gewisser Weise bewußt da ist, aber dabei nicht thematisch ist.«[28] Diese natürliche urwüchsige Einstellung, diese Einheit mit der Umwelt ist der immer schon praktizierte Stil des menschlichen Daseins. »Alle anderen Einstellungen sind demnach auf diese natürliche zurückbezogen als Umstellungen.«[29] Dies gilt in zweifacher Weise: einerseits sind diese historisch über die naive ursprüngliche Einstellung hinausgewachsen, andererseits bleiben sie in die ursprüngliche Einstellung sozusagen eingebettet, auch dann noch, wenn in einem historischen Entwicklungsprozeß höherstufige Formen der Einstellung erarbeitet wurden. »Die einzelnen Menschen, die sich umstellen, haben als Menschen ihrer universalen Lebensgemeinschaft (ihrer Nation) auch weiterhin ihre natürlichen Interessen, jeder seine individuellen; sie können sie durch keine Umstellung einfach verlieren, denn das hieße für jeden, aufzuhören der zu sein, der man von Geburt an gewesen ist. Unter allen Umständen kann also die Umstellung nur eine zeitweilige sein.«[30]

Jene ursprüngliche Einstellung ist freilich in ihrer Umweltbezogenheit eine praktische. Es gibt sodann zwei verschiedene Möglichkeiten einer Umstellung auf die Universalität, eine praktische und eine theoretische.

Die höherstufige praktische Einstellung nennt Husserl eine religiös-mythische Einstellung. Sie besteht darin, »daß die Welt als Totalität thematisch, und zwar praktisch thematisch wird... All dieses spekulative Wissen hat aber den Zweck, dem Menschen in seinen menschlichen Zwecken zu dienen, auf daß er sein Weltleben möglichst glücklich gestalten, es vor Krankheit, vor jederlei Schicksal, vor Not und Tod behüten kann.«[31] »Gegenüber der höherstufigen praktischen Einstellung besteht aber noch eine andere wesensmäßige Möglichkeit der Änderung der allgemeinen natürlichen Einstellung... nämlich die theoretische Einstellung«.[32] »Es ergreift den Menschen die Leidenschaft einer Weltbetrachtung und Welterkenntnis, die sich von allen praktischen Interessen abkehrt und im abgeschlossenen Kreis ihrer Erkenntnistätigkeit und der ihnen gewidmeten Zeiten nichts anderes erwirkt und erstrebt als reine Theorie. Mit anderen Worten: Der Mensch wird zum unbeteiligten Zuschauer, Überschauer der Welt, er wird zum Philosophen.«[33] Dies ist »die eigentümliche Universalität der kritischen Haltung, die entschlossen ist, keine vorgegebene Meinung, keine Tradition fraglos hinzunehmen, um sogleich für das ganze traditionell vorgegebene Universum nach dem an sich Wahren einer Idealität zu fragen. Das ist aber nicht nur eine neue Erkenntnishaltung. Vermöge der Forderung, die gesamte Empirie idealen Normen, nämlich denen der unbedingten Wahrheit zu entwerfen, ergibt sich daraus alsbald eine weitgreifende Wandlung der gesamten Praxis des menschlichen Daseins, also des ganzen Kulturlebens; sie soll sich nicht mehr von der naiven Alltagsempirie und Tradition, sondern von der objektiven Welt normieren lassen.«[34]

Die Bestrebung, »durch die universale wissenschaftliche Vernunft die Menschheit nach Wahrheitsnormen aller Formen zu erhöhen, sie zu einem von Grund aus neuen Menschentum zu wandeln«, in welcher die Teleologie des europäischen Menschentums liegt, ist durch den neuzeitlichen Objektivismus auf Abwege geraten, denn dieser faßte die Wahrheit als *techné*, als Kunst auf.

Die Kritik der Tatsachenwissenschaften hat also für beide Philosophen das Ziel, die *Wahrheit* des Menschentums wiederzufinden. Beide sind der Meinung, das Wahre sei das Ganze, und der Sinn unserer Geschichte sei nur erfaßbar vom Standpunkt der Totalität aus. Ein Menschentum, das sich an seine eigene Welt als an etwas Fremdes nur anpaßt, gibt sein Wesen auf, realisiert die Teleologie der Menschheit nicht. Diese Teleologie besteht letztlich auch bei Lukács in der Verwirklichung eines Menschentums, das sich durch objektive *Wahrheit* normieren läßt, d. h. es muß zu einer absoluten Selbstverantwortung aufgrund absoluter theoretischer Einsichten fähig sein. Wenn wir für einen Augenblick den Tatbestand, daß sich für Lukács die objektive Erkenntnis der menschlichen Wirklichkeit nur vom Standpunkt des Proletariats aus verwirklichen läßt, vernachlässigen, dann werden wir sehen, daß es sich hier für ihn ebenso wie für Husserl um objektive Erkenntnis handelt. Er sagt: »Das Proletariat ist das erste Subjekt im Laufe der Geschichte, das eines adäquaten gesellschaftlichen Bewußtseins (objektiv) fähig ist.«[35] »Erst mit dem Auftreten des Proletariats vollendet sich die Erkenntnis der gesellschaftlichen Wirklichkeit.«[36] Dieses, wie Husserl sagt, »nach dem an sich Wahren, einer Idealität zu fragen«, oder mit Lukács: »eines adäquaten gesellschaftlichen Bewußtseins (objektiv) fähig« zu werden, »die Erkenntnis der gesellschaftlichen Wirklichkeit vollenden«, verlangt nach Meinung beider Philosophen eine totale Umstellung: Das Wesentliche an dieser Umstellung ist es, daß wir die Totalität der Wirklichkeit erfassen; und dieses Erfassen der Totalität bedeutet wiederum, daß wir diese Wirklickeit als unsere verstehen, d. h. aber, die Erkenntnis wird zur Selbsterkenntnis der Wirklichkeit.

Die Radikalität der Umstellung bedeutet für beide Denker eine Aufhebung der Dualität von Philosophie und Wissenschaften.

Lukács sagt in diesem Zusammenhang: »... nur indem die – methodische – Dualität von Philosophie und Einzelwissenschaft, von Methodologie und Tatsachenerkenntnis überwunden wird, kann sich der Weg zur gedanklichen Aufhebung der Dualität von Denken und Sein eröffnen.«[37] Und Husserl: »*Ein bestimmtes Ideal einer universalen Philosophie* und einer dazugehörigen Methode macht den Anfang, sozusagen als *Urstiftung der philosophischen Neuzeit* und aller ihrer Entwicklungsreihen. Aber anstatt daß dieses Ideal in der Tat sich auswirken konnte, erfährt es eine innere Auflösung.« »Damit fällt auch der Glaube an eine ›*absolute*‹ Vernunft, aus der die Welt ihren Sinn hat, der Glaube an den Sinn der Geschichte, den Sinn des Menschentums, an seine Freiheit, nämlich das Vermögen des Menschen, seinem individuellen und allgemeinen menschlichen Dasein vernünftigen Sinn zu verschaffen.«[38]

Bei allen Differenzen, die wir bisher gefunden haben, müssen wir festhalten, daß die Bestrebung beider Konzeptionen, den Standpunkt der Totalität wiederzufinden, auf dasselbe hintendiert. Beide Denker suchen nach dem archimedischen Punkt, von dem her der Zerfall der menschlichen Erkenntnis und des Lebens aufgehoben und von dem her die ganze Geschichte der Menschheit als einheitlicher Prozeß aufgefaßt werden kann, um damit einen *festen Sinn* zu erhalten. Beide streben nach einer *einheitlichen Teleologie* des menschlichen Seins, aber nach einer immanenten Teleologie, deren Wesen die Selbstbestimmung der Menschheitsgeschichte, die Selbstverantwortung des Menschen ist. Die Kritik an der Zersplitterung und am falschen Objektivismus läuft auf die *Emanzipation* des Menschen von jeder Art transzendenter Mächte hinaus, die sein Tun und Leben von außen bestimmen könnten. Die Schärfe der Kritik an den Tatsachenwissenschaften (und implizit oder explizit auch an den damit angesprochenen Lebensformen) hat seinen Grund in der Enttäuschung über das Versagen der Wissenschaften. Denn gerade jene szientistisch bestimmte Epoche hatte aufgrund der gefundenen wissenschaftlichen Objektivität versprochen, die Menschheit in das Reich der Freiheit zu führen.

Die bürgerliche Weltepoche hat die gottbewahrende Tradition, das Ausgeliefertsein des Menschen an offenbar transzendente Mächte, abgeschafft. An Stelle dieser Gottesfurcht trat nun aber eine neue, möglicherweise noch viel rigidere Knechtschaft: jene der Objektivität und der sog. »Tatsachen«. An Stelle der anthropomorphen Mächte machten sich die gesichtslosen und gnadlosen »Gegebenheiten« geltend. Der Mensch bleibt auf diese Weise allein in einer gottlosen Welt, ohne darauf Einfluß nehmen zu können. Der Wahlspruch der objektiven Wissenschaften, »Wir zeigen dir, wie die Sachen stehen, und wenn du dich den entdeckten Tatsachen und Gesetzen anpassen kannst, dann wirst du überleben, und sonst wirst du scheitern« – ist vielleicht noch weniger akzeptabel als eine Welt, in der zwar unerkennbare, aber doch menschenförmige Mächte walten. Jede radikale Wissenschaftskritik, und besonders die der Phänomenologie und des Marxismus, setzt sich zum Ziel, das Weltbild des Szientismus zu zerstören und es als falsches Bewußtsein auszuweisen.

Vernachlässigen wir vorläufig die Frage, ob die Kritik gerechtfertigt ist, und versuchen wir zu überlegen, ob der Radikalismus der Kritik, das Leugnen eines Weltbildes, wonach der Mensch der Transzendenz der Tatsachen ausgeliefert ist, *notwendig den Standpunkt der Totalität erfordert*. Handelt es sich denn hier überhaupt um ein Entweder-Oder; entweder totales Ausgeliefertsein oder totale Macht über unser Schicksal? Ist denn die Alternative, der Mensch müsse entweder Herr oder Knecht seiner Welt sein, überhaupt gerechtfertigt? Um diese Fragen beantworten zu können, müssen wir noch eine andere aufwerfen: Wie ist es *überhaupt* möglich, die geschichtliche Wirklichkeit (daß unsere Wirklichkeit geschichtlich ist, müssen wir akzpetieren) als Totalität aufzufassen? Was bedeutet dies eigentlich? Ein totaler Standpunkt kann nicht nur Totalität des Objekts bedeuten. Der Standpunkt der Totalität setzt voraus, daß nicht nur das Objekt, sondern auch das Subjekt einen Teil dieser Totalität bildet. Wenn nämlich das Subjekt keinen Teil dieser Totalität bildet, ist die Totalität eine nur scheinbare, da dann das wesentliche Merkmal des objektivistischen Weltbildes unaufgehoben bleibt. Die Totalität der Wirklichkeit ist ab ovo eine Einheit von *Objekt und Subjekt*. Dieses einheitliche Subjekt-Objekt ist aber – nach der Meinung von Husserl wie von Lukács – nur als einheitlicher Prozeß der Menschheitsgeschichte denkbar. Das Subjekt der Erkenntnis, die Menschheit, ist gleichzeitig auch Objekt, da zur ganzen von der Menschheit erkannten Welt auch die von ihr geschaffene Objektwelt gehört, die Natur miteinbegriffen, denn eine Natur an sich kann es für uns nicht geben. Will man daraus folgern, daß der Mensch seine eigene Geschichte macht, so ist daran nichts auszusetzen; nur impliziert diese Behauptung, daß der Hegelsche Standpunkt auf diese Weise nicht überschritten wird. Der Mensch bleibt hier ein *abstractum*, das wir ebensowohl durch den absoluten Geist hätten ersetzen können. Aus der Sicht eines Individuums aus Fleisch und Blut ist es gleichgültig, ob die Wirklichkeit, die für es selbst immer eine vorgefundene bleibt, als menschliche Wirklichkeit gelten soll oder nicht. Der Mensch will die Wirklichkeit als *eigene Macht* wissen, aber sie gilt ihm als eine solche nur, wenn er als bestimmtes Individuum an ihrer Gestaltung teilnehmen kann. Aber gerade *dies wird durch den Standpunkt der Totalität ausgeschlossen.* Dieser setzt nämlich die Einheit des Subjekts ebenso voraus wie die des Objekts. Letztlich sind sich beide Philosophen darüber im klaren. Besser: Husserl hat sich Zeit seines Lebens mit diesem Problem befaßt, in nie zur Ruhe gelangten Versuchen, die Welt als eine intersubjektive zu konstituieren; sie zeigen, wie wichtig ihm dieses Problem war. Da er aber weder Hegels Lösung, die das Individuum letzten Endes opfert, noch eine solipsistische – letzten Endes relativistische – akzeptiert, war es sein Anliegen zu zeigen, daß die intersubjektive Welt des transzendentalen Egos den Forderungen einer Totalitätsauffassung genügen kann.

Lukács hingegen eliminiert den Standpunkt des Individuums. »Das Individuum kann niemals zum Maß der Dinge werden, denn das Individuum steht der objektiven Wirklichkeit notwendig als einem Komplex von starren Dingen gegenüber, die es fertig und unverändert vorfindet, denen gegenüber es nur zum subjektiven Urteil der Anerkennung oder der Ablehnung gelangen kann.«[39] »Für das Individuum bleibt die Dinghaftigkeit und mit ihr der Determinismus ... unaufhebbar.«[40] Er glaubt in der proletarischen Klasse das Subjekt zu finden, das die Einheit der Wirklichkeit als Totalität erfassen kann. »Nur die Klasse (nicht die ›Gattung‹ als ein kontemplativ-stilisiertes, mythologisiertes Individuum) vermag sich praktisch umwälzend auf die Totalität der Wirklichkeit zu beziehen.«[41] Aber weshalb ist die Klasse als Subjekt der Gattung vorzuziehen? Wäre die Klasse eine konkretere Wirklichkeit als die Gattung? Warum ist Hegels Gattung ein kontemplativ-stilisiertes, mythologisiertes Klassenindividuum und die Klasse nicht? Lukács' Antwort ist eindeutig: Im Gegensatz zur Menschheit, die in der bisherigen Geschichte ihre wirkliche Einheit nie verwirklichen konnte, ist die Klasse der Proletarier aufgrund ihrer Lage dazu gezwungen, ihre eigene Einheit zu verwirklichen. D. h. der Proletarier verkörpert das erste Individuum der Menschheitsgeschichte, er kann sich zwar nicht mit dem Ganzen der Menschheit, wohl aber mit seiner Klasse bedingungslos identifizieren und *in seiner Klasse total auflösen*. Lukács versucht in der Verdinglichungs-Studie zu beweisen, daß in der Selbsterkenntnis des Proletariats die Selbsterkenntnis der ganzen Gesellschaft und damit der ganzen Geschichte sich verwirklichen kann. Deshalb wird der klassenbewußte Proletarier als Repräsentant der Klasse zum wirklichen Subjekt der Geschichte. In der proletarischen Klasse entsteht das identische Subjekt-Objekt der Geschichte, sobald deren Mitglieder eine klassenbewußte tatsächliche Einheit bilden.

Das heißt aber: auch für Lukács ermöglicht letztlich nur die totale Auflösung des Individuums in der Gattung den Standpunkt des identischen Subjekt-Objekts und die Auffassung der Welt als Totalität. Zwar identifiziert sich das Individuum zunächst nur mit der Klasse, aber da das klassenbewußte Proletariat jede Klassengliederung und damit auch sich selbst als Klasse aufhebt, führt dies letztlich auch zur Auflösung des Individuums in der verwirklichten Gattung.

Totales Ausgeliefertsein oder totale Macht – die Schicksalhaftigkeit dieses Dilemmas müssen wir mit einem Fragezeichen versehen. Die Kritik des naturalistischen Objektivismus, die Kritik einer unabdingbaren Tatsachenwelt und die der totalen Bürokratisierung ist berechtigt: Aber der Mensch ist nicht unabdingbar und eindeutig der Macht der hartnäckigen, objektiven Tatsachen ausgeliefert. Das Weltbild der objektivistischen Wissenschaften, der schlecht rationalen und der irrationalistischen Philosophen (beide gehören untrennbar zusammen) ist wirklich zu transzendieren, *nur nicht vom Standpunkt der Totalität her*. Der Standpunkt der Totalität bedeutet nämlich nicht nur totale Identität von Subjekt und Objekt, sondern selbstverständlich auch totale Identität des sich auch im Objekt erfassenden Subjekts, d. h. totale Identität von Individuum und Gattung. Und das bedeutet nichts anderes als Vernichtung und – da diese nicht realisierbar ist – totale Unterdrückung der Individualität.

Aus dem Glauben des philosophischen Bewußtseins, seine eigene Partikularität und damit auch jede Partikularität überhaupt abstreifen zu können, folgt ein neues falsches Bewußtsein, das mit seiner Realisierung zu einer ebenso unmenschlichen und grausamen Welt führen würde, wie jene Welt des falschen Objektivismus. Die wirkliche Transzendierung der naturgesetzlichen Objektivität, die eine wahre, aber nie eine totale sein kann, geht über die praktisch-theoretische Enthüllung des falschen Bewußtseins, aber nicht indem man die Welt als die Tathandlung des Menschen erweist. Diese Behauptung ist entweder in sich selbst leer oder aber eben eine Andeutung von Fichtes Vernichtung und Unterdrükkung der Individualität. Die wirkliche und praktische Enthüllung des falschen Bewußtseins muß auch zeigen, daß das Objekt-werden des Subjekts in seiner Welt nie vollständig ist und auch nie vollständig sein kann; denn die Verdinglichung ist nur eine Tendenz, die auch als vorherrschende Tendenz in der bürgerlichen Weltepoche noch nie alle Gegentendenzen völlig vernichten konnte.

In meinem Aufsatz »Pänomenologie und bürgerliche Gesellschaft«[42] habe ich zu zeigen versucht, daß aufgrund der phänomenologischen Konzeption auch eine Art der Umkehrung verwirklichbar ist; denn mit Hilfe der phänomenologischen Wesensschau kann man einsehen, daß die völlige Isolation des bürgerlichen Individuums und das damit verbundene Weltbild des Objektivismus eine nur scheinhafte ist. Und zwar nicht deshalb weil auch dieses isolierte Individuum letztlich, wenn auch nur durch verdinglichte Bande, an die Gesellschaft gebunden bleibt, sondern weil es auch in seinem praktischen Tun und Leiden niemals aufhören kann, ein gemeinschaftliches Wesen zu sein. Wir müssen deshalb einsehen, daß *die Umstellung weder total sein muß noch total sein darf*. Die totale Umstellung, welche die objektivistische Einstellung durch die Einstellung auf die Totalität ersetzen will, führt zur Vernichtung und Unterdrückung der Individualität. So aber kann die Lebenskrise der Menschheit nicht bewältigt werden. Um diese Krise zu bewältigen, dürfen wir die Individualität nicht unterdrücken; sie kann sich nur in *der Entfaltung des Gemeinschaftscharakters des Individuums verwirklichen.*

Man kann nämlich nicht sagen, daß »... für das Individuum... die Dinghaftigkeit und mit ihr der Determinismus... unaufhebbar«[43] bleibt. Die Konzeption von *Geschichte und Klassenbewußtsein* beruht auf der Annahme, die Einstellung des Objektivismus sei wahr. Und gerade weil diese Wahrheit dort für bare Münze genommen wird, kann Lukács seine Kritik nur vom Standpunkt einer totalen Umkehrung her üben. Die Zweideutigkeiten der Husserlschen Konzeption hingegen lassen Möglichkeiten auch für eine andere Lösung offen. Zwar geht es letztlich auch dort um die Verwirklichung des Standpunktes der Totalität. Diese vollzieht sich vom Standpunkt des Philosophen aus, dessen Umstellung aber nur eine zeitweilige sein kann: »... eine habituell für das ganze weitere Leben fortgeltende Dauer kann sie nur haben in der Form einer unbedingten Willensentschließung, in periodischen, aber innerlich vereinheitlichten Zeitweiligkeiten immer dieselbe Einstellung wiederaufzunehmen und ihre neue Art von Interessen durch diese die Diskretionen intentional überbrückende Kontinuität hindurch als geltende und zu verwirklichende durchzuhalten und sie in entsprechenden Kulturgebilden zu realisieren.«[44]

Ja, die Philosophie vertritt den Standpunkt der Totalität, mit Habermas zu sprechen, die emanzipatorischen Interessen der Menschheit. Sobald sie ihren eigenen Standpunkt dem der objektivistischen Wissenschaftlichkeit unterordnet, wie dies im positivistischen Determinismus geschehen ist, hat die Philosophie ihre wahre Aufgabe preisgegeben. In dieser Hinsicht sind die Kritiken von Lukács und Husserl gleicherweise berechtigt. Wenn die Philosophie ihren Standpunkt *an eine Partikularität bindet*, hat sie ihre wahre Aufgabe schon außer acht gelassen. Aber nicht nur, wenn sie den Standpunkt des isolierten Individuums, des Privatmenschen, des Bourgeois vertritt, sondern auch wenn sie eine andere Partikularität, das Proletariat, vertreten will. In der Konzeption von *Geschichte und Klassenbewußtsein*, im Elitarismus einer verabsolutierten Partikularität, entlarvt sich das fasche Bewußtsein des Bolschwismus; der Glaube, daß eine selbstbewußte (Partei-) Elite eine Klasse und damit die ganze Menschheit verkörpern kann und soll.

Wir haben gefragt, ob die zur Bewältigung der Krise nötige Umstellung – die ja nur eine *partielle* sein kann – den Standpunkt *einer* soziologisch-konkret umgrenzbaren Klasse, Gruppe usw. verkörpert oder vielleicht eben nur auf dem Wege der Befreiung von jeder Partikularität erreichbar ist. Nun, beide Wege sind verschlossen. Der Weg zur Befreiung von jeder Partikularität – das wollten wir zeigen – kann nur zu einem Terror des Allgemeinen führen. Aber wir sahen, daß der Standpunkt einer bestimmten Partikularität auf eben dasselbe hinausläuft. Die Lösung – sofern es eine gibt – kann nur in der gegenseitigen Anerkennung der verschiedenen Partikularitäten liegen. Der Standpunkt der Totalität, der ein stets anwesendes menschliches Emanzipationsinteresse verkörpert, kann und sollte nicht verwirklicht werden. Dieser Standpunkt ist kein Privileg *einer* Klasse, nicht *einer* bestimmten unterdrückten Partikularität, sondern er gehört zum Ganzen der Menschheit. Da aber die Einheit der Menschheit nur sinnvoll ist, wenn die Vielfalt der verschiedenen zur Menschengattung gehörenden Partikularitäten, statt sich gegenseitig zu vernichten, sich gegenseitig anerkennen, darf der Standpunkt der Totalität, die Philosophie, nicht verwirklicht werden. Wenn er überhaupt von Wert sein kann, dann nur als regulative, nicht aber als konstitutive Idee.

Was folgt daraus für die Wissenschaft?

Wenn der Standpunkt der Totalität nur einen Ausgangspunkt der Kritik, nicht aber eine erreichbare oder zu erreichende Wirklichkeit darstellt, müssen wir zwar die Universalisierung der Einstellung der Tatsachenwissenschaften, nicht jedoch diese selbst verwerfen. Und dies betrifft die Wissenschaften nicht nur als techné oder als Kunst. Habermas hat zwar recht, wenn er meint, es mache »die Ehre der Wissenschaften« aus, »ihre Methoden unbeirrt, ohne Reflexion auf das erkenntnisleitende Interesse anzuwenden. Indem die Wissenschaften methodologisch nicht wissen, was sie tun, sind sie ihrer Disziplin um so gewisser, das heißt: des methodischen Fortschritts innerhalb eines nicht problematisierten Rahmens. Das falsche Bewußtsein hat eine stützende Funktion ...«[45] Aber Habermas ist hier nicht konsequent. Das Bewußtsein der Wissenschaften ist nämlich *nur in dem Sinne falsch*, als es sein Weltbild notwendigerweise immer verallgemeinern will. Aber das technische Interesse der Naturwissenschaften wie das praktische Interesse der hermeneutischen Wissenschaften *dürfen wir dem emanzipatorischen Interesse nicht unterordnen*. Denn die Unterordnung würde zu einem Weltzustand führen, den wir als totalitaristisch zurückgewiesen haben. Das Bewußtsein der »objektiven Wissenschaften« ist demnach nicht in sich selbst falsch. Diese vertreten nämlich ein Moment unserer Welt: die Unmöglichkeit, jede Objektivität zu überwinden.

Die objektiven Wissenschaften können freilich nicht nur, sie sollten auch nicht die Funktion der Sinngebung erfüllen. Aber der Sinn des Lebens kann ohnehin nicht dem Wissen entspringen. Denn jeder Sinn, der dem Wissen entspringt, und sei es ein totaler, wird für uns ein transzendenter Sinn sein.

Anmerkungen

1 Edmund Husserl: *Die Krise der europäischen Wissenschaften und die transzendentale Phänomenologie*, Husserliana, Bd. VI, Martinus Nijhoff, Den Haag, 1954, S. 3.
2 Op. cit., S. 4.
3 Georg Lukács: *Geschichte und Klassenbewußtsein*, Werke, Bd. 2, Luchterhand, Neuwied und Berlin, 1968, S. 197.
4 Op. cit., S. 177.
5 Husserl, op. cit., S. 72.
6 Op. cit., S. 347.
7 Lukács, op. cit., S. 289.
8 Op. cit., S. 262.
9 Op. cit., S. 279.
10 Edmund Husserl: »Philosophie als strenge Wissenschaft«, *Logos*, Bd. 1, J. C. B. Mohr, Tübingen, 1910-11, S. 323.
11 Husserl, Die Krisis..., a.a.O., S. 347f.
12 Op. cit., S. 329.
13 Georg Lukács: »Alte Kultur und neue Kultur«, in: *Taktik und Ethik, Politische Aufsätze I*, Luchterhand, Darmstadt und Neuwied, 1975, S. 132.
14 Husserl: Die Krisis..., a.a.O., S. 331f.
15 Lukács: Geschichte und Klassenbewußtsein, a.a.O., S. 327.
16 Op. cit., S. 344.
17 Husserl: Die Krisis..., a.a.O., S. 53.
18 a.a.O.
19 Op. cit., S. 57.
20 Op. cit., S. 61.
21 Op. cit., S. 62.
22 a.a.O.
23 Lukács: Geschichte und Klassenbewußtsein, a.a.O., S. 261.
24 Husserl: Die Krisis..., a.a.O., S. 76.
25 Op. cit., S. 83.
26 Op. cit., S. 335.
27 Op. cit., S. 324.

28 Op. cit., S. 327.
29. a.a.O.
30. a.a.O.
31 Op. cit., S. 330f.
32 Op. cit., S. 328.
33 Op. cit., S. 331.
34 Op. cit., S. 333.
35 Lukács: Geschichte und Klassenbewußtsein, a.a.O., S. 387.
36 Op. cit., S. 193.
37 Op. cit., S. 391f.
38 Husserl: Die Krisis..., a.a.O., S. 10 und 11.
39 Lukács: Geschichte und Klassenbewußtsein, a.a.O., S. 380.
40 a.a.O.
41 a.a.O.
42 S. *Phänomenologie und Marxismus*, Bd. 3, Sozialphilosophie (Hrsg. von B. Waldenfels, J. M. Broekman, A. Pažanin), Suhrkamp, Frankfurt, 1978, SS. 115-143.
43 Lukács: Geschichte und Klassenbewußtsein, a.a.O., S. 380.
44 Husserl: Die Krisis..., a.a.O., S. 327f.
45 Jürgen Habermas: *Technik und Wissenschaft als ›Ideologie‹*, Suhrkamp, Frankfurt 1968, S. 165.

Jan M. Broekman
Zweite Gegenwart

Über die Referenz im Diskurs

»Die guten Leutchen... wissen nicht, was es für Zeit und Mühe gekostet, um lesen zu lernen. Ich habe achtzig Jahre dazu gebraucht und kann noch jetzt nicht sagen, daß ich am Ziel wäre«, heißt es in einem Gespräch, das Goethe am 25. Januar 1830 mit Soret führte. Der schreibende Goethe liest, der lesende Goethe schreibt. In einer Notiz dieses gewaltigen Lesers vom Januar 1823 wird anläßlich intensivster Lektüre unter dem Titel *Wiederholte Spiegelungen* die Empfindung und Erfahrung der eigenen Kreativität eingefangen. Es heißt dort:

»Um über die Nachrichten von Sesenheim meine Gedanken kürzlich auszusprechen, muß ich mich eines allgemein-physischen, im Besondern aber aus der Entoptik hergenommenen Symbols bedienen; es wird hier von wiederholten Spiegelungen die Rede sein... 3) Das liebevoll früh Gewonnene, lang Erhaltene wird endlich in lebhafter Erinnerung nach außen ausgesprochen und abermals abgespiegelt. 4) Dieses Nachbild strahlt nach allen Seiten in die Welt aus... 5) Hieraus entfaltet sich ein Trieb, alles was von Vergangenheit noch hervorzuzaubern wäre, zu verwirklichen. 6) Die Sehnsucht wächst, und um sie zu befriedigen, wird es unumgänglich nötig, an Ort und Stelle zu gelangen, um sich die Örtlichkeit wenigstens anzueignen... 8) Hier entsteht nun ... die Möglichkeit, ein Wahrhaftes wieder herzustellen, aus den Trümmern von Dasein und Überlieferung sich eine zweite Gegenwart zu verschaffen und Friederiken von ehemals in ihrer ganzen Liebenswürdigkeit zu lieben... Bedenkt man nun, daß wiederholte sittliche Spiegelungen das Vergangene nicht allein lebendig erhalten, sondern sogar zu einem höhern Leben emporsteigern, so wird man der entoptischen Erscheinungen gedenken, welche gleichfalls von Spiegel zu Spiegel nicht etwa verbleichen, sondern sich erst recht entzünden, und man wird ein Symbol gewinnen dessen, was... sich mehrmals wiederholt hat und noch täglich wiederholt«. Auch später, besonders in *Dichtung und Wahrheit*, wird in derselben Art und Weise dieses besondere, durch die *Farbenlehre* vorangetriebene Spiegelergebnis dargestellt. Im Ganzen sind zwei Momente dabei festzuhalten: einmal die Empfindung der wundersamen Einheit von Vergangenheit und Gegenwart, und damit aufs engste verbunden die Idee einer zweiten Gegenwart, welche entsteht, nachdem das ›liebevoll früh Gewonnene, lang Erhaltene... endlich in lebhafter Erinnerung *nach außen ausgesprochen ...*‹ wird. »Ein Gefühl aber, das bei mir gewaltig überhand nahm, und sich nicht wundersam genug äußern konnte, war die Empfindung der Vergangenheit und Gegenwart in eins: eine Anschauung, die etwas Gespenstermäßiges in die Gegenwart brachte. Sie ist in vielen meiner größern und kleinern Arbeiten ausgedrückt und wirkt im Gedicht immer wohltätig, ob sie gleich im Augenblick, wo sie sich unmittelbar am Leben und im Leben selbst ausdrückte, jedermann seltsam, unerklärlich, vielleicht unerfreulich scheinen mußte.«[1]

Diese wichtige Einsicht Goethes dürfte nicht nur für die Literatur in ihrem Verhältnis zum Leben gelten. Trotz des idealistischen Bildes der Innerlichkeit, das Goethe vom Prozeß der Entstehung eines literarischen Werkes, vom Verhältnis zwischen Sprache und Form, ja, Sprache und Welt, entwirft, ist eines klar gesagt worden: zweite Gegenwart entsteht durch Artikulation, durch »Ausgesprochenwerden nach außen«. Ein Erlebnis, eine Empfindung, eine Erfahrung, ein Gedanke mag jahrelang innerlich und stumm bleiben – im Innern der Persönlichkeit, wie für Goethe, oder im Innern einer Kultur und einer Sprache, es können sich weiterhin »wiederholte Spiegelungen« manifestieren und somit Umformungen, Verkürzungen, Verzerrungen, schließlich wird es *nach außen ausgesprochen* – denn Sprache vermittelt nach einem Außen hin, einem Draußen, einem Andern. Mit diesem Akt, der nie als der letzte des ganzen Redevorgangs und Diskurses betrachtet werden darf, entsteht erst ein Draußen, und mit diesem Draußen der Bezug von Sprache und Welt. Für den Dichter mag jene zweite Gegenwart eine Welt sein, die er in die hiesige hineinbringt, für einen Sprecher ist jene zweite Gegenwart die Grundbedingung seines referierenden Sprechens. Unserm zeitgenössischen Bewußtsein ist gewärtig, daß Literatur nicht eine Welt verkörpert, die aus einer andern Welt eingebracht wurde. Und somit sollte sie nicht als Ergebnis einer autonomen Subjektivität betrachtet werden. Was von der zweiten Gegenwart gesagt wurde, einer Präsenz, in der Zeitbestimmungen verrückt und Dimensionen perspektivisch verschoben werden, was »jedermann seltsam, unerklärlich, vielleicht unerfreulich« vorkommt, gilt auch für die Bestimmung der gesamten geschichtlichen Gegenwart. Diese Gegenwart ist unser Sprechen. Die Rede bringt Gegenwart zur Gegenwärtigkeit. Es ist eben diese ausgezeichnete Erfahrung, die sich in die Unmittelbarkeitserfahrung des sprachlich Gegebenen einnistet. Darum wird hier auch nicht von der zweiten Gegenwart gesprochen, denn sie ist nicht *eine* hypostasierte und immer wieder griffbereite Struktur. Sie ist vielmehr als Moment der Re-identifikation mit Unmittelbarkeit zu betrachten, und dadurch erst wird die sie kennzeichnende Differenz zwischen der ersten und der zweiten Gegenwart geschaffen.

Trotz dieser Spannung zwischen beiden ist die Referenzproblematik auf eine hypostasierte Einheit von Sprachtheoretischem festgelegt worden. Die traditionelle Theorie der Referenz bestimmt so in einem weiten Sinn die Theorie der Bedeutung. Mit nur wenig anderen, verwandten Begriffen bilden Referenz und Bedeutung das Gerüst der gegenwärtigen Sprachphilosophie. Die philosophischen Voraussetzungen dieser Sprachphilosophie bestimmen in vielerlei Gestalt das Gespräch zwischen Phänomenologie und Marxismus. Solches gilt besonders für die erkenntnistheoretische Problematik, und somit dürfen diese Voraussetzungen und ihre Auswirkungen nicht unbeachtet bleiben.

Denn durch die Analyse der Möglichkeiten eines solchen Gesprächs wird der Gegensatz einer materialistisch orientierten und einer idealistischen Sprachphilosophie noch verschärft hervortreten. Das gilt für die Grundüberlegungen zu jener Problematik, denen wir den ersten Teil unserer Erörterungen widmen, wie auch für die Thematik, welche durch den besagten Gegensatz besonders hervortritt: die Referenz im Diskurs.

Beide philosophischen Ansätze haben doch mit dem Denken eines ›Draußen‹ zu tun, eigentlich sogar immer mit dem Denken d e s Draußen. Dabei gilt für beide, daß die Dimensionalität jenes Draußen durch die Subjektivität des Denkenden auf irgendeine Weise zustande kommt. Was ist über diese Subjektivität zu sagen, und was ergibt sich, wenn in der Rede der Eindruck entsteht, daß über Etwas gesprochen wird? Was drückt die redende Subjektivität über sich selbst aus in diesem Diskurs, während sie referiert? In der analytischen Philosophie sind solche Fragen hinsichtlich der Referenz schon in ihrer primitivsten Form charakteristischerweise auf den Eigennamen als kleinster Bedeutungseinheit gerichtet. Es erscheint alles in einfachster Form: hier der Eigenname, dort der Träger des Namens. Diese einfache Welt wollen wir beibehalten: der einfachen Welthandhabe wegen konstruieren wir eine entsprechende Sprachauffassung und lassen uns in Ontologisierungs- und Hypostasierungsprozesse verwickeln. Aber diese Strukturierung von Welt und Sprache kann vielleicht eine Sprachphilosophie, ja mehrere sprachphilosophische Entwürfe leiten – nur das Phänomen der Diskusivität wird davon nicht betroffen.

Darum ist weniger die implizite Position der Subjektivität verantwortlich zu machen für die Differenz zwischen einer materialistischen und einer idealistischen Sprachphilosophie, wohl aber die Frage, welcher philosophische Entwurf dem Phänomen des Diskurses überhaupt angemessen sei. Zwei Dominanzsysteme sind hier wichtig: einmal der Gedanke, daß irgendwelche Bewußtseinsabläufe, (Denkvorgänge, unbewußt/bewußtlose Vorgänge oder nie bewußt werdende Kulturereignisse) eine Oberfläche des Redens produzieren, welche die Frage nach der Referenz und dem sprachlichen Weltverhältnis hinreichend beantworten kann. Die Oberfläche der Rede schafft Bedeutung, und in ihr vollzieht sich die referentielle Aktivität. Die zweite Dominanz besteht wahrscheinlich darin, daß hier ein Automatismus konstruiert wird, der die Entstehung von Rede erklären soll, ein Automatismus, der weder die Eigenart diskursiver Tiefenstrukturen noch das Verhältnis von Oberfläche und Tiefenstruktur angemessen deuten, geschweige denn dieses Verhältnis tatsächlich als gesellschaftliches Produktionsverhältnis erkennen kann.

I

Wenn über diese Frage reflektiert wird, so ist eine diskursphilosophische Reflexion – die wir auch in den drei ersten Bänden von *Phänomenologie und Marxismus*, (besonders im Hinblick auf Begriffe wie *Praxis, Bedeutung, Sprechakt* und *Intersubjektivität*) zu entwickeln versuchten – mindestens in drei Punkten von einer traditionellen sprachphilosophischen Reflexion abzuheben:

a) Die Frage führt sofort zu einer Position im Spannungsfeld *zwischen Objektivismus und Subjektivismus*. Der Objektivismus findet sich dort, wo behauptet wird, daß ein Ausdruck, der einen Gegenstand vertreten soll, entweder einen Gegenstand hat oder bedeutungslos wird. Die Gegenposition vertritt der Subjektivismus, welcher besagt, daß die menschliche Rede nie ohne eine Phänomenalisierung der Welt auskommt. So bringt das sprechende Subjekt durch intentionale Akte Gegenstände hervor, die es ihm erlauben, den Bezug von Sprache und Welt aufrechtzuerhalten. Als Voraussetzung für jede referentielle Aktivität gilt somit die

Idee einer Vermittlung zwischen denotativem Ausdruck und konstitutivem Gegenstand. Die Einsicht in die Wirksamkeit dieser Voraussetzung ermöglicht immerhin eine oberflächliche Deutung der unterschiedlichen philosophischen Positionen. So ist Russells *Theory of description* und sein Grundgedanke, daß jeder grammatikalisch korrekt gebildete Satz für ein Objekt stehen darf, gekennzeichnet durch eine Ablehnung dieses Vermittlungsgedanken. Zum andern ist zu Husserls Position in den *Logischen Untersuchungen*, aber auch zu Meinong und Frege zu bemerken, daß sie eben jene Vermittlungsidee akzeptieren als Grundlage für ihre sprachphilosophische Konzeption.

b) Dieselbe Frage wird reflektiert in der selbstverständlichen Auffassung, daß das Sprechen gleichzusetzen sei mit dem Gebrauch von Wörtern oder sonstigen kleinsten Spracheinheiten. Es ist nicht einmal notwendig, sich die Sprache als Totalität von Morphemen oder Phonemen vorzustellen, um eine atomistische Sprachtheorie zu begründen. Denn jede Haltung, die Wörter oder Sätze als Gebilde von kleinsten Einheiten behandelt, ist atomistisch. Aufgrund einer solchen Sprachauffassung entsteht die Meinung, der Vorgang des Sprechens sei notwendigerweise eine konstruktiv-subjektive Angelegenheit. Diese zum Subjektivismus tendierende Auffassung ist in fast allen gegenwärtigen Sprachtheorien zu finden. Das gilt für die Verwendung des Sprecher-Hörer Modells im Bereich von Sprache, Sprechen, Gespräch und Dialog – von Sprachphänomenen also, die sich deshalb außerhalb der Realität des Diskursiven befinden und mit der Frage nach der Referenz als diskursiver Angelegenheit nichts zu tun haben, wie für die verwandte systemtheoretische und stimulus/response-theoretische Deutung des Sprachvorganges. Auf diesen letztgenannten Voraussetzungen und Interpretationen beruhen lerntheoretische, sprachdidaktische, kommunikationstheoretische und oft auch psychotherapeutische Modelle.

Zum andern erfährt man durch diese Sprachinterpretation die Grenzen einer philosophischen Reflexion über die Sprache: diese vermag zwar dank ihrer inneren Struktur über Sinn und Bedeutung nachzudenken, aber dem Dada, dem Un-sinn der privaten und verstiegenen Sprachgestaltung vermag sie keinen Sinn abzugewinnen. Weiterhin kann in einem solchen Rahmen auch über Sprachregeln philosophiert und diskutiert werden, und somit wird die Phänomenalität der Sprache nahezu mit ihrem besonderen Regelcharakter gleichgesetzt. Aber das Ereignis der sprachlichen Entregelung durch das Wort des Andern wird auf diese Weise nicht erfaßt.

Nun wird deutlich, weshalb diese atomistische Sprachauffassung als Ergebnis einer spezifisch bürgerlichen Kultur, und sogar als Moment des bürgerlichen Diskurses aufzufassen sei. Das Denken in kleinsten Einheiten spiegelt die Punktualität der bürgerlichen Bewußtseinstheorie wider. Dort soll die Sprache in Subjekt-Elemente zerlegt werden, damit sich das Subjekt über den Weg des sprachlichen Weltbezugs wiedererkennen kann. Wie anders soll es sonst über sich und über das Draußen sprechen können oder sich Fragen hinsichtlich seiner eigenen referentiellen Aktivität stellen? Wie kann ein bürgerliches Bewußtsein seinen eigenen Weltbezug anders denken denn als Gebilde individualisierter Elemente, welche äußerlich verknüpft werden? Und wozu soll ein auf diese Weise konstruierter Weltbezug dienen, wenn nicht dem Fortschritt und dem Gleichgewicht?

Das Sprechen wird hier also als Gebrauch von Sprachelementen aufgefaßt. Dieser Gebrauch setzt notwendig einen Gebraucher voraus, aber ebenso die Befugnis und die Potenz des Gebrauchers, aus dieser Position maximalen Nutzen zu ziehen. Dadurch entsteht eine Metaphysik, die den Menschen angesichts des Phänomens der Sprache vornehmlich als *Macht* begreift. Einer Macht steht im Gespräch eine andere Macht entgegen: die Macht des sprechenden Subjekts steht der Macht des Draußen entgegen. Der Subjektivismus hat diese Konfrontation fast ad absurdum geführt, indem er beide Machtmomente als Ergebnis der menschlichen Aktivität interpretiert: Die Subjektivität in ihrer Gegenstellung zur Objektivität sei Ergebnis der intentionalen Aktivität. *Ipse dixit*: Der Mensch als autoritativer Interpret der Wirklichkeit; Referenz als Egologie; Einheit von Wort und Tat als Ausdruck der Intentionalität; Performanz des Sprechakts als Grundmodell aller Sprachaktivität; das Ausklammern der Zeit aus dem Sein des Sprechens – dies ist nur eine beschränkte Reihe von Konsequenzen jener Einstellung.

c) Die Frage, worüber wir sprechen, wenn wir über Etwas zu sprechen uns einbilden, ist immer schon im voraus als *propositionale Aktivität* aufgefaßt. Welches auch immer die letzten Einheiten der Sprache seien – letzten Endes haben sie doch den Wert und die Funktion von Propositionen. Denn Wahrheit ist nur propositional ausdrückbar. Wahrheit und Referenz sind so eng miteinander verknüpft, weil Wahrheit als Schlußurteil innerhalb des referentiellen Bezugs eines Sprechers hinsichtlich des Draußen Geltung gewinnt, und diese Aktivität ist nur durch Propositionen zum Ausdruck zu bringen. So betrifft, metaphysisch gesprochen, der Zusammenhang von Wahrheit und Welt den Urgrund der Welt. Dieser Urgrund wird im vieldeutigsten Sinne des Wortes auf (s)einen Begriff gebracht – wie Hegels *Logik* eindrucksvoll demonstriert. In dem Sinne ist die dort ausgeführte Logik gleichzeitig als Metaphysik aufzufassen. Denn es handelt sich um eine von der Metaphysik behütete Wahrheit. Indem nun die Voraussetzung der Propositionalität respektiert wird, soll jene Wahrheit durch die Logik aus dem Bereiche der Metaphysik herausgehoben und artikuliert werden. Aber die solcherart zustandekommende Artikulation bestätigt eben die Voraussetzungen der Metaphysik selber. Dies bildet den Kern des Darstellungsproblems – nicht nur für Hegel, sondern auch für Marx, nicht nur für die Phänomenologie, sondern auch für den Marxismus. Denn es handelt sich hier um Wahrheit, und nicht um *die* Wahrheit. Die Frage, wie weit Wahrheit mittels ihrer propositionalen Struktur als die Wahrheit darstellbar sei und so ideologische Züge annimmt, wird von der gegenwärtigen Sprachphilosophie naiv vermieden. Sonst müßte sie Voraussetzungen annehmen, die zur Aufhebung ihrer eigenen Begrifflichkeit führen könnten. Dies aber ist nur für eine Sprachphilosophie möglich, die ihren Gegenstand nicht als Gegen-stand, d. h. nicht als Sprache, sondern als Rede, oder genauer: als Diskurs auffaßt.

Die Propositionalität steht jedoch quer zu einer solchen Auffassung. Eben durch die Referenz bindet sie sich ein für allemal mit der Wahrheit. Darum ist Hegels *Logik* ein repräsentatives Beispiel: die der Referenz zugrundeliegende und zugleich durch sie hervorgebrachte Wahrheit ist begriffslogisch. Als solche ist die Idee des Begriffs zugleich eine Begrenzung der Wahrheit. Eine sprachphilosophische Dialektik bleibt immer noch auf die hypostasierte Einheit Begriff angewiesen, und folglich ist *der Satz* der äußerste Bereich, in dem sich diese Dialektik abspielen kann. Ein solcher Vollzug hat den Charakter einer Darstellung. Demnach weist Tugendhats Bemerkung, nach welcher Hegels *Logik* »... auf Schritt und Tritt gegen die Einsicht Freges (verstößt), daß die primäre logische... Einheit, hinter die niemand ohne Schaden zu nehmen, zurück kann, der Satz ist«, auf eine Grenze hin, die für die gegenwärtige Sprachphilosophie gilt, da diese sich auf die mit Propositionalität verbundene Wahrheit richtet.[2]

Dieser Wahrheitsbegriff steht aber in einem merkwürdigen und lehrreichen Gegensatz zur Wahrheit des Diskurses – einer Wahrheit also, die den Darstellungscharakter des Propositionalen, des Einheitsdenkens, des konstruktivistisch-subjektiven und vom Satz begrenzten Redens hinter sich zu lassen versucht. Mit dieser anders gearteten Einstellung hängt eine andere Kritik und mit dieser Kritik eine andere Wissenschaftsauffassung zusammen. Wie sehr enthüllt die Einsicht in die Wahrheit des Diskurses und ihre »Magnetnadelfunktion« (Bloch) für Logik, Sprachphilosophie und Metaphysik einen Positivismus in den genannten Bereichen der Sprachphilosophie. Denn durch die Dominanz der genannten Voraussetzungen bleibt die praktische Vernunft weiter hinter der kritischen zurück, und ihr wird kein eigenständiger Erkenntniswert zugesprochen.

Wenn wir also meinen, über etwas zu sprechen, so bringen wir mit dieser Meinung die Wahrheit des satzgebundenen Denkens und Sprechens zustande. Die Dominanz der Wahrheitsfunktion als Darstellung einer Dominanz der instrumentellen Vernunft wäre wohl das Hauptproblem der Referenz in Phänomenologie und Marxismus.

II

Das Sein des Sprechens ist für die Sprachphilosophie, die sich als Denken der satzgebundenen Rede versteht, zugleich die Darstellung der Subjektivität. Die Selbsterfahrung dieser Subjektivität vollzieht sich jedoch auf eine Weise, bei der die referentielle Aktivität, auf welcher der sprachliche Weltbezug des Subjekts basiert, nur als Präsenz gegeben sein kann. Präsenz in Propositionen, Wörtern und Sätzen ist jedoch grundverschieden von der Präsenz im Diskurs. Die erstgenannte trägt die Merkmale einer unaufhebbaren Gegenwärtigkeit, während die Präsenz im Diskurs aber gerade die Selbstaufhebung und das Nicht-Erscheinen von Gegenwart und Subjektivität impliziert.

Durch diesen Gegensatz wird vielleicht schon intuitiv klar, warum wir gemeinhin auf eine Weise über Sachen reden, wie wir auch über Begriffe als über Sachen reden. Warum lassen wir uns diskursiv immer wieder dazu nötigen, eine hypostasierende Rede zu entwerfen und diese für die letztmögliche Gestalt des sprachlichen Weltbezugs zu halten? Die Verführungskraft der hypostasierenden Rede hat wohl mit Selbstbehauptung und Widerstand gegen Selbstaufhebung im oben angedeuteten Sinne zu tun.

Grant Johnson weist hin auf eine Differenz zwischen *Behaupten* und *Verweisen*. Behaupten sei etwa das Bezeichnen eines Tatbestandes, der eventuell auch nicht existiert. Dies führt zu einem Irrtum, der philosophisch unproblematisch bleibt. Verweisen sei dagegen das Bezeichnen eines Gegenstandes, wobei es tatsächlich philosophisch problematisch wird, wenn der Gegenstand des Verweises nicht existiert – niemand wird diesen Sachverhalt als Irrtum bezeichnen. Natürlich stehen die beiden Fälle in einem Zusammenhang, aber welcher Art ist er, und weshalb ist der Verweis auf einen nicht-existierenden Gegenstand philosophisch problematisch? Und warum sieht weiterhin »der Reflektierende sich dazu veranlaßt, eine logische Umformulierung referentieller Ausdrücke vorzunehmen, die diese Ausdrücke in philosophisch unproblematische Behauptungen umsetzt«[3]? Hier scheint es sich um eine ähnliche Bewegung zu handeln wie jener, die zur Konstruktion der hypostasierende Rede Anlaß gab.

1. Johnson gibt bei der Ausarbeitung dieses interessanten Unterschiedes an, daß hier die Idee eines Konsensus eine wichtige Rolle spielt. Im Konsens wird die sozialphilosophische und politische Dimension der Referenzproblematik erst sichtbar. Konsens ist zunächst in seiner Zweideutigkeit zu verstehen: er ist sowohl Ausdruck für die Wahrheit eines Sprachdenkens, das sich in den oben beschriebenen Voraussetzungen verstrickt hat, als auch Ausdruck für Verständigungsmöglichkeiten in einem diskursiven Sinne. Beide Bedeutungen werden aber von Johnson nicht genau unterschieden. Dennoch verbirgt gerade diese Unterscheidung ein Politikum. Denn der Konsensus gilt in einem allgemeinen Sinn fraglos als Ausdruck jenes Sozialvertrags, der die Grundlage der traditionellen Sprachphilosophie bildet. Aber die kritische Dimension tritt hervor, sobald der Problematik jener Grundlage weiter nachgegangen wird und man sich fragt, ob denn eine Diskursphilosophie sich diesem Sozialvertrag entzieht oder: entziehen kann.

Bevor auf diese Erwägung eingegangen wird, muß jedoch problematisiert werden, ob es außerhalb der Diskursivität überhaupt noch zu einer referentiellen Aktivität kommen kann, und zwar abgesehen von der Differenz zwischen einer traditionellen und einer diskursiven Sprachauffassung. Diese Frage mag erstaunen, denn es gehört zu den Errungenschaften der analytischen Philosophie, das Thema der Referenz geradezu allseitig erhellt zu haben. Zum andern hat dieser Typus des gegenwärtigen Philosophierens kaum zu einer Philosophie der Diskursivität beigetragen. Und nun wird behauptet werden, daß es außerhalb der Diskursivität keine referentielle Aktivität geben kann. Die analytische Philosophie hat Strukturen der Diskursivität von vornherein als Verbindungen von Sätzen, Propositionen oder Sprechakten studiert (Dummett, Lakoff, Searle u. a.). Darin lag schon ein Hinweis, daß auch für sie die Referenz nicht außerhalb der Diskursivität bestehen kann, obgleich nun das Phänomen des Diskursiven nicht in der richtigen Art und Weise aufgefaßt wurde. Das konnte aufgrund der dargestellten Voraussetzungen auch nicht erwartet werden. Referentielle Aktivität ist als Rede und Gegenrede, als eigenständige Prozessualität denkbar, unser Sprechen beruht, insofern es referentiell ist, auf dem Zustandekommen von *zweiter Gegenwart*.

Warum besteht das von Johnson zu Recht erwähnte Bedürfnis zur Umformulierung referentieller Ausdrücke in philosophisch unproblematischen Behauptungen? Die unproblematischen Behauptungen erfüllen den Sozialvertrag zwischen Sprache und Außenwelt, zwischen Rede und Gegenrede. Ihre Transformation fand in einem Augenblick der Krise dieses Sozialvertrags statt: der Vertrag erschien plötzlich nicht mehr als selbstverständliche Grundlage allen Redens und Denkens. Wenn eine Situation entsteht, die man zwar als Konsensus beschreibt, in der aber um dieses Konsenses willen der Zwang zu philosophisch unproblematischen Behauptungen besteht, dann wird durch die Erfüllung dieser Forderung *mehr* bezweckt, als Verständlichkeit je für sich in Anspruch nehmen kann. Der Schein einer selbständigen Subjektivität muß aufrechterhalten bleiben, um jene Subjektivität an den allen Sprachhandlungen vorangehenden Sozialvertrag zu binden. Das ist ein wichtiges erkenntnistheoretisches Faktum. Referenz wird als dem Sozialvertrag angemessene hervorgebracht als Subjektivität, d. h. als Autonomie einer Rede, die sich ihrer eigenen Grundbedingungen unbewußt bleiben soll.

Roland Barthes hat einmal auf das Band zwischen Lesen und Schreiben, also auf das Verhältnis des Textes zur Welt des Vertrags hingewiesen. Darin werden die Forderungen jenes Sozialvertrags klar ersichtlich. Auf die referentielle Sprechaktivität zugespitzt hieße dies, daß jede Referenz eine soziale Institution, eine Instanz zu repräsentieren hat, d. h. nie aus der Bindung mit der sie ins Leben rufenden Instanz zu treten vermag. Weiterhin hat jede Referenz der Oberflächlichkeit der Wahrnehmung und dem Offensichtlichen zu dienen. Als am Anfang darauf hingewiesen wurde, daß die traditionelle Theorie in einem weiten Sinne die Theorie der Bedeutung bestimmt, wurde damit die Grundstruktur jener Bestimmung erhellt. Referenz schafft Bedeutungen, indem die Forderungen des Sozialvertrags, die Welt in ihrem Sinn darzustellen, erfüllt werden. Im selben Sinne ist als drittes Moment hervorzuheben, daß Referenz den Zeichenüberfluß dieser Welt einschränkt und an einzelne Propositionen bindet, so daß am Ende diese Welt selbst nicht mehr eine der möglichen, sondern zur einzig möglichen Welt wird.

Kann man nun durch Referenz – und referentielle Aktivität schließt die Philosophie der Referenz keineswegs aus – diesen Sozialvertrag unerfüllt und auf sich beruhen lasssen? Eine Parallelfrage wirft Grant Johnson auf. Im Sprachspiel des Behauptens, sagt er, geht es um die Wahrheit einer Proposition; mit jener Frage bewegt man sich im Sprachspiel der Gegenwart, und dann entstehen keine philosophischen Probleme. Diese treten erst auf, wo das Sprachspiel des Verweisens in die Vergangenheit zurückgeht. Denn dies sei nur aufgrund eines bereits bestehenden Konsenses möglich – z. B. wo über die Existenz eines Gegenstandes verhandelt wird –, so daß es hier nicht um einen Identifikationsprozeß, sondern um einen Re-identifikationsvorgang geht.

Aber welches sind nun die philosophischen Probleme? Im angeführten Beispiel wird der Diskurs als eine subjektive Konstruktion von Propositionen betrachtet, so daß der Wahrheitswert jener Propositionen jederzeit und für jedermann überprüfbar ist. Es ist eben dieser Positivismus in der implizit verwandten Definition eines Diskurses, der die Existenz von Gegenstandsbezogenheit in die Qualität von diskursiven Spracheinheiten uminterpretiert. Erst dann läßt sich erweisen, daß im Falle eines sogenannten Irrtums bei der Verweisung die bestehende Intersubjektivität sich ihres falschen Konsensus bewußt wird, so daß der ihr zugrundeliegende historisch-gesellschaftliche Prozeß als nichtig aufgefaßt wird. Was hier jedoch in Erscheinung tritt, ist *nicht* dieser historisch-gesellschaftliche Prozeß selbst, sondern eine bestimmte Form desselben.

Erst durch die Identifikation dieser Form mit dem Prozeß überhaupt entstehen offensichtlich die angedeuteten philosophischen Probleme. Es handelt sich nämlich genau um die Form eines atomistisch-individualistischen, auf Tauschwerten und Äquivalenzstrukturen beruhenden Sozialvertrags. Eben diese Form bindet den referentiellen Vorgang an den beschriebenen Automatismus bewußtseinsmäßiger Vorgänge als Tiefenstruktur der Referenz und verhindert, daß das Zustandekommen referentieller Aktivität als gesellschaftliche Produktion aufgefaßt wird. Denn dies ist mit den Grundforderungen des Sozialvertrags nie in Einklang zu bringen. Einklang soll jedoch bestehen bleiben: deshalb der von Grant Johnson formulierte Zwang zur Transformation in philosophisch unproblematische Behauptungen. Eine Unerfüllbarkeit des Sozialvertrags in der referentiellen Aktivität läßt keine Konstanz der hypostasierenden Rede mehr zu und keine kontinuierliche Produktion von Sprach-, Erkenntnis- und Theorieäquivalenzen. Eine solche Störung empfindet der Alltag in seiner Selbstverständlichkeit als Ausbruch aus dem historisch-gesellschaftlichen Leben und als Bruch der intersubjektiven Verständigung. In dieser Uminterpretation liegt für dieses Alltagsverständnis nota bene die letzte Chance für eine Wiederherstellung des Zustandes jenes Sozialvertrags.

2. Insofern nun Diskursivität die Dominanz der Wahrheitsfunktion des Propositionalen aufhebt, werden auch die Dichotomien des Alltags relativiert werden, nach welchen wir gespalten sind zwischen Subjekt des Sprechens und Objekt der Rede, zwischen Ich und Welt, Bedeutung und Behauptung, Verweisung und Übereinstimmung in einem ausschließlich verifizierbaren Sinn. Das Beispiel des Verweisens verdeutlicht jedoch, daß es nicht um die Existenz eines Gegenstandes geht, sondern um uns als sprechende Partner eines fortlaufenden Diskurses. Hier ist unser Ort, wo wir uns immer schon befinden, hier finden wir unsere Einstellungen zur Welt und zueinander, hier spielen sich Identifikation und Re-identifikation ab. Hier ist aber auch der Ort der Empfindung von den wiederholten Spiegelungen. Wie Goethe mit großem Recht bemerkt, wird hier das Gewonnene und Erhaltene einmal »nach außen ausgesprochen« werden, und auch dann hört der Spiegelungsprozeß nicht auf. Sie, die Welt der wiederholten Spiegelungen, von der wir meinen, daß wir sie referierend in den Griff bekommen können, spiegelt unsere Referenz semiotisch wi-

der. Goethe schreibt im Zusammenhang mit der Notiz *Wiederholte Spiegelungen* im Gedicht mit dem Titel *Entoptische Farben* den folgenden Vers:

»Und der Namen wird ein Zeichen,
Tief ist der Kristall durchdrungen:
Aug in Aug sieht dergleichen
Wundersame Spiegelungen«.

War nicht der analytische Idealfall der Referenz gerade jener, wo der Name als kleinste Bedeutungseinheit auftritt, um im Bezug auf den Referenten eine einfache Welt zu schaffen? In jener Welt gibt es keine wundersamen Spiegelungen, und eben weil es sie trotzdem gibt, besteht diese einfache Welt nicht. Die propositional interpretierte Wahrheitsfunktion von Sprache faßt voreilig und fälschlich die Präsenz im Diskurs als Präsenz der Außenwelt auf. So wird die zweite Gegenwart als referentiell-diskursive Gegenwart unterschlagen, und folglich scheint für die Referenz ein naives Abbildverhältnis von Sprache und Welt unumgänglich. Goethe formuliert im Gegensatz zu diesem Bild, wie sehr zweite Gegenwart – »eine Anschauung, die etwas Gespenstermäßiges in die Gegenwart brachte« – entstehen kann – »aus den Trümmern von Dasein und Überlieferung« – ja, gesteigerter noch, wie dort *Liebe* enstehen kann.[4]

Es wird nun deutlicher, daß der Diskurs *nicht* auf einem referentiell ausdrückbaren Wahrheitswert gegründet sein kann, und gerade deshalb kann Referenz nur im Diskurs stattfinden. Der Fortgang des Diskurses bildet hier einen eigenständigen Wert, so daß wegen dieses Fortgangs *allem und allen* ein (provisorischer) Wahrheitswert zugeschrieben werden kann. Wahrheit ist hier ein Provisorium, das den Fortgang des Diskurses ermöglicht. Darum sind Sätze keine adäquate Sprachelemente, und deshalb ist die Grundstruktur der intersubjektiven Verständigung nicht als Grund (d. h. als Sozialvertrag), sondern vielmehr als Provisorium zu interpretieren. Sagen wir doch »es macht zunächst nichts aus, ob Du gelb nennst, was ich als orangenfarbig wahrnehme! Wenn wir nur wissen, daß wir über jenes sprechen, welches wir unterschiedlich wahrnehmen, bewerten, beurteilen, für-wahr-halten ...« Die Wahrheitsfunktion der Sprache wird in einer Diskurstheorie der Sprache verwandelt in eine topologische Frage: »Wo bist Du?« Mit der Unterdrückung dieser Frage sucht sich der Sozialvertrag doch noch durchzusetzen. Dabei wird das dargestellte Provisorium umgedeutet, etwa in der Art: »Du nennst gelb, was ich für orangenfarbig halte, reichen wir uns die Hand und versuchen wir über diese Meinungsverschiedenheit hinwegzukommen«, oder: »Du nennst gelb, was ich für orangenfarbig halte... ich habe also meine Wahrheit und Du die Deinige; unser Einverständnis möge auf einer beiderseitigen Anerkennung unserer Wahrheiten beruhen«. Somit ist das Äquivalenzverhältnis des Sozialvertrags wiederhergestellt, und im Dienste des Vertrags findet der Fortgang des Diskurses statt. So, und in keiner anderen Weise, wird auch die Rationalität verstanden, auf welcher der Diskurs sich gründet. Sogar Topik und Rhetorik gehen diesen Weg: sie unterdrücken die topologische Frage, weil dieser ein anderes, nicht-kontraktuelles Rationalitätsmoment anhaftet.

3. Die Frage »Wo bist Du?« ist keine Frage der traditionellen Linguistik, Sprachphilosophie oder Erkenntnistheorie. Sie erweckt in uns eine bisher oft unterdrückte Erwägung. Wir dachten uns den Zusammenhang von Erkennen und Referenz als Einheit und unbefragte Kontinuität. Diese Einheit wird jetzt in Frage gestellt. Vielleicht bricht der referentielle Charakter unserer (wissenschaftlichen) Rede ab, *bevor* unser Erkennen auf eine endgültige Grenze stößt. Beispiele aus unserer alltäglichen Erfahrung legen diese Vermutung nahe. So leben wir in einer Welt, in der die Sonne aufgeht und untergeht, obwohl wir wissen, daß es ein derartiges Ereignis nicht gibt. Wir reden in demselben Alltagswissen über Mann und Frau, wissen aber zugleich, daß diese Differenz in höchstem Maße Ergebnis unserer hypostasierenden Redeweise ist. Husserl hat in seinen Galilei-Studien mehrfach auf das erstgenannte Phänomen hingewiesen und diese Tatsache mit Hilfe einer Theorie der Einstellungen zu erklären versucht. Dieser Zugriff ist jedoch bewußtseinsphilosophisch belastet. Das Auf- und Untergehen der Sonne und die Bewegung der Planeten, die Differenzen zwischen Mann und Frau und die tiefgründige Konstitutionsproblematik der Rede sind keine unterschiedlichen Propositionen mit unterschiedlichem Wahrheitswert. Man sollte sich angesichts des referentiellen Charakters unserer Rede wirklich darauf besinnen, daß eine ebenso differenzierte Epistemologie zu entwerfen sei. Was sollen wir mit einer nicht-euklidischen Sprachtheorie, welche die Topologie des Diskurses neu zur Diskussion stellt und die Phäno-

menalität der Sprache durch das Konzept der Diskursivität gegenüber traditionellen Sprachentwürfen und Sprachinterpretationen erheblich erweitert, während die damit korrespondierende Erkenntnistheorie lediglich eine beschränkte Zahl von Variationen der Abbildtheorie der Wirklichkeit zur Verfügung hat?

Warum denken wir uns die Einheit und Kontingenz als Merkmal der Erkenntnis und verknüpfen wir diese mit Grundeinsichten der Sprachtheorie und Sprachphilosophie? Sind solche Ideen wie Einheit, Kontingenz und durchgängige Stukturiertheit, in denen Gegensätzlichkeiten der alltäglichen Lebenswelterfahrung negiert oder umgedeutet werden, etwa epistemologische Mittel zur Erfüllung des Sozialvertrags? Diese Frage ist vermutlich nicht beantwortbar. Interessant ist jedoch, daß sich in der gegenwärtigen Wissenschaftstheorie ähnliche Probleme bemerkbar machen. Dort wird mehr und mehr abgesehen von der Wahrheitsfunktion einzelner Aussagen zugunsten einer Zustimmung hinsichtlich gewisser Redeweisen einer »scientific community«. So wird ein vertraglicher Konsensus zur Grundlage des wissenschaftlichen Aufbaus eines Diskurses. Die Einsicht in den Vertragscharakter jenes Diskurses geht entscheidend über die Feststellung ideologischer Befangenheit hinaus, und zwar in Richtung auf systematische Untersuchungen von Strukturen der Diskursivität, in denen die Ideologie-problematik beschlossen ist. Andererseits darf man nicht vergessen – das tut Greimas –, daß auf diese Weise die Wahrheitswerte der Aussagen innerhalb einer »scientific community« eine apriorische Funktion erhalten. Es ist nicht abwegig, darauf hinzuweisen, daß folglich aus diesem Aussagenkomplex ein transzendentales Apriori entstehen kann und auf diese Weise die Erkenntnistheorie letzlich zu einer modernen Form der Transzendentalphilosophie wird.

4. Erwägungen dieser Art, die eng mit der Problematik der Referenz an der Grenze einer cartesianischen und post-cartesianischen Sprach- und Erkenntnistheorie liegen, führen unmittelbar zu Fragestellungen metaphysischer Natur. Die Frage nach dem Draußen läuft nämlich stets Gefahr, als Moment der Dimension der Innerlichkeit mißverstanden zu werden und sich als Reflexion im Bewußtsein einzunisten. Damit wären die im ersten Teil unserer Ausführungen genannten Voraussetzungen perfekt erfüllt, und es werden sodann Beschreibungen gegeben und eine Sprache gebildet, die Präsenz darstellt und eben als Darstellung Präsenz vertritt.

Das Sein aller Rede ist dann definitiv identisch mit dem Erscheinen des Subjekts. Gewißheit ist das Fundament, Wahrheit die selbstverständliche Gegebenheit einer propositional-referierenden Aktivität. In diesem Lichte ist es nicht verwunderlich, daß bisher zwar Ansätze einer Theorie der Diskursivität zu verzeichnen sind, besonders in der französischen Linguistik, daß aber noch kein diskursiver Ansatz zur Erhellung des Phänomens der Sprache oder zu einer diskursiven Sprachtheorie entstanden ist – aller eifrigen Analytik konkreter Diskurse zum Trotz. Eine solche Analytik wird nämlich immer noch auf einer nicht-materialistischen Basis, d. h. als Moment des Erscheinens von Subjektivität betrieben. Die spezifische Materialität, in der jene Subjektivität in Rede, Diskurs und Text und somit auch der bewußtseinsmäßige Automatismus bei der Produktion von Diskursen aufgehoben wird, blieb ein theoretisches Desiderat, das aus phänomenologischer und marxistischer Sicht kaum aufgenommen oder gar konkretisiert wurde. Die Ideologiekritik im Stile der »Deutschen Ideologie«, d. h. in ihrer Gebundenheit an den bürgerlichen Diskurs, ist noch zu sehr wirksam. *Zweite Gegenwart* ist jedoch erst auf dieser Grundlage wirklich möglich; im Fortgang des Diskurses verschwindet tatsächlich und materialiter die Dominanz der Oberfläche, der Eindeutigkeit und die Dominanz der institutionellen Macht.

Das Bewußtseinsmäßige erscheint hier als unzulänglicher Erklärungsgrund, während die gesellschaftlichen Produktionsverhältnisse der Tiefenstruktur einer jeweiligen Diskursivität einsichtig werden. Dann befinde ich mich als Redender in einem Prozeß der Relativierung und Komplexitätszunahme. Solche Vorgänge weisen mir Ort und Stelle im Diskurs an und führen mich weg von der Empfindung einer ausschließlichen und ausschließenden Präsenz. *Zweite Gegenwart* entsteht nicht durch Verdrängung einer ersten, sondern durch den als befremdend, seltsam, unerklärlich und unerfreulich, zugleich aber wohltuend empfundenen Einbruch einer Einheit der Erfahrung von Vergangenem und Gegenwärtigem. Durch diese Einheitserfahrung wird der Zwang der Präsenz aufgehoben (Derrida, Kristeva), die binäre Struktur verschwindet und die epistemologische Einstellung verkompliziert sich wie in unendlich wiederholten Spiegelungen.

Aber von welchem Standpunkt aus wird diese Komplexität als komplexe gedacht und beurteilt? Es ist doch üblich, sie vom erkennenden oder Komplexität stiftenden Subjekt her zu denken.

Die Thematik der Referenz im Diskurs verdeutlicht jedoch daß Diskursivität nicht vom Subjekt ausgehen kann, weil Subjektivität – und mit ihr Referenz und Bedeutung – im Diskurs erst einen Ort finden und erst von dort aus zur Intersubjektivität aufgerufen werden kann. In dieser Betrachtungsweise und aufgrund einer solchen Erfahrung des Aufgerufenwerdens ist Referenz ein Zu-mir-kommen, ein Auf-mich-zukommen, ja, Erfahrung der Aufhebung des anfänglich eingenommenen Ortes der Subjektivität, Erfahrung von zweiter Gegenwart. Der philosophische Diskurs soll nun die Praxis dieser Aufhebung sein und daher einen Referenzbegriff kreieren, der Setzen und Aufheben zugleich im Griff behält. So schließt sich der Kreis. Wenn die derart erscheinende metaphysische Dimension sich erneut solchen Fragen zuwendet, dann gibt es damit eine Kritik der Metaphysik, die zugleich Ideologiekritik, nämlich jene des Sozialvertrags, ist. Es geht um den Vertrag, in dem ich mich immer schon befinde, bevor ich irgendwelche referentielle Aktivität entfalten kann. Zugleich ermöglicht mir das Phänomen der Referenz dann, diesen Vertrag nicht unbedacht weiterhin zu legitimieren, sondern ihn aufzuheben. Referenz im Diskurs kann Anlaß zu einer solchen Aufhebung sein. Die Praxis einer solchen Aufhebung ist weder in der sozialwissenschaftlichen Praxis, noch in der Linguistik oder Soziologie zu suchen. Aber sie bekundet sich in zartester Weise in einem späten Gedicht Hölderlins:

Der Mensch

Wenn aus sich lebt der Mensch und wenn sein Rest sich zeiget
So ist's, als wenn ein Tag sich Tagen unterscheidet,
Daß ausgezeichnet sich der Mensch zum Reste zeiget,
Von der Natur getrennt und unbeneidet.

Als wie allein ist er im andern weiten Leben,
Wo rings der Frühling grünt, der Sommer freundlich weilet,
Bis daß das Jahr im Herbst hinunter eilet,
Und immerdar die Wolken uns umschweben.

mit Untertänigkeit

d. 28sten Juli 1842 Scardanelli

Zweite Gegenwart bekundet sich hier auf ganze besondere Weise. Zunächst und vor allem ist dies ablesbar aus dem Spannungsverhältnis zwischen dem »aus sich leben« und dem »sich zeigen seines Restes«. Ein derartiges Zeigen ist nicht als Ergebnis der Innerlichkeit oder einer manifesten Bewußtseinsaktivität zu verstehen. Die traditionellen Kategorien von Innen und Außen, Subjekt und Welt, Ich und Anderem, Subjekt und Objekt der Referenz sind einem solchen Spannungsverhältnis unangemessen. Das »aus sich leben« ist ein Leben jenseits der Autarkie des Subjektiven. Es impliziert das Erscheinen und das Nicht-in-Erscheinungtreten der Subjektivität in einem. Darum ist die Idee der Innerlichkeit und eine zu spät ansetzende Ortsbestimmung des Ausgesagten hier unangemessen. Andererseits ist auch die der Germanistik unterlaufende psychopathologische Kennzeichnung jenes Vorganges noch zu sehr an die genannten traditionellen epistemologischen Kategorien, ja, an die im ersten Teil unserer Darlegungen erwähnten Voraussetzungen gebunden. In diesem Sinne interpretiert Peter Szondi: »...der künstliche, übergroße Abstand, den Hölderlin gegenüber der Außenwelt ebenso wie sich selbst und seiner Dichtung gegenüber zu schaffen bedacht war« als Hauptsymptom von Hölderlins Geisteskrankheit. Daher die »...sachliche Haltung des Handwerkers, der Vorschläge macht, wenn er eine Arbeit übernimmt, daher die Pseudonyme und die falschen Daten«.[5] Diese Bemerkung ist repräsentativ für die Art und Weise, wie die Literaturwissenschaft die Analyse der (Psycho-)Pathologie, d.h. eine wichtige Form des ausschließenden Redens, in sich aufnimmt. Hinzu kommt, daß sie jede Rede als pathologisch empfindet, die den Realitätsbezug aufbricht und verunsichert. Eben durch die Analytik der Referenz vergißt die Literaturwissenschaft, daß – wie Foucault es einmal ausdrückte – Literatur nicht das Sprechen ist, »das sich bis zum Brennpunkt der Darstellung sich selbst nähert«, sondern vielmehr jenes Sprechen sei, »das sich so weit wie möglich von sich selbst entfernt; und wenn es in diesem »Außer-sich-geraten« sein eigenes Sein enthüllt, so enthüllt diese plötzliche Klarheit eher eine Abweichung als ein Zurückkommen auf sich selbst... Das »Subjekt« der Literatur... wäre... die Leere, in dem es seinen Raum findet, wenn es sich in der Nacktheit des »ich spreche« aussagt.«[6] Die hier zum Ausdruck gebrachte topologische Struktur der Referenz, welche sich im »aus sich leben« und dem »sich zeigen seines Rests« artikuliert, ist also eine Erfahrung, die für die Diskursivitätsphilosophie durchaus genuin, für die traditionelle Literaturwissenschaft jedoch Abweichung, Dispersion und Sonderheit ist. Es ist die Erfahrung, nach welchem das Sich-aneignen des Eigenen zwar als Akt des Alltags betrachtet werden kann, nach welchem jedoch das *Freilassen* des Selbst aus diesem alltäglichen Besitz eine besondere Art der Referenz ist. Dann wird das in der naiven Alltäglichkeit Zusammengehörige – wie Tag und Tage sich aneinanderreihen – plötzlich unterschieden und differenziert. Es entsteht ein freier Raum im Raum, ein Ort in allen Örtlichkeiten. Somit ist es in ausgezeichneter Weise der Mensch, »der sich zum Reste zeiget«.

Dieser Rest ist der Mensch und er ist es doch nicht. Er ist es nicht durch Reflexion, sondern durch jenes was die jüdische Mystik, insbesondere Luria und seine Schule, *Kontraktion* nennt. Nach dieser Auffassung ist der erste Akt aller Akte Gottes nicht die Entäußerung und die Offenbarung, sondern der Akt der Verhüllung und der Einschränkung in sich selbst, um *in sich*, an eben diesem Ort, einen Raum zu schaffen, der jeder Offenbarung voranzugehen hat. Jede Seinstufe spiegelt somit die im Gedicht aufgezeigte Spannung zwischen Verhüllung und Offenbarung, zwischen Selbst und Rest.[7]

Das Sich-zum-Reste-Zeigen steht für Hölderlin unter dem Vorzeichen der Natur – die Natur ist für ihn das Umfassende, das Höchste, sie ist zugleich Zeit zwischen den Zeiten und Zwischenzeit der Götter. Unter diesen Vorzeichen sind Natur und Geschichte eins: zweite Gegenwart manifestiert sich hier historisch mit Hilfe der Jahreszeiten. Aber zunächst ist die Kontraktion und die menschliche Kultur als ihr Ergebnis von der Natur getrennt und unbeneidet. Unbeneidet ist diese Welt der Kultur wohl durch jene Wesen, die nicht den schmerzlichen Vorgang der Kontraktion in sich vollziehen mußten, um sich zu sich selbst zu verhalten. Sie brauchten den Preis dieser Verfremdung nicht zu zahlen, um Kreatur zu sein, wie Rilke's Achte *Duineser Elegie* schildert:

> »... denn schon das frühe Kind
> wenden wir um und zwingens, daß es rückwärts
> Gestaltung sehe...«

Die Zeit der Jahreszeiten zeigt sich hier als Zeit der Natur. In dem Allein-sein im andern weiten Leben jenseits dieser Natur zeigt sich hingegen die Zeit als Natur, dort ist sie nicht: Zeit des Andern. Das ist ihre Verfremdung. Darum verkörpert der Ablauf der Jahreszeiten für das absolute Kulturwesen ein es umkreisenden und es einkreisenden Ablauf. Das Gedicht, welches bezeichnenderweise den Titel »Der Mensch« trägt, benennt also in den ersten vier Zeilen die Natur als Kultur, in den zweiten vier Zeilen jedoch umgekehrt die Kultur als Natur. Die Gegenwart beider weist auf eine hier ungenannte Zeit: den Winter. Er wird nicht genannt: im Herbst eilt das Jahr vorbei – auf den Winter hin. Ist er verschwiegen wie der Tod und aufgehoben wie Moses auf dem Berg, als er sich durch Wolken für die Augen seines Volkes verhüllte? Vielleicht ist der ungenannte Winter wie der Berg ein unsichtbares Oben und erahntes Unten zugleich, das Bild der Kontraktion. Darum wäre er äußerste Verhüllung und Offenbarung zugleich. Zweite Gegenwart als Typik des referentiell-diskursiven Sprachverhaltens hebt die Macht der menschlichen Rede auf, indem die Rede ihren Raum einnimmt und sich nicht mit dem Erscheinen von Subjektivität identifiziert. Referenz ist, diskursiv betrachtet, eine Chance für den Redenden, der sich an Ort und Stelle im Diskurs befindet – mit Untertänigkeit.

Anmerkungen

1 J. W. Goethe: *Schriften zur Literatur*, 1. Teil, dtv Ges. Ausg. Bd. 31, 1962, S. 228f.; und: »Entoptische Farben/Wiederholte Spiegelungen«, in: *Geschichte der Farbenlehre*, 2. Teil, dtv Ges. Ausg. Bd. 42, 1963, S. 242f., *Dichtung und Wahrheit*, 3. Teil, dtv Ges. Ausg. Bd. 24, 1962, S. 142ff.

2 E. Tugendhat: »Das Sein und das Nichts«, in: *Durchblicke. Martin Heidegger zum 80. Geburtstag*. V. Klostermann, Frankfurt/M. 1970, S. 146ff.

3 F. Grant Johnson: *Referenz und Intersubjektivität*. Frankfurt/M. 1976, S. 48.

4 Goethe, *Dichtung und Wahrheit*, a.a.O., S. 166; »Wiederholte Spiegelungen«, a.a.O., S. 242f.

5 Peter Szondi: *Einführung in die literarische Hermeneutik*, Vorlesungen Bd. V, stw 124, Frankfurt/M., 1975, S. 197.

6 M. Foucault: »La pensée de dehors«, in: *Critique*, Juni 1966, dtsch.: *Schriften zur Literatur*, München 1974, S. 132.

7 G. Scholem: *Die jüdische Mystik in ihren Hauptströmungen*, Frankfurt/M. Berlin, 1957, S. 285ff.

Ilja Srubar

Die Ebene der Lebens-Welt im Aufbau der Marxschen Theorie

Konstruktion sozialer Lebens-Welten bei Marx (II)

I

Bei dem Versuch, die Konstruktion historischer Lebens-Welten bei Marx aufzuzeigen[1], sahen wir uns mit mehreren Ebenen konfrontiert, aus deren Verflechtung Marxens theoretisches Gebäude hervorgeht. Wir waren im Gange unserer Betrachtung gezwungen, zwischen der Darstellung einer allgemeinen Tendenz der Bewegung einer Gesellschaftsstruktur, der sich damit ergebenden Konsequenz für einzelne Lebensbereiche und schließlich der konkreten Modifikation dieser Lebensbereiche zu unterscheiden. Wir stellten dabei fest, daß sich aus der sozialen Bestimmung der Sinnlichkeit, dem System der Bedürfnisse und der Charaktermaske Konzepte ergeben, mit deren Hilfe Marx die Wirklichkeit, die den Individuen jeweils im Prozeß der gesellschaftlichen Reproduktion vorgegeben ist, als ihre Lebens-Welt konstruiert und so die drei oben genannten Ebenen verkoppelt. Es stellt sich nun die Frage nach einer genaueren Bestimmung der Rolle dieser lebens-weltlichen Wirklichkeit im theoretischen System von Marx. Hat die lebens-weltliche Wirklichkeit bei Marx eine theoriefundierende Funktion, die etwa mit ihrem phänomenologischen Pendant vergleichbar ist?

Um diese Frage zu beantworten, ist es erforderlich, die Ebene der lebensweltlichen Wirklichkeit im Marxschen Theorieaufbau genau zu lokalisieren. Dazu müssen wir uns zuerst fragen, welche Aufbaustufen im Marxschen Vorgehen überhaupt feststellbar sind. Sind jene, die wir oben schon en passant erwähnten, die einzigen, oder gibt es andere, die wir noch nicht thematisiert haben? In welchem Verhältnis stehen sie zueinander?

Müßten wir uns hier alle Antworten auf diese Fragen allein erarbeiten, so würde diese Aufgabe und deren Gewichtigkeit unser Problem sicherlich überschatten. Glücklicherweise aber können wir uns, abgesehen von Marxens eigenen Ausführungen, auf umfangreiche Studien von verschiedener Seite stützen und daher auf relativ gesichertes Wissen zurückgreifen, um so ungehindert unserem Anliegen nachzugehen.[2]

Ehe wir jedoch auf systematisierende Sekundärliteratur eingehen, seien einige Stellen bei Marx angeführt, die die Ausgangspunkte der Interpretation markieren. Die erste Differenzierung, die Marx bei der Beschreibung seines Vorgehens vornimmt, ist die bekannte Unterscheidung zwischen »Forschung« und »Darstellung«:

»Allerdings muß sich die Darstellungsweise formell von der Forschungsweise unterscheiden. Die Forschung hat den Stoff sich im Detail anzueignen, seine verschiedenen Entwicklungsformen zu analysieren und deren innres Band aufzuspüren. Erst nachdem diese Arbeit vollbracht, kann die wirkliche Bewegung entsprechend dargestellt werden. Gelingt dies und spiegelt sich nun das Leben des Stoffs ideell wider, so mag es aussehen, als habe man es mit einer Konstruktion a priori zu tun.«[3]

Weitere methodische Differenzierungen sind in Passagen aus den »Grundrissen« zu finden, wo Marx den Fortgang vom Abstrakten zum Konkreten beschreibt und die Beziehung der konkreten gedachten Totalität zu ihrer Wirklichkeitsbasis anspricht. Die folgende Stelle bietet so vielfältige Interpretationsmöglichkeiten, daß wir ein ausführliches Zitat nicht scheuen:

»Das Konkrete ist konkret, weil es die Zusammenfassung vieler Bestimmungen ist, also Einheit des Mannigfaltigen. Im Denken erscheint es daher als Prozeß der Zusammenfassung, als Resultat, nicht als Ausgangspunkt, obgleich es der wirkliche Ausgangspunkt und daher auch der Ausgangspunkt der Anschauung und Vorstellung ist. Im ersten Weg wurde die volle Vorstellung zu abstrakter Bestimmung verflüchtigt[4]; im zweiten führen die abstrakten Bestimmungen zur Reproduktion des Konkreten im Weg des Denkens. Hegel geriet daher auf die Illusion, das Reale als Resultat des sich in sich zusammenfassenden, in sich vertiefenden, und aus sich selbst bewegenden Denkens zu fassen, während die Methode vom Abstrakten zum Konkreten aufzusteigen, nur die Art des Denkens ist, sich das Konkrete anzueignen, es als ein geistig Konkretes zu reproduzieren. Keineswegs aber der Entstehungsprozeß des Konkreten selbst... Für das Bewußtsein daher – und das philosophische Bewußtsein ist so bestimmt –, dem das begreifende Denken der wirkliche Mensch und daher die begriffene Welt als solche erst das Wirkliche ist, – erscheint daher die Bewegung der Kategorien als der wirkliche Produktionsakt..., dessen Resultat die Welt ist; und dies ist... soweit richtig, als die konkrete Totalität als Gedankentotalität, als ein Gedankenkonkretum, in fact ein Produkt des Denkens, des Begreifens ist;

keineswegs des außer oder über der Anschauung oder Vorstellung denkenden und sich selbst gebärenden Begriffs, sondern der Verarbeitung von Anschauung und Vorstellung in Begriffe. Das Ganze, wie es im Kopfe als Gedankenganzes erscheint, ist ein Produkt des denkenden Kopfes, der sich die Welt in der ihm einzig möglichen Weise aneignet, einer Weise, die verschieden ist von der künstlerischen, religiösen, praktisch-geistigen Aneignung dieser Welt. Das reale Subjekt bleibt nach wie vor außerhalb des Kopfes in seiner Selbständigkeit bestehn; solange sich der Kopf nämlich nur spekulativ verhält, nur theoretisch. Auch bei der theoretischen Methode daher muß das Subjekt, die Gesellschaft, als Voraussetzung stets der Vorstellung vorschweben.«[5]

Konzentriert man sich auf dieses methodologische Modell, so kann man feststellen, daß hier drei Ebenen unterschieden werden: die Ebene der Erscheinungen, d. h. jene des anschaulich gegebenen Stoffes (I), weiter jene der begrifflichen Verarbeitung dieses Stoffes, also die Aufspürung des »inneren Bandes« (II), und letztlich die Ebene der eigentlichen Theorie, d. h. jene der Darstellung der wirklichen wesentlichen Bewegung (III), aus der die Fülle der Erscheinungen resultiert, dargestellt in Begriffen der Ebene II. Denn Marx geht ja bekanntlich davon aus, daß alle Wissenschaft überflüssig wäre, »wenn die Erscheinungsform und das Wesen der Dinge unmittelbar zusammenfielen...«[6]. Diese drei Schritte – Analyse des empirischen Materials, Finden (oder Nicht-finden) eines inneren Zusammenhangs, Aufstellen einer Theorie – sind für sich betrachtet ein gängiges Modell der wissenschaftlichen Praxis. Interessanter wird es aber, wenn man die nähere Bestimmung der jeweiligen Ebenen und ihre gegenseitigen Beziehungen untersucht.

So ist Ebene I (also die des empirischen Stoffes in der Anschauung), auch als wirklicher Ausgangspunkt der Analyse, nicht durch das Merkmal des Konkreten gekennzeichnet, sondern vielmehr durch ein in sich unbestimmtes Abstraktes. Nimmt man dieses Abstrakte als das Konkrete, von dem auszugehen ist, so führt dies zu keiner näheren inhaltlichen Bestimmung der Erscheinungsebene, sondern zu einer zunehmenden Verflüchtigung derselben. Konkret ist erst die geistig-reproduzierende Totalität, also die geistige Reproduktion des Seienden (der Ebene I), das damit an Wirklichkeit jedoch nichts einbüßt. Den Prozeß dieser Reproduktion umschreibt Marx als das Aufsteigen vom Abstrakten zum Konkreten, was in hegelianische Optik wohl zu entziffern ist als das Aufsteigen vom Unbestimmten (Ebene I) zum Bestimmten (Ebene III). Demzufolge kann die Erscheinungsebene erst konkret werden, wenn sie durch die Theorie (Ebene III) interpretiert ist. Diese Theorie gilt es aber erst zu konstruieren, und dazu ist es notwendig, das innere Band aufzuspüren, wie Marx sagt.

Die Frage stellt sich nun, wie ein solches Band in einer Fülle abstrakter und unbestimmter Erscheinungen gefunden werden kann. Kann dieses Rätsel etwa gelöst werden, indem man nach dem Grunde der Abstraktheit der Erscheinungsebene fragt und diesen in der praktischen Abstraktheit der sozialen Beziehungen einer Gesellschaftsformation sucht? Diesen Weg legt das Kapitel über die Ware[7] nahe mit seiner Intention, die Ware – die Zelle des kapitalistischen Gesellschaftsgewebes – als Träger dieser Abstraktion zu bestimmen, von dessen Analyse daher auszugehen wäre. Die lebens-weltlich praktizierte Abstraktheit würde in diesem Sinne jene unbestimmte Abstraktheit der Erscheinungsebene aufheben, indem sie ihre strukturellen Träger erkennen läßt und damit die anfängliche Unstrukturiertheit der letzteren (d.h. der Erscheinungsebene als Forschungsobjekt) durchbricht.

So verlockend es wäre, die Überlegungen zur Rolle der Lebenswelt-Ebene hier anzusiedeln, so sehr gilt es doch, die Gefahr voreiliger Schlüsse zu vermeiden. Denn erstens ist diese praktizierte Abstraktheit der Erscheinungsebene als soziales Phänomen für Marx nur in der kapitalistischen Gesellschaft signifikant, obwohl er gleichzeitig ganz allgemein vom abstrakten, nämlich unbestimmten Stoff der Anschauung spricht. Zweitens ist leicht zu ersehen, daß die aus den »Grundrissen« zitierte Passage sich auf die Forschungsmethode bezieht, während das Warenkapitel das klassische Exempel der Marxschen Darstellungsweise bietet.[8] Solche Unklarheiten zeigen an, daß die Suche nach Bezugspunkten, die es erlauben würden, eine Lokalisierung *der* Lebens-Welt-Ebene im Marxschen System vorzunehmen, keineswegs schon hier eingestellt werden kann. Es bedarf also einer weiteren Durchleuchtung des Marxschen Verfahrens. Deshalb empfiehlt es sich, auf Untersuchungen zurückzugreifen, die das Marxsche methodische Vorgehen selbst thematisieren. Wir wollen also Studien miteinander vergleichen, deren Autoren besonders systematisch vorgehen und die zudem verschiedener Provenienz sind. Es handelt sich um die Arbeiten von Althusser[9], Zelený[10] und von Eberle und Henning[11].

II

Beginnen wir mit Althussers strukturalistischem Systematisierungsversuch. Diese Studie thematisiert eine weitere Ebene des Marxschen Vorgehens, die aus den aufgeführten Marx-Zitaten nicht ohne weiteres abgelesen werden kann, deren Relevanz aber sofort einleuchtet, bedenkt man, daß »Das Kapital« als Kritik der politischen Ökonomie geschrieben wurde. Es ist dies die Ebene der ›bürgerlichen‹ Theorien, wie Marx sie vorgefunden hat, und die neben dem realen Forschungsprojekt der Erscheinungsebene einen gleicherweise bedeutsamen Ausgangspunkt der Analyse darstellen. Althusser setzt in seinem Versuch, Marxens theoretische Praxis zu beschreiben, gerade an dieser Ebene an. Die Wissenschaft, so sagt er, geht immer von der Erfassung eines Universellen aus (wir neigen dazu, dieses Universelle als Totalität zu verstehen). Daraus resultiert die Allgemeinheit ihrer Begriffe. Im Prozeß der wissenschaftlichen Praxis seien dann drei qualitativ verschiedene Stufen der Allgemeinheit auszumachen[12]: Die »Allgemeinheit I« besteht aus schon bestehenden Begriffen und Vorstellungen, die »vorgängiger, ideologischer Natur« sind (S. 125). Sie stellt die Grundmaterie dar, an der die Wissenschaft arbeitet.

Die »Allgemeinheit III«, die neue Theorie also, verkörpert die konkrete Allgemeinheit, jene Erkenntnis also, die als Resultat der begrifflichen Verarbeitung der »Allgemeinheit I« durch die wissenschaftliche Praxis gewonnen wurde.

Die »Allgemeinheit II« ist dann der eigentliche Prozeß der wissenschaftlichen Praxis, der seine Basis hat in den gängigen Theorien.

Resümierend kann man also sagen, »daß die theoretische Praxis durch die Arbeit der Allgemeinheit II an der Allgemeinheit I die Allgemeinheit III produziert« (S. 127).

Althusser appliziert dieses Schema auf Marx; dabei geht er vorwiegend aus von der oben zitierten Passage aus den »Grundrissen«. Die dort beschriebenen Ebenen des methodologischen Vorgehens interpretiert er im Sinne der drei Allgemeinheitsstufen der wissenschaftlichen Praxis. Bezogen auf das Problem des Zusammenhangs von Forschung und Darstellung ergibt sich somit in der Tat eine Art Lösung. Welches sind nämlich die Folgen dieser Deutung? Während Allgemeinheit II und III übereinstimmen mit der von Marx umrissenen Bestimmung der zweiten und dritten Ebene, erfolgt bei der Deutung von Ebene I, d. h. der Grundmaterie der wissenschaftlichen Praxis, in den Termini der Allgemeinheit I eine folgenreiche Verschiebung: Die Erscheinungsebene des Stoffes in der Anschauung wird durch die Ebene der »vorgängigen, ideologischen Begriffe« ersetzt. Dadurch wird das Problem der Abstraktheit der Ebene I in origineller Weise aufgehoben.

Jene Begriffe, die inadäquat verallgemeinern, sind in bezug auf ihren Gegenstand tatsächlich nur »Abstraktionen«, während solche, die die »reale Bewegung« ihres Gegenstandes geistig reproduzieren, in ihrer Allgemeinheit konkretisierend sind, im Gegensatz zu den ersteren also eine geistige konkrete Totalität ausdrücken. Althusser unterscheidet selbstverständlich zwischen dem Konkret-Wirklichen und dem Konkret-Gedanklichen. Um aber das Problem der Abstraktheit auf der Ebene I auf seine Weise lösen zu können, ist er gezwungen, das Verhältnis zwischen der Erkenntnis (dem Geistig-Konkreten) und ihrem Gegenstand (dem Wirklich-Konkreten) für unproblematisch zu erklären. Als unproblematisch gilt dieses Verständnis deshalb, weil die wissenschaftliche Praxis ständig damit zu tun hat und damit fertig wird (S. 128). Mit dieser pragmatischen Annahme, das Wirkliche gehe unproblematisch in der Erkenntnis auf, wird aber auch der Widerspruch zwischen Marxens Bestimmung der Ausgangsebene als dem wirklich Realen und ihrer Althusserschen Deutung beseitigt.

Wenn Althusser sich, nachdem er methodologische Schwierigkeiten auf diese Weise wegdefiniert hat, gegen Interpretationen wendet, die die Realität wissenschaftlicher Resultate mißachten, den Unterschied von theoretisch Abstraktem und theoretisch Konkretem verkennen und von der Differenz zwischen Sein (konkret) und Denken (abstrakt) her argumentieren, so kämpft er an der falschen Front. Das Problem, das sich ergibt, wenn man Marxens Ausführungen zur Methode folgt, besteht nicht darin, daß dort kein Unterschied zwischen Denken und Sein gemacht wird. Dies zeigen schon die zitierten Stellen aus den »Grundrissen«. Das Problem ist nach wie vor, wie die Abstraktheit des Seienden durchbrochen werden kann, damit die Konkretheit des Denkens erreicht wird. Dies Problem kann nicht gelöst werden durch eine Umdeutung der Grundmaterie der theoretischen Praxis, auch dann nicht, wenn man die wirklich-konkrete Ebene I als eine immer schon strukturierte, komplexe Einheit ausgibt (S. 143-4). Natürlich ist eine solche generelle Annahme prinzipiell zulässig.[13]

Genauer besehen ist sie allerdings problematisch: Die Strukturiertheit der Erscheinungsebene wird in der Darstellung erst ex post deutlich, d. h. erst nachdem das Strukturierende – ›die reale Bewegung‹ – klar herausgearbeitet ist, also erst in der Rekonstruktion. Ob und in welcher Form sich diese Annahme auch auf die Forschungsweise auswirkt, bleibt dabei unklar.[14]

Obwohl uns Althusser keine genaue Vorstellung von dem Verhältnis von Darstellung und Forschung bei Marx vermitteln kann, führt er uns vielleicht dennoch nahe an das wirkliche Arbeitsvorgehen Marxens heran: Als Marx erkannt hatte, daß die politische Ökonomie das Mittel sei, die Abstraktheit der Erscheinungsebene von Gesellschaften zu durchbrechen, fand er diese Wissenschaft in einem Stadium vor, wo alle von ihm aufgenommenen Begriffe schon geprägt und fest umrissen waren. Es fehlte nur die Spezifizierung ihres Gehaltes, und diese konnte sich erst aus einer tieferen Erkenntnis des gesellschaftlichen Zusammenhangs ergeben, welche dann eine universalistische Klärung der Erscheinungsoberfläche ermöglichte. Die empirische Fülle des Materials ist also nicht die ausschließliche Ausgangsbasis der Analyse, da sie schon in begrifflichen Mustern vorsystematisiert war, wenn auch nicht widerspruchslos und restlos; denn der entscheidende Einschnitt war damals auf der Erscheinungsebene noch nicht erfolgt. Marxens wissenschaftliche Praxis ging also nicht einfach von einer Erscheinungsfülle aus, sondern er konnte in mancher Hinsicht an sehr subtile theoretische Vorarbeiten anknüpfen.

So sehr Althusser das Verdienst zukommt, auf diesen Umstand hingewiesen und ihn systematisch ausgeführt zu haben, kann man sich trotzdem des Gefühls nicht erwehren, daß hier das Problem vereinfacht ist. Althussers Fehler scheint darin zu liegen, daß er, teils durch die Eleganz seiner Lösung abgelenkt, teils durch ihre immanente Logik gezwungen, Marxens Beziehung zur Erscheinungsebene im Sinne der vorgegebenen Wirklichkeit gänzlich ausblendet. Er negiert diese Wirklichkeit zwar nicht, er zeigt sie ja als Pol des Erkenntnisverhältnisses auf. Aber weil sie für ihn nur bedeutsam ist als Kulisse ihrer theoretischen Klärung und ansonsten zum ideologischen »gelebten Verhältnis zur Welt« verklärt wird (S. 184), steht auch die Aussage über ihre immer schon gegebene Vorstrukturiertheit unbegründet im Raume. Über das Verhältnis der Wirklichkeit zur theoretischen Praxis und zur Art und Weise, wie diese in jener aufgehen kann, erfahren wir nur wenig.

III

Im Gegensatz zu Althusser geht Zelený diese Probleme direkter an. Er versucht nämlich den eigentlichen Prozeß der wissenschaftlichen Praxis, den er Ableitung nennt, genauer einzukreisen. Auch er hält sich an die Dreiteilung des methodischen Vorgehens, wie wir sie bei Marx kennenlernten, wobei er die Relevanz der Vortheorien nicht übersieht. Er schreibt: »Die Analyse von Marx bewegt sich gleichzeitig auf zwei Ebenen, auf der Ebene der theoretischen Entwicklung (zuweilen spricht Marx von »logischer Entwicklung«) und auf der Ebene der wirklichen historischen Bewegung. Jedoch ist die Bewegung auf der Ebene der theoretischen Entwicklung abgeleitet, ist in gewisser Hinsicht ebenfalls Bewegung der wirklichen Geschichte...«.[15]

Dies ist aber nicht im Sinne einer ontologischen Identität gemeint, sondern die theoretische Ebene »spiegelt das Leben des Stoffes wider«, wie Zelený mit Marx bemerkt (S. 59). Die Form, in der Marx die Erkenntnisse auf der theoretischen Ebene organisiert, ist jene des Begriffs: »Der ›Begriff‹ ist nach Marx die gedankliche Reproduktion der inneren Gliederung, der inneren Struktur eines Gegenstandes, und zwar dieser inneren Struktur in ihrer Entwicklung, in ihrer Entstehung, in Existenz und Untergang.« Er ist kurz »die gedankliche Widerspiegelung des Gegenstandes in seinem strukturell-genetischen Wesen« (S. 62). In dieser Form verkörpert der Begriff eine typische und idealisierte gedankliche Organisation seines Gegenstandes samt dessen Genesis (S. 59).

Abgesehen von dem Prozeß der Ableitung (worauf wir später eingehen werden), der die beiden erwähnten Ebenen verbindet und der für die Ebene II kennzeichnend ist, ergibt sich, bedenkt man die im »Kapital« vorliegende Darstellungsweise, ein ständiges »Oszillieren« (S. 59) zwischen beiden Ebenen. Dieses »Oszillieren« kann als Schlüsselbegriff für unsere Fragestellung betrachtet werden. Damit werden nämlich drei Sachverhalte angesprochen:

1. daß die sinnliche konkrete Wirklichkeit eines der fundierenden Momente von Marxens wissenschaftlicher Praxis ist, und zwar in ihrer originären Form und nicht nur in ihrer begrifflichen Verarbeitung durch die Vortheorien;
2. daß die Analyse nicht *immer* durch den Bezug auf die konkrete Wirklichkeit weitergetrieben wird, sondern daß sie auch durch

eine innere Logik der theoretischen Konstrukte, durch Begriffe also, in Bewegung gehalten werden kann;
3. daß es schließlich ein erkennbares Modell geben muß, nach welchem die Vermittlung zwischen der konkret sinnlichen historischen Wirklichkeit und der Theorieentwicklung bei Marx erfolgt.

Wir wollen nun den erstgenannten Zusammenhang verfolgen, um die Ebene I näher bestimmen zu können. Es geht darum herauszufinden, wie Zelený die Frage nach den Modi beantwortet, in denen die sinnliche Wirklichkeit im Marxschen System auftritt. Er teilt diese Modi in zwei Gruppen ein (S. 60):
a) Beispiele und Illustrationen, »die die theoretische Entwicklung veranschaulichen«;
b) historische Ereignisse und Tatsachen, die »selbst keine Verdeutlichung zur theoretischen Entwicklung sind, sondern die in die Marxsche Analyse bewußt in der Form konstatierter theoretisch unableitbarer, historischer gegebener Voraussetzungen eingeführt werden und dann der Ausgangspunkt weiterer theoretischer Entwicklung sind...«

Welches Verhältnis besteht nun zwischen der so spezifizierten Ebene I und der Ebene II, d. h. jener der theoretischen Ableitung, also der Theoriebildung im Sinne Althussers? Zelený weist hin auf drei Bedingungen, die nach Marx unabdingbar sind für die Rechtmäßigkeit des Ableitungsprozesses. Alle drei nehmen Bezug auf die Ebene I. Es sind (siehe S. 92-3):
a) gründliche empirische Kenntnisse des Stoffs;
b) ein Wissen um die historischen Grenzen der theoretischen Darlegung, d. h. um die faktische historische Wirklichkeit, sofern sie als konstatierte, nicht ableitbare Voraussetzung, in die Analyse eingeht;
c) ein bestimmter Reifegrad der Wirklichkeit und das Vorhandensein vorhergehender Untersuchungen dieses sich entwickelnden Ganzen, die »ein bestimmtes gedankliches Material angehäuft haben«.

Die systematische Berücksichtigung dieser Bedingungen ist die Basis für die Umstülpung der Hegelschen Dialektik, welche aus der materialistischen Modifikation des Begriffskonzepts resultierte. Damit eröffnete sich der Weg zur Analyse der realen Bewegung der gesellschaftlichen Struktur, die in den ökonomischen Vortheorien verschlüsselt bereitlag.[16]

Zweifellos ist Zelenýs Analyse komplexer und vielseitiger als Althussers Modell. Dies nicht nur, weil im obigen Punkt (c) das strukturalistische Argument mitenthalten ist. Vor allem schildert Zelený den Prozeß der Theoriebildung einleuchtend als Konstruktion von Typen, die sich auf konkrete historische Bedingungen stützt und die Wesensstruktur ihres Gegenstandes in genetischer Perspektive darstellt. Stellt man nun erneut die Frage, wie die abstrakte Unbestimmtheit der Erscheinungsebene durchbrochen wird, so sieht man, daß im Rahmen von Zelenýs Konzeption das Argument der Selbststrukturierung der Erscheinungsebene nicht auf dieselbe Weise wie bei Althusser eliminiert wird. Da sich die Ableitung gleichzeitig auf den Gegenstand wie auf die Vortheorien bezieht, wird die (eigentlich strukturalistische) These der Selbststrukturierung der Erscheinungsebene im Zuge des Reifens der Struktur des Ganzen plausibel.

Ein Problem bleibt aber dennoch: die relative Unklarheit nämlich über den Fortgang der Typenkonstruktion selbst. Ist dieser Fortgang mit jenem Prozeß gleichzusetzen, den Marx als das Aufsteigen vom Abstrakten zum Konkreten bestimmt, so muß er als Prozeß der zunehmenden Bestimmung eines Gegenstandes in gedanklicher Abstraktion betrachtet werden. Zelený beschreibt zwar die Marxschen Anknüpfungspunkte bei Hegel und den klassischen Ökonomen samt ihrer Modifikation. Er zeigt dies aber immer schon im Hinblick auf das begriffliche Konzept selbst, im Hinblick also auf das Resultat des Ableitungsprozesses. Es ist jedoch denkbar, daß der Konkretisierungsprozeß in der gedanklichen Reproduktion stufenweise vor sich geht. Deshalb stellt sich die Frage, ob bei Marx solche Stufen auszumachen sind, die eine verfeinerte Beschreibung der Theoriebildung ermöglichen würden.

IV

Hinweise auf eine Antwort lassen sich in der Untersuchung von Eberle und Henning[17] finden. Dort wird die Differenz zwischen Darstellungs- und Forschungsweise systematisch berücksichtigt (S. 68). Im Rahmen dieses Versuchs, das Verhältnis von Forschung und Darstellung bei Marx zu bestimmen, bemerken die Autoren zwar, daß es der dunklen Quellenlage wegen unmöglich sei, eine Systematik von Marxens Umgang mit empirischen Daten im Forschungsgang selbst aufzuzeigen. Sie gehen jedoch davon aus, daß die Darstellungsmethode, wie sie im »Kapital« und den Vorarbeiten zu finden ist, nicht nur eine systematisierende und vermittelnde Funktion hat, sondern daß Marxens Darstellung auch Motiven einer ursächlichen Beweisführung folgt. Daher soll systematisch und in Form eines Beweises der Zusammenhang zwischen dem, was wir im Anschluß an Zelený einen »Wesenstypus« nennen, und der Erscheinungsebene aufgezeigt werden (S. 47). Zugleich soll aufgezeigt werden, wie die Erscheinungsebene bestimmt wird. Den Stufen dieses Bestimmungsprozesses im abstrakten Denken, wie sie in der Darstellung faßbar sind, gilt die besondere Aufmerksamkeit der Autoren (S. 72). Sie verfolgen, ähnlich wie die früher erwähnten Arbeiten, den in der Einleitung zu den »Grundrissen« skizzierten Verlauf der gedanklichen Bewegung vom Abstrakten zum Konkreten in seinen drei Phasen (S. 85):

a) das ›Penetrieren‹ der Erscheinungsebene durch ihre anfängliche Systematisierung;
b) die Entwicklung der Wesenslogik der realen Bewegung der Gesellschaftsstruktur, die Entwicklung des Wesenstypus also;
c) die Rekonstruktion der Erscheinungsebene anhand der wesenstypischen Logik, d. h. das Aufheben der Abstraktion und die Produktion der konkreten Totalität.

Auch hier versuchen die Autoren in einem ersten Schritt zu begreifen, in welchem Sinne Marx auf die Erscheinungsebene Bezug nimmt. Drei Bezugsweisen werden hier unterschieden (S. 70):

a) »beliebige Beispiele«;
b) Belegstellen, die der »geschichtlichen Probe« dienen;
c) Belegstellen, die darüber hinaus theoretische Aussagen illustrieren, indem sie die historische Genesis ihres Gegenstandes beschreiben.

Wie werden nun diese heterogenen Elemente der Erscheinungsebene in die Systematik einbezogen? Wie gelingt der eigentliche Übergang vom Phänomen zur Wesensbestimmung? Die Autoren unterscheiden im Verlauf der bestimmenden Abstraktion zwei Stufen. Auf der ersten Stufe finden sie die »einfachen Begriffe«, die der »Strukturierung und Interpretation der Forschungsergebnisse über konkrete gesellschaftliche Erscheinungen« dienen (S. 78); auf der zweiten Stufe Aussagen über die »unbewußte Logik der Geschichte« (ebd.). Die »einfachen Begriffe« spielen für diese wesenstypischen Aussagen über die reale Bewegung der Gesellschaftsstruktur eine vermittelnde Rolle, indem sie Wesenstypen und Erscheinungsebene aneinanderkoppeln (S. 80-1). Der Verlauf der gedanklichen Reproduktion der konkreten Totalität kann demgemäß schematisch wohl folgendermaßen dargestellt werden (vgl. S. 85):

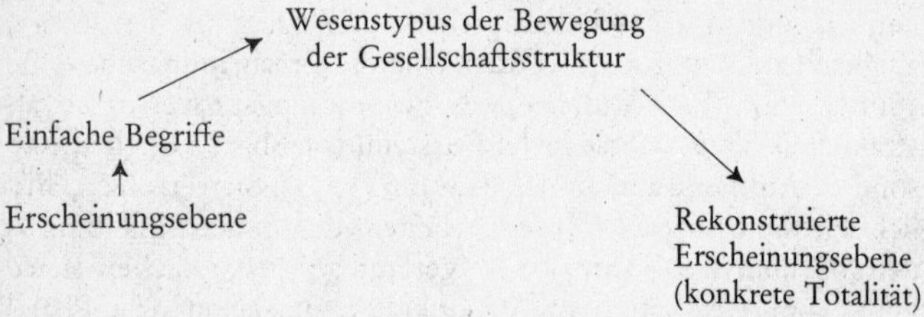

Schwierigkeiten tauchen allerdings dort auf, wo Eberle und Henning versuchen, die »einfachen Begriffe« zu lokalisieren. Sie gehen von der Analyse von Textstellen aus[18], die einen solchen Vorgang mehr vermuten lassen, als daß sie ihn explizit vorführen. Die Autoren arbeiten vielmehr zu diesem Zwecke kontextuelle Hinweise auf Begriffe minderer Komplexität heraus. Würde man die entsprechenden Stellen wörtlich nehmen, dann würden sich ›Ware‹ und ›Klasse‹ als »einfache Begriffe« herausstellen. Wir wollen diesen Hinweis aufnehmen und überprüfen.

Der Begriff ›Ware‹ könnte durchaus ein solcher Vermittlungsbegriff sein, denn Marx verwendet diesen Begriff tatsächlich, um die Erscheinungsebene zu durchdringen und eine Basis für die Behandlung von Wesenstypen zu gewinnen. Der Begriff ›Klasse‹ vermittelt zwar – gemäß der Einleitung zu den »Grundrissen«[19] – die Bevölkerung im allgemeinen mit dem Wesenstypus der Gesellschaftsstruktur, doch handelt es sich hier um eine Vermittlung in umgekehrter Richtung. Die Konkretheit des Klassenbegriffs ist völlig unabhängig vom Wesenstypus der Gesellschaftsstruktur[20]. Während nämlich die Ware als etwas Produziertes im Geflecht der gesellschaftlichen Beziehungen auf ihre Genese – die Arbeit und deren gesellschaftliche Organisation –, also konkretisierend auf Strukturelles hinweist, hat der Klassenbegriff keine bestimmende Kraft, solange er nicht mit einem Wesenstypus der Gesellschaftsstruktur gekoppelt und so durch differenzierende Merkmale ergänzt ist. Der Klassenbegriff scheint also, im Sinne der beiden Autoren, ein einfacher Begriff zu sein, dessen vermittelnde Rolle erst auf der rekonstruierenden »Rückreise«[21] vom Wesenstypus zur konkreten Totalität zur Geltung kommt, während der Warenbegriff als Beispiel für die Vermittlung zwischen Erscheinungsebene und Wesenstypus im aufsteigenden Sinne dienen könnte. Demnach müßte die obige Darstellung des Marxschen Vorgehens ergänzt werden:

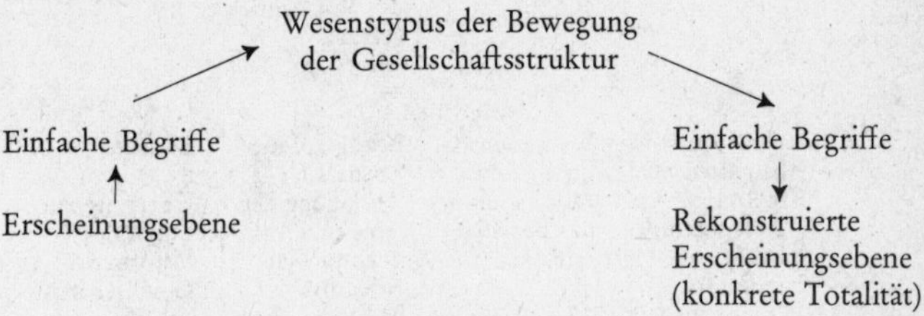

Die Autoren unterscheiden im Prozeß der bestimmenden Abstraktion (man könnte auch sagen: Ableitung, theoretische Praxis, Rekonstruktion etc.) eine Zwischenstufe, die sowohl im Sinne des Theorieaufbaus als auch im Sinne der Rekonstruktion der Erscheinungsebene zwischen dem Wesenstypus und der vorgegebenen Wirklichkeit vermittelt, wobei dahingestellt bleibt – und eher unwahrscheinlich ist –, ob ein und derselbe Begriff in beiden Fällen Verwendung finden könnte.

V

Wir wollen nun die Ergebnisse der behandelten drei Studien zusammenfassen und einige Konsequenzen aufzeigen, die sich für das weitere Vorgehen ergeben. Folgende Schemata können uns dabei behilflich sein (siehe Schema 1, S. 108 u. Schema 2, S. 109). Wie ersichtlich modifizieren alle drei Autoren das Marxsche Dreiebenenmodell. Ihr gemeinsames Resultat läßt sich darin erblicken, daß bei allen die den Individuen vorgegebene Wirklichkeit, also die lebens-weltliche Ebene, im Rahmen von Marxens Vorgehen in einem doppelten Sinne auftaucht: einmal als die von der Wissenschaft unbestimmte Erscheinungsebene, das andere Mal

Schema 1: Ebenen des theoretischen Vorgehens

Stufen des Vorgehens	Marx' Bestimmungen	Althussers Deutung	Zelenýs Deutung	Eberles und Hennings Deutung
I	Erscheinungs ebene (abstrakt)	Vortheorien	Erscheinungsebene	Erscheinungsebene
			Ableitung: Modifikation der Vortheorien (Hegel, Ricardo) +	
II	Aufsteigen vom Abstrakten zum Konkreten (»Aufspüren des inneren Bandes«)	Wissenschaftliche Praxis, Modifizierung des Begriffsrahmens	Bezug auf die Ebene I als Bedingung der Ableitung: a) empirische Kenntnis b) historische Begrenztheit der Geltung von Kategorien c) historische Bedingtheit der Aufstellbarkeit von Theorien	Einfache Begriffe + Übergang zur Logik des historischen Gesellschaftsablaufs (Wesenstypus)
			Oszillation	
III konkrete Totalität	Darstellung der wirklichen Bewegung der Gesellschaftsstruktur + Rekonstruktion der Erscheinungsebene (»Rückreise«)	Neue Theorie	Begriff (Wesenstypus – Reproduktion der Struktur und der Genesis des Gegenstandes)	Wesenstypus + Einfache Begriffe – Rekonstruktion der Erscheinungsebene, konkrete Totalität

als deren geistige Rekonstruktion, d. h. als Bestandteil der konkreten Totalität. Zwischen diesen beiden Formen vollzieht sich der komplizierte Rekonstruktionsprozeß, dessen wichtigste Phase wiederum jene der Konstruktion von Wesenstypen ist, als dem Ausdruck der Bewegung der gesellschaftlichen Struktur. Was den Verlauf dieses Prozesses angeht, bestehen dann aber erhebliche Divergenzen. Dieser Prozeß läßt sich nämlich in einem doppelten

Schema 2: Aussagen über die Funktion der Elemente der Erscheinungsebene

bei Zelený	Eberle und Henning
a) Illustration	a) Illustrationen im Text (»bloße« Beispiele)
b) Unabdingbare Voraussetzung der Ableitung	b) Historische Proben
	c) Illustrationen durch historische Darstellung der Entwicklung des Gegenstandes

Zusammenhang betrachten: erstens in seiner Bindung an die Erscheinungsebene, zweitens in seinem Verhältnis zur rekonstruierten Form derselben, nämlich der konkreten Totalität. Die expliziten und vor allem die impliziten Weisen der Marxschen Bezugnahme auf die den Individuen vorgegebene Wirklichkeit sind also zu unterscheiden im Hinblick darauf, ob sie sich auf diese Wirklichkeit in ihrer unbestimmten Erscheinungsform richten oder mit ihrer rekonstruierten Form im Zusammenhang stehen. Die erste Art von Bezugnahme nennt Zelený[22] die unableitbaren Bedingungen der Ableitung, die zweite umfaßt Illustrationen, Beispiele und ›historische Proben‹, wie Zelený, Eberle und Henning übereinstimmend feststellen.

VI

Unsere Aufgabe ist es nunmehr, die Ebene der Lebens-Welt in diesem komplizierten Gefüge zu lokalisieren. Dies erfordert die Einführung einer weiteren spezifizierenden Bestimmung, die das Vorgegebensein einer Wirklichkeit betrifft und die wir mit dem Terminus *Bedeutsamkeit* umschreiben wollen. Mit Bedeutsamkeit ist ganz allgemein die sinnhafte Beziehung der Individuen zur sie umgebenden sozialen Lebenswelt gemeint, einer Wirklichkeit, in die die Individuen eingebettet sind. In Marxens wissenschaftlichem Vorgehen läßt sich unseres Erachtens Bedeutsamkeit in einem doppelten Sinne ausmachen:

a) in einer *wissenschaftstheoretischen* Perspektive, wo sie als der vom Wissenschaftler angestrebte strukturell-genetische Zusammenhang der Momente eines abstrakten, d. h. in sich unbestimmten Gegenstandes erscheint;

b) in einer *gesellschaftstheoretischen* Perspektive, wo sie selbst in all ihren Formen als gesellschaftliches Phänomen zum Objekt der Erklärung wird.

Die Wechselbeziehung dieser Perspektiven, so könnte die These lauten, hält das Marxsche System zusammen.

Mit dieser doppelten Differenzierung haben wir ein Raster gewonnen, mit dem sich gewisse Knotenpunkte der Marxschen Bezugsnahme auf die vorgegebene Wirklichkeit fixieren lassen. Sie können uns als Ausgangspunkt bei der Lokalisierung der Ebene der Lebens-Welt dienen. Schematisch lassen sie sich in einer Vierfeldertabelle festhalten (siehe Tab. S. 111).

Auch wenn der Wert solcher Versuche, »die Dialektik aufzuzeichnen«, sehr beschränkt ist, so wird durch diese optische Differenzierung etwas deutlich, was sonst vermengt, verborgen oder unausgesprochen bleibt. Es zeigt sich nämlich, daß der Erscheinungsebene abstrakte Unbestimmtheit und somit mangelhafte Relevanz in bezug auf eine wissenschaftlich adäquate Erfassung – also eine mangelhafte theoretische Bedeutsamkeit – nur in der wissenschaftstheoretischen Perspektive anhaftet: nur dort also, wo die Aneignung der Welt in einer theoretisch-wissenschaftlichen Weise stattfindet, die im Gegensatz zu allen anderen steht.[23] In gesellschaftstheoretischer Perspektive ist die Erscheinungsebene dagegen immer eine historisch-spezifische und beinhaltet somit immer ein Moment der geistig-praktischen Aneignung.[24] Im Fetischismus-Abschnitt des Warenkapitels läßt sich verfolgen, daß die Struktur der Situationen, in denen praktisches Handeln sich vollzieht, selbst dann nicht ungreifbar zu sein braucht, wenn die geistig-praktische Aneignung den Charakter einer praktizierten Abstraktheit trägt. Die Abstraktheit bezieht sich hier, im Rahmen der zwei aufgezeigten Perspektiven betrachtet, auf zweierlei:

Sie ist zuerst ein Resultat des praktischen Ablaufs sozialer Beziehungen. »Die Menschen beziehen also ihre Produkte nicht aufeinander als Werte, weil diese Sachen ihnen als bloß sachliche Hüllen gleichartig menschlicher Arbeit gelten. Umgekehrt. Indem sie ihre verschiedenartigen Produkte einander im Austausch als Werte gleichsetzen, setzen sie ihre verschiedenen Arbeiten einander als menschliche Arbeit gleich. Sie wissen das nicht, aber sie tun es.«[25]

Bezug auf die vorgegebene Wirklichkeit:

	Erscheinungsform	*Rekonstruktionsform*	
wissenschaftstheoretische Perspektive	als Gegenstand der Forschung abstrakt, weil in sich unbestimmt;	Bestimmung der Erscheinungsebene durch das Modell »Wesen-Erscheinung«	Produktion der wissenschaftlichen Bedeutsamkeit
	keine Bedeutsamkeit;		
Vermittlung: historische Bedingtheit der Transparenz	Aussagen, die sich auf die Abstraktheit des Wirklichen beziehen.		Vermittlung: Reproduktion
	praktizierte Abstraktheit – entfremdete Bedeutsamkeit;	Bestimmung der Erscheinungsebene durch das Modell	
gesellschaftstheoretische Perspektive	Aussagen, die sich auf die historische Bedingtheit des Forschungsgegenstandes beziehen.	»Wesen-Praxis«	Rekonstruktion lebens-weltlicher Bedeutsamkeit

Das gesellschaftliche Phänomen der verallgemeinerten, vergesellschafteten und abstrakten Arbeit, die dem Wertbegriff als Grundlage dient, wird von praktischen sozialen Verhältnissen getragen. Daher sprechen wir von praktizierter Abstraktheit, einer Abstraktheit also, die sich selber beständig reproduziert. Fahren wir aber fort im Zitat, so heißt es dort: »Es steht daher dem Werte nicht auf der Stirn geschrieben, was er ist. Der Wert verwandelt jedes Arbeitsprodukt in eine gesellschaftliche Hieroglyphe.«[26] Hier findet der Übergang in die wissenschaftstheoretische Perspektive statt. Die praktizierte Abstraktheit als entfremdete, sich ihres Zustandekommens nicht bewußte Bedeutsamkeit ist, von der wissenschaftstheoretischen Perspektive aus gesehen, noch nicht ausreichend bestimmt. Als Gegenstand der Wissenschaft ist sie daher abstrakt, ohne schon in ihrer Praxis abstrakt zu sein.

Dieser Zusammenhang läßt sich auch in umgekehrter Richtung konstruieren. Daß die konkreten sozialen Verhältnisse bedeutsam sind, kann als eine Bedingung ihrer Reproduktion und damit auch als Bedingung des kontinuierlichen Geltens der Wertbeziehungen angesehen werden. Damit wird der Gesellschaftsanalyse ein Problem aufgegeben: es gilt, den konkreten Vollzug dieser Praxis zu »entziffern«, d. h. ihren »Konstitutionsprozeß« zu beschreiben. Auf diese Weise wird sie zum Gegenstand wissenschaftlicher Betrachtung, und es stellt sich die Frage nach einer diese Praxis lenkenden »realen Bewegung«, die sich in konkreten, aber bestimmungsbedürftigen und daher abstrakten sozialen Verhältnissen sedimentiert. Damit der Konstitutionsprozeß der Praxis erfaßt werden kann, werden die konkreten Formen ihrer Geltung eingeklammert, solange der ihnen zugrundeliegende strukturelle Zusammenhang noch nicht gefunden ist. Die Abstraktheit der Erscheinungsebene in wissenschaftstheoretischer Perspektive ist der folgerichtige Ausdruck dieses Verfahrens. Doch dieses wissenschaftstheoretische Gebot der Abstraktion durch Einklammerung des Gegebenen ändert nichts daran, daß die praktische Ausgestaltung der gesellschaftlichen Verhältnisse den wirklichen Ausgangspunkt einer Untersuchung darstellt, die nicht nur an der bloßen Methode, sondern auch an der Analyse konkreter Gesellschaften interessiert ist.

Es stellt sich nun die Frage, inwiefern bei einem solchen Verfahren der Einstieg in die Erscheinungsebene in wissenschaftstheoretischer Perspektive bedingt ist durch die konkrete Ausgestaltung derselben Ebene, wie sie sich in gesellschaftstheoretischer Perspektive darstellt. Es bieten sich hier zwei Lösungswege an. Man könnte sich an Marxens Forschungsverfahren halten, wie es die Rekonstruktionsversuche von Althusser und Zelený nahelegen. Basis für die Produktion der wissenschaftlichen Bedeutsamkeit sind hier die Vortheorien, wobei die empirische Aneignung der vorgegebenen Wirklichkeit bei ihrer Modifizierung als Korrektiv fungiert. Für ein solches Vorgehen fehlt es uns an Anhaltspunkten im Marxschen Werke, das gänzlich auf Darstellung ausgerichtet ist. Wir sind also auf ein Vorgehen angewiesen, das von der Darstellung ausgeht, und müssen zusehen, welche Beziehungen zwischen den beiden möglichen Betrachtungen der vorgegebenen Wirklichkeit in ihrer Erscheinungsform dort sichtbar werden. Pointiert könnte man fragen: Gibt es eine Beziehung zwischen der Bedeutsamkeit der Erscheinungsebene und der Möglichkeit, diese Ebene wissenschaftlich zu durchdringen? Fraglich ist offensichtlich die genaue Funktion der historisch-konkreten unableitbaren Bedingungen des Ableitungsverfahrens, die Zelený erwähnt. Diese Bedingungen bestehen, laut Zelený, darin, daß »das untersuchte, sich entwickelnde Ganze *in der Wirklichkeit* einen bestimmten Reifegrad erreicht hat und daß die vorhergehenden Untersuchungen dieses sich entwickelnden Ganzen ein bestimmtes gedankliches Material angehäuft haben.«[27] Anders ausgedrückt: die vorgegebene Wirklichkeit muß einen Strukturierungsgrad sowohl in bezug auf ihre wissenschaftliche als auch auf ihre praktizierte Bedeutsamkeit erreicht haben, ehe sie aufgebrochen und ›richtig‹ rekonstruiert werden kann. Während ihre wissenschaftliche Vorstrukturierung auf Rechnung der Vortheorien geht, vollzieht sich die praktische Vorstrukturierung im Zuge des konkret gesellschaftlichen Handelns.

Es könnten nun Zweifel darüber aufkommen, ob die Relevanz dieser zweiten Vorstrukturierung für das theoretische Entziffern der Abstraktheit der Erscheinungsebene wirklich mit ihrer praktizierten Bedeutsamkeit zusammenhängt oder ob sie sich einfach aus einem Mehr an Information ergibt, das aus der Kenntnis eines länger andauernden Prozeßablaufs resultiert.[28]

Solche Zweifel kann man, wie wir glauben, zugunsten der ersten Möglichkeit ausräumen, und dies nicht nur aufgrund eines von Marx seit der »Deutschen Ideologie« aufrechterhaltenen Theorems, demzufolge der Mensch seine Geschichte in der Arbeit selber produziert und ihr daher bewußt gegenübersteht.[29] Für die theoretische Relevanz der bedeutsamen Vorstrukturierung der Erscheinungsebene, die als sinnhafter Bezug der Handelnden auf ihre Situation verstanden wird, sprechen auch konkretere Anhaltspunkte. Marx schreibt:

»Es bedarf vollständig entwickelter Warenproduktion, bevor aus der *Erfahrung* selbst die wissenschaftliche Einsicht herauswächst, daß die unabhängig voneinander betriebenen, aber als naturwüchsige Glieder der gesellschaftlichen Teilung der Arbeit allseitig voneinander abhängigen Privatarbeiten fortwährend auf ihr gesellschaftlich proportionelles Maß reduziert werden, weil sich in den zufälligen und stets schwankenden Austauschverhältnissen ihrer Produkte die zu deren Produktion gesellschaftlich notwendige Arbeitszeit als regelndes Naturgesetz gewaltsam durchsetzt.«[30]

Dem Wert steht es in der Tat nicht auf der Stirn geschrieben, was er ist. Damit jedoch a) seine Relevanz im Rahmen einer gesellschaftstheoretischen Analyse offensichtlich und b) die tragende Struktur der ihn konstituierenden sozialen Verhältnisse deutlich wird, muß er zu einem auf der Erscheinungsebene evidenten, generell verbindlichen Regulativ werden, an dem sich praktisches Handeln faktisch orientiert. Erst in diesem Stadium ist der vorstrukturierte Gegenstand für eine wissenschaftliche Analyse reif, und paradoxerweise kann diese Vorstrukturierung erst dann in der wissenschaftstheoretischen Perspektive eingeklammert und als *in sich* unbestimmt betrachtet werden. Gleichzeitig werden auch in der wissenschaftstheoretischen Perspektive, die diese Unbestimmtheit durchdringt und aufhebt, die gesellschaftstheoretischen Aussagen über die entfremdete Bedeutsamkeit der Erscheinungsebene sinnvoll, da das theoretische Vorgehen eine adäquatere, wissenschaftliche Bedeutsamkeit zu produzieren verspricht.

VII

Bisher haben uns die bei Marx vorkommenden Bezugnahmen auf die vorgegebene Wirklichkeit in ihrer Erscheinungsform beschäftigt. Wir wollen uns nunmehr der Frage zuwenden, welchen Stellenwert diese Bezugnahmen in ihrer Rekonstruktionsform im Marxschen System einnehmen. Wie wir wissen, handelt es sich um jene Bezugnahmen, die den Wesenstypus illustrieren oder seine

Deutungskraft überprüfen sollen. Um Mißverständnissen vorzubeugen, gilt es jedoch zunächst zu prüfen, wieweit schon *der Kern* des Rekonstruktionsprozesses – die wesenstypische Darstellung der realen Bewegung der Gesellschaftsstruktur – ein Ausdruck jener zu rekonstruierenden konkreten Totalität ist. Was wissen wir über die Form der Darstellung dieser ›realen Bewegung‹, die nach Marx den darzustellenden Stoff zu beleben hat, außer daß sie dialektisch ist? Althusser umschreibt sie mit dem Terminus »neue Theorie«, Zelený spricht spezifizierter vom »Begriff«, in dem der genetisch-strukturelle Zusammenhang der Momente eines Gegenstandes festgehalten wird, und Eberle und Henning bezeichnen sie als ein Ablaufmodell der gesellschaftlichen Struktur. All diese Bestimmungen weisen darauf hin, daß es sich nicht um eine Form handelt, welche die konkrete Totalität in ihrer historisch spezifischen Fülle umfassen könnte. Auch wir teilen diese Auffassung und führten deshalb für diese Form den Terminus ›Wesenstypus‹ ein. Mit welcher Berechtigung dies geschieht, soll nun aufgezeigt werden.

Schon bei der Betrachtung der Marxschen wissenschaftstheoretischen Bestimmung der Erscheinungsebene kann es als ausgemacht gelten, daß Marx hier mit einem Erklärungsmodell von Wesen und Erscheinung arbeitet. Wir wissen ja: »... alle Wissenschaft wäre überflüssig, wenn die Erscheinungsform und das Wesen der Dinge unmittelbar zusammenfielen...«[31] In welcher formalen Beziehung steht jedoch das Wesen zur Erscheinungsebene? Dies erhellt eine Stelle, wo Marx den *Sinn der Rede* von Personen im »Kapital« erläutert.[32] Personen gelten im Kontext der Darstellung im »Kapital« nur als »Personifikationen ökonomischer Kategorien«, als »Träger gewisser Klassenverhältnisse und Interessen«. Personen treten also nicht als Individuen auf, sondern sie werden zu Zwekken der Darstellung auf die im gegebenen sozialen Kontext typische Menge von Handlungen reduziert. Marx ist also hier daran interessiert, den komplexen Zusammenhang auf die Wesenstypik zu reduzieren, die für die Darstellung von Belang ist. In gleicher Weise verfährt Marx dort, wo er das Wesentliche des Prozesses der bürgerlichen Gesellschaft – die Kapitalverwertung – darstellt. In der rekapitulierenden Einleitung des dritten Bandes des »Kapital« lesen wir: »Im ersten Buch wurden die Erscheinungen untersucht, die der kapitalistische Produktionsprozeß, für sich genommen, darbietet, als unmittelbarer Produktionsprozeß, bei dem noch von allen sekundären Einwirkungen ihm fremder Umstände abgesehen wurde.«[33] Die wesentlichen Analysen des ersten Bandes, die den ganzen theoretischen Aufbau stürzen, sind also unter Ausklammerung »störender« Faktoren an einem typischen Idealfall durchgeführt worden. Diese Interpretation wird anderswo explizit von Marx bestätigt:

»In der Darstellung der Versachlichung der Produktionsverhältnisse und ihrer Verselbständigung gegenüber den Produktionsagenten gehen wir nicht ein auf die Art und Weise, wie die Zusammenhänge durch den Weltmarkt, seine Konjunkturen, die Bewegung der Marktpreise, die Perioden des Kredits, die Zyklen der Industrie und des Handels, die Abwechslung der Prosperität und der Krise, ihnen als übermächtige, sie willenlos beherrschende Naturgesetze erscheinen und sich ihnen gegenüber als blinde Notwendigkeit geltend machen. Deswegen nicht, weil die wirkliche Bewegung der Konkurrenz außerhalb unseres Planes liegt und wir nur die innere Organisation der kapitalistischen Produktionsweise, sozusagen in ihrem *idealen Durchschnitt*, darzustellen haben.«[34]

Aus dem Zitat wird deutlich, daß die Darstellung der wissenschaftstheoretischen Perspektive so lange zu folgen hat, bis sich ein typischer Verlauf der wesentlichen Bewegung der Gesellschaftsstruktur unter Ausschaltung der Erscheinungsebene herausstellt. Dieser typische Verlauf kann in der wissenschaftstheoretischen Perspektive als ein theoretisches Rekonstruktionsmodell gelten. Er verkörpert zugleich die reale wesentliche Bewegung der wirklichen gesellschaftlichen Formation, deren Derivate alle anderen in ihr vorkommenden Phänomene sind, da wissenschaftstheoretische und gesellschaftstheoretische Perspektive demselben Gegenstand gelten. Der Verlaufstypus dieser Bewegung ist als *Wesens*typus zu betrachten, da er ein reales Regulativ der Erscheinungsebene zum Ausdruck bringt, im Gegensatz etwa zum Idealtypus Max Webers, der ja ein vom wissenschaftlichen Interesse her konstruiertes Instrument der Erklärung ist.[35]

Ist das Wesentliche des Ablaufs der realen Bewegung gefunden, so bedarf der Wesenstypus nicht mehr der ständigen Verifizierung durch Bezugnahme auf Evidenzen der Erscheinungsebene, sondern die Erscheinungsebene kann nun bestimmt werden durch die immanente Logik des Wesenstypus. Wie groß die Diskrepanz zwischen der abstrakten Evidenz der Erscheinungsebene und der konkreten Logik ihrer wesentlichen Bestimmung sein kann, zeigt sich in der Möglichkeit, Marx auch strukturalistisch zu deuten.[36] Die

Grundthese dieser Interpretation besagt, daß die Struktur einer gesellschaftlichen Formation (wir würden sagen: der Wesenstypus) nie mit den sichtbaren sozialen Beziehungen zusammenfällt, »sondern deren verborgene Logik erklärt«[37]. Tatsächlich finden wir bei Marx Stellen, wo diese ›One-Way‹-Erklärung praktiziert wird. Charakteristisch für dieses Verfahren sind Marxens Ausführungen zur Profitrate im dritten Band des »Kapital«.

»Wenn die Rate des Mehrwerts bekannt und seine Größe gegeben ist, drückt die Profitrate nichts anderes aus als das, was sie in der Tat ist, eine andere Messung des Mehrwerts, seine Messung am Wert des Gesamtkapitals, statt an dem Wert des Kapitalteils, aus dem er durch dessen Austausch mit Arbeit direkt entspringt (d. h. des variablen, für die Löhne ausgegebenen Kapitals, I. S.). Aber in Wirklichkeit (d. h. in der Erscheinungswelt) verhält sich die Sache umgekehrt. Der Mehrwert ist gegeben, aber gegeben als Überschuß des Verkaufspreises der Ware über ihren Kostenpreis; wobei es mysteriös bleibt, woher dieser Überschuß stammt... Was ferner gegeben ist, ist das Verhältnis dieses Überschusses zum Wert des Gesamtkapitals, oder die Profitrate.«[38]

Bevor wir auf das Zitat näher eingehen, müssen wir den Zusammenhang beleuchten, in dem die Profitrate innerhalb des Marxschen Systems auftaucht. Die Theorie der Profitrate muß entwikkelt werden, um zu erklären, wie sich der Mehrwert auf den Profit des in der Produktionssphäre und des in der Zirkulationssphäre tätigen Kapitalisten aufteilt und wie es überhaupt zu einem Handlungsprofit kommt. Die Theorie der durchschnittlichen Profitrate liefert außerdem eine Erklärung für die zyklische Krisenproduktion und die Verelendungsthese.

Die Bestimmung der Profitrate hängt nun, wie wir sehen, von der Bestimmung der Größe des Mehrwerts ab:

$$\text{Profitrate} = \frac{\text{Mehrwert}}{\text{insgesamt investiertes Kapital}}$$

Marx spricht hier sogar vom Messen des Mehrwerts. Allerdings erlaubt keine der empirisch vorfindbaren Größen der Kapitalkalkulation eine unmittelbare Berechnung der Größe des Mehrwerts. Soll nämlich der Mehrwert die Differenz zwischen Verkaufs- und Kostenpreis ausmachen, dann stimmt dies nur annähernd, denn der Verkaufspreis einer Ware ist nicht identisch mit ihrem Wert, und demnach kann ein solcher Überschuß auch nicht das Maß des realisierten Mehrwerts ergeben. Mit Recht sagt Marx, daß es sich hier nur um die Erscheinungswirklichkeit des Mehrwertes handelt. Aber dennoch benötigt Marx schon seit dem vierten Kapitel des ersten Kapitalbandes Annahmen über die Größe des Mehrwerts, um überhaupt den Wesenstypus der Kapitalverwertung entwickeln zu können. Dem Mehrwert, seiner Größe und damit auch der Profitrate entsprechen demnach keine empirischen Größen. Die beiden Kategorien sind aber trotzdem erfaßbar in einem logischen, wesenstypischen Zusammenhang, der die Bewegung der empirischen Größen nicht nur zu begreifen erlaubt, sondern auch als ein diese tatsächlich bestimmendes Regulativ auftritt.

Obwohl der Wesenstypus über weite Abschnitte der Darstellung von seiner Eigenlogik getragen wird, bedeutet das noch nicht, daß dies ohne Bezugnahme auf die vorgegebene Wirklichkeit geschieht. Nur ist die Stellung dieser Wirklichkeit hier eine andere. Die Bezugnahmen gehen vom Wesenstypus aus, so daß der Akt der Bezugnahme immer auch ein Akt der Rekonstruktion der vorgegebenen Wirklichkeit ist. Weiter oben sahen wir, daß es zwei Arten solcher Bezugnahmen gibt: entweder ›historische Proben‹ oder schlichte ›Illustrationen‹. Die ersteren sind hier wichtiger, da sie nicht nur der Veranschaulichung dienen, sondern auch die Tragfähigkeit des Wesenstypus demonstrieren. Indem nämlich Ausschnitte der ›abstrakten‹ Wirklichkeit mittels des Wesenstypus in einen erklärenden Zusammenhang gestellt werden, wird diese im Akt der Rekonstruktion nicht nur konkreter, sondern es wird die Tragfähigkeit des Wesenstypus erwiesen, indem sich die Akzidenzien unter ihn subsumieren lassen. Die erfolgreiche Interpretation der widersprüchlichen Wirklichkeit mit Hilfe des Wesenstypus dient dazu, seine Stimmigkeit zu beweisen.

Denken wir nun an den früher eingeführten Unterschied zwischen der wissenschaftstheoretischen und gesellschaftstheoretischen Perspektive, dann können wir sagen, daß in Marxens Optik die Produktion der wissenschaftlichen Bedeutsamkeit zu Ende geführt wird durch eine Rekonstruktion der vorgegebenen Wirklichkeit, die als Subsumtion unter den Wesenstypus erfolgt. Der Wesenstypus genügt dem dialektischen Anspruch der Analyse, da er als These auch alle erforderlichen Argumente enthält. Auf die vorgegebene Wirklichkeit kann er sich daher auch nur in Form der Subsumtion beziehen.[39]

Die Subsumtion als deutend-bestätigende Bezugnahme auf die

›abstrakte‹ Wirklichkeit weist aber darauf hin, daß der Wesenstypus seiner Eigenlogik wegen nicht grenzenlose Geltung beanspruchen kann. Demzufolge müssen wir eine Blickwende vollziehen und uns jetzt der gesellschaftstheoretischen Perspektive des Marxschen Verfahrens zuwenden. Wir sahen bereits, daß Marxens Darstellung nicht von einer Untersuchung der historischen Entwicklung kapitalistischer Produktionsweise ausgeht, sondern sie geht aus von der Rekonstruktion des Wesenstypus der voll entwickelten kapitalistischen Produktionsverhältnisse. »Es wäre untubar und falsch, die ökonomischen Kategorien in der Folge aufeinander folgen zu lassen, in der sie historisch die bestimmenden waren. Vielmehr ist die Reihenfolge bestimmt durch die Beziehung, die sie in der modernen bürgerlichen Gesellschaft aufeinander haben, und die genau das umgekehrte von dem ist, was als ihre naturgemäße erscheint oder der Reihe der historischen Entwicklung entspricht.«[40] Das subsumierende Verfahren, das die ›abstrakte Wirklichkeit‹ in Form von ›Proben‹ rekonstruiert, weist in zwei Richtungen: Es bezieht sich erstens auf die aktuelle Gegenwart der entwickelten kapitalistischen Produktionsweise, zweitens auf deren Genese, also auf die ihr vorangegangenen Produktionsformen. Wenn nun die rekonstruierende Funktion des Wesenstypus darin besteht, die ihm entsprechende historische Wirklichkeit auf realiter wirksame Regulative zurückzuführen, dann muß sich die Rekonstruktionsweise mit der Hinwendung zur Vergangenheit beträchtlich verändern. Mit der rekonstruierenden Bezugnahme auf Produktionsformen, die dem Wesenstypus historisch vorangehen, wird dieser zu einem Interpretationstypus. Marx drückt dies metaphorisch so aus: »In der Anatomie des Menschen ist der Schlüssel zur Anatomie des Affen. Die Andeutungen auf Höhres in den untergeordneten Tierarten können dagegen nur verstanden werden, wenn das Höhere selbst schon bekannt ist.«[41] Der Wesenstypus, der dieses Höhere ausdrückt, hat auf der niederen Stufe der Entwicklung noch keine regulierende Wesensgeltung. Er dient der Rekonstruktion in ähnlicher Weise wie etwa auch der Webersche Idealtypus: er ist ein an die konkrete Materie herangetragenes theoretisches Raster, das Abweichungen deutlich macht und damit die Spezifizität des Konkreten erhellt. Er kann dann aber nicht gelten als Wesenstypus der realen Bewegung des konkreten Wirklichkeitsabschnittes. Wichtig sind dann umgekehrt gerade die gegenüber dem Wesenstypus vorhandenen Abweichungen. »Wenn daher wahr ist, daß die Kategorien der bürgerlichen Ökonomie eine Wahrheit für alle anderen Gesellschaftsformen besitzen, so ist es nur cum grano salis zu nehmen. Sie können dieselben entwickelt, verkümmert, karikiert etc. enthalten, immer in wesentlichem Unterschied.«[42] Dasselbe gilt auch für die Genesis der kapitalistischen Produktionsweise selbst, wie uns z. B. die Analyse der durchschnittlichen Profitrate zeigt. Die regulative Geltung des Wesenstypus der die fundierenden Kapitalbewegung macht Marx von zwei historischen Bedingungen abhängig:

a) vom Vorhandensein einer ausreichenden Mobilität der Arbeitskräfte,

b) von der Mobilität des Kapitals[43],

beides also Phänomene, die erst bei voller Entfaltung der kapitalistischen Produktionsweise aufkommen.

Wir können also festhalten: trotz der eigenen Entwicklungslogik gilt der Wesenstypus nicht unabhängig von der Erscheinungsebene. Dort, wo die historisch konkreten Bedingungen seines Geltens nur unvollständig gegeben sind, gilt er nur interpretativ. D. h. die Geltung des Wesenstypus bleibt eingeschränkt, solange sich die logische Struktur desselben noch nicht in der konkreten Fülle der Erscheinungen als vorgegebene Wirklichkeit entfaltet hat.

Es wird nun klar, daß die Rekonstruktion der vorgegebenen Wirklichkeit in ihrem gesellschaftstheoretischen Anspruch nicht nur aufgrund der Eigenlogik des Wesenstypus möglich ist. Damit zeigt sich auch, daß es unstatthaft ist, Marxens Rede von Naturgesetzen der gesellschaftlichen Bewegung zu verabsolutieren und seine Theorie in ein solch vereinfachtes Schema von Wesen und Erscheinung zwängen zu wollen. Wir haben ja gerade gesehen, daß mit der Subsumtion der Erscheinungen unter den Wesenstypus nur der wissenschaftstheoretische Endpunkt des Konkretisierungsprozesses der ›abstrakten‹ Wirklichkeit gesetzt ist. Durch diese Subsumtion wird unbestimmte Wirklichkeit bestimmt. Dadurch wird ein gewisser Grad von wissenschaftlicher Transparenz – nämlich Bedeutsamkeit – erreicht und ein wichtiger Teil der »Rückreise« vom Wesenstypus zur rekonstruierten konkreten Totalität zurückgelegt. Das gesellschaftstheoretische Interesse erschöpft sich jedoch nicht in der bestimmenden Gegenüberstellung von Wesen und Erscheinung, wo das Wesen als Naturgesetz und die Erscheinungsebene als die verdinglichte Objektebene seiner mechanischen Durchsetzung anzusehen ist.[44] In Marxens gesellschaftstheoretischer Perspektive kommt dem »Wesen-Erscheinung«-Modell eine andere, sozusagen vergesellschaftete Form zu – nämlich jene des Verhältnisses von Wesen und Praxis. Der damit erhobene Erklärungsanspruch[45] läßt sich mit dem besprochenen Subsumtionsverfahren gerade nicht einlösen. Die Ebene der Praxis zu rekonstruieren bedeutet nämlich nicht nur, die Auswirkungen der im Wesenstypus erfaßten Bewegung der gesellschaftlichen Struktur als Abschnitt der ›abstrakten‹ Wirklichkeit festzuhalten bzw. solche Abschnitte durch die Subsumtion in ihren ›objektiven‹ Ausgestaltungen zu bestimmen. Es muß darüber hinaus noch gezeigt werden, wie sich diese konkrete Ausgestaltung der einzelnen Wirklichkeitsbereiche in die Bedingungen praktischen Handelns umsetzt bzw. zu solchen wird. Dies bedeutet aber, daß nicht nur die vorgegebene Wirklichkeit durch den Wesenstypus bestimmt, sondern auch der Prozeß ihrer Reproduktion durch konkrete Individuen rekonstruiert werden muß. Erst dann darf man von einer gedanklichen Reproduktion der konkreten Totalität eines historisch konkreten gesellschaftlichen Zustandes sprechen. Die angestrebte konkrete Totalität muß also auch den Schritt zur Rekonstruktion eines unmittelbaren Welthabens mit umfassen, das für die praktische Reproduktion eines gesellschaftlichen Ganzen unentbehrlich ist. Erst dann ist die lebensweltliche Bedeutsamkeit der vorgegebenen Wirklichkeit rekonstruiert und ein Weg zur Konstruktion der Lebens-Welt gefunden.

Marx versucht diese Rekonstruktion ebenfalls als Subsumtion von Individuen unter den Wesenstypus einer sich entwickelnden Gesellschaftsstruktur durchzuführen. Näher besehen wird jedoch deutlich, daß diese Art der Subsumtion nicht ohne weiteres durch die Eigenlogik des Wesenstypus getragen wird. Es sind vermittelnde Glieder in der Zuordnungskette nötig, die sich nicht aus der Logik des Wesenstypus ergeben, sondern vielmehr Annahmen über den Übergang dieser Logik in die Bedingungen sozialen Handelns enthalten. An anderer Stelle[46] haben wir die soziale Bestimmung der Sinnlichkeit, die Charaktermaske und das System der Bedürfnisse als Konzepte der Übertragung der Strukturbewegung auf die Handlungsebene beschrieben und dabei festgestellt, daß sie in Marxens Theorie die Ansatzstelle zur Rekonstruktion historisch konkreter Lebens-Welten darstellen.

Welchen Stellenwert haben nun aber die rekonstruierenden Bezugnahmen auf diese Lebens-Welt im Hinblick auf den Wesenstypus und die unmittelbar unter ihn subsumierte, vorgegebene und ›objektiv‹ bestimmte Wirklichkeit? Zuerst ist festzuhalten, daß dies jene Bezugnahmen sind, die in der eingangs besprochenen Literatur als Illustrationen ohne systematischen Wert betrachtet wurden. Es handelt sich hier nämlich meistens um Milieuschilderungen, die Marx oft als Beispiele faktischer Lebens- und Handlungsbedingungen in bestimmten historischen Phasen heranzieht. Diese Beispiele sind aber weder zusammenhanglos noch zufällig. Sie werden durch die genannten vermittelnden Konzepte in das Darstellungssystem miteingeflochten. Daß diese Einflechtungen nicht kraft der Eigenlogik des Wesenstypus erfolgen können, ist nur die Folge eines der Systemaxiome von Marx selbst, dem zufolge die ›Naturgesetze‹ des Wesenstypus sich nur im Medium der menschlichen Praxis realisieren können. Dies zeigt uns, welche Funktion die Bezugnahme auf die Lebens-Welt in erster Linie hat. Ihre Einflechtung in das Darstellungssystem des »Kapital« ist notwendig, um die Reproduktion der Geltungsbedingungen des Wesenstypus zu verdeutlichen. Denn »Die Waren können nicht selber zu Markte gehen und sich nicht selber austauschen... Um... Dinge als Waren aufeinander zu beziehen, müssen die Warenhüter sich zueinander als Personen verhalten, deren Wille in den Dingen haust...«[47] Andererseits liefert gerade die (durch die drei Vermittlungsmodelle gegebene) Möglichkeit, Abschnitte der vorgegebenen Wirklichkeit mittels des Wesenstypus als Lebens-Welten zu rekonstruieren, den Nachweis, daß der in ökonomische Kategorien gefaßte Wesenstypus gesellschaftstheoretisch relevant ist. Ohne diese Vermittlung wäre das Kapital nämlich nicht als soziales Verhältnis darzustellen.

Die Rekonstruktion der ›abstrakten‹ Wirklichkeit anhand des Wesenstypus erfolgt also auf zweifache Weise, je nachdem, ob die zu rekonstruierende vorgegebene Wirklichkeit in ihrer Beziehung zum Wesenstypus als schlicht zu subsumierende Erscheinungsebene oder als die Gesellschaft reproduzierende Praxis aufgefaßt wird. Im ersten Falle werden Wirklichkeitsabschnitte unmittelbar der Logik des Wesenstypus subsumiert und so ihrer ursprünglichen Abstraktheit enthoben. Im zweiten Falle ist die Konkretisierung nur auf dem Umweg über die Rekonstruktion einer Lebens-Welt-Ebene möglich. Die Funktion des Wesenstypus ist dabei in beiden Fällen verschieden. Im ersteren wird der Wesenstypus durch die Tatsache der erfolgten Subsumtion verifiziert; im zweiten kommen durch die Rekonstruktion die gesellschaftlich bedingten Grenzen seiner Geltung zum Vorschein. Damit ist wohl jener Sachverhalt präziser ausgedrückt, den Zelený als »Oszillieren« zwischen Empirie und Begriff in der Darstellung umschreibt. Die beiden Rekonstruktionsweisen ergänzen sich im Verlauf der Darstellung auf eine Weise, die die Strukturierung des zu konkretisierenden Wirklichkeitsabschnitts durch die Logik des Wesenstypus verdeutlicht und gleichzeitig die historisch-soziale Abhängigkeit der Geltung dieser Strukturierung aufweist. Aus dieser Darstellungsweise erwächst die kritische Haltung gegenüber den Vortheorien, die vor allem auf eine mangelhafte Reflexion der historisch-gesellschaftlichen Bedingtheit ihrer Entstehung und Geltung zielt.[48]

Fassen wir zusammen: die Rekonstruktion der Lebens-Welt-Ebene wird durch Marxens Anspruch, eine Theorie der gesellschaftlichen Praxis zu liefern, systematisch erzwungen. Projizieren wir das oben Gesagte auf das Schema der drei im Marxschen Vorgehen eingangs ausgemachten Ebenen, dann kann man sehen, daß die Lebens-Welt-Ebene in ihrer Bestimmung als individuelle, geistig-praktische Aneignung der vorgegebenen Wirklichkeit an zwei entgegengesetzten Enden des Schemas auftaucht: einmal als das jeder wissenschaftlichen Tätigkeit vorgeordnete Forschungsobjekt, das andere Mal im Rahmen der Darstellung als vermittelndes Element der Rekonstruktion der gesellschaftlichen Praxis. Zu diesen beiden Formen ist folgendes anzumerken:

1. Zur ersten Form:
   Paradoxerweise birgt für Marx der Grad der Vorstrukturiertheit derLebens-Welt als gesellschaftstheoretisches Forschungsobjekt die Möglichkeit in sich, das, was sie strukturiert, darzustellen. Die Lebenswelt ist auf dieser Stufe des Untersuchungsprozesses eine theoretisch unableitbare und daher ›naturwüchsige‹, grundlegende Bedingung der Möglichkeit von Theorien und deren Geltung überhaupt.[49]
2. Zur zweiten Form:
   Obwohl der Lebens-Welt diese fundamentale Rolle zukommt, bleibt sie theoretisch unbestimmt, solange sie nicht einer konkretisierenden Rekonstruktion unterworfen wird. Diese Konkretisierung erfolgt zuerst durch die Reduktion auf einen Wesenstypus. Nun wird dieser Schritt durch einen weiteren ergänzt, in dem versucht wird, die Logik des Wesenstypus in die

Bedingungen der konkreten Praxis umzusetzen. Die Rekonstruktion der Lebens-Welt hat hierbei die Funktion, zwischen dem Wesenstypus und den gesellschaftlichen Bedingungen seiner Geltung zu vermitteln, und setzt so im Rahmen der Darstellung die unter (1) aufgestellte Maxime in ein konkretes Verfahren um.

Abschließend sei noch eine Überlegung erlaubt. Wenn es zutrifft, daß die Rekonstruktion von Lebens-Welten im Marxschen Darstellungsverfahren systematisch notwendig ist, so wirft die Weise, wie sie vorgenommen wird, ein neues Licht auf die Diskussion um den ›jungen‹ und den ›alten‹ Marx. Bedenkt man nämlich, daß zwei tragende Elemente dieser Rekonstruktion – die soziale Bestimmung der Sinnlichkeit und das System der Bedürfnisse – Marxens Überlegungen noch vor 1848 entstammen[50], wobei das Konzept der sozialen Bestimmung der Sinnlichkeit in den ›Pariser Manuskripten‹ deutlich philosophisch-anthropologische Züge aufweist, dann ist die Annahme eines radikalen theoretischen Bruches zwischen dem ›jungen‹ und ›alten‹ Marx anzuzweifeln[51], obschon zugegebenermaßen Entwicklungen stattgefunden haben[52]. Vielmehr scheint es, daß die einmal erarbeiteten Einsichten in die Bedingungen individueller, geistig-praktischer Aneignung der Welt den Hintergrund abgeben für sein späteres Darstellungsverfahren im »Kapital«. Es wäre wohl übertrieben zu sagen, die Lebens-Welt-Ebene sei die fundierende Ebene im Marxschen System. Würde man jedoch die Empfehlung der strukturalistischen Marx-Interpretation, leicht abgeändert, beherzigen und von Strukturen ausgehen, die ein Ganzes verständlich machen, im konkreten Stoff (hier also im Marxschen Text) aber nur implizit enthalten sind, dann könnte man sagen, daß der dargestellten Rekonstruktion der Lebens-Welt im Marxschen Spätwerk genau diese Funktion zukommt.

Anmerkungen:

1 Siehe: I. Srubar, »Konstruktion sozialer Lebens-Welten bei Marx«, in: B. Waldenfels u. a. (Hrsg.), *Phänomenologie und Marxismus*, Bd. 3, Frankfurt 1978. Zu diesem Thema ist auf die vorzügliche Studie von

Agnes Heller hinzuweisen (A. Heller, *Das Alltagsleben. Versuch einer Erklärung der individuellen Reproduktion*, Frankfurt/M. 1978), die leider erschien, als der obige Aufsatz schon im Druck war. Die Autorin entwickelt gleichfalls das Konzept einer Lebenswelt aus dem Zusammenhang der Reproduktion der sozialen Wirklichkeit. Siehe a.a.O., S. 26.

2 Vgl. hierzu: L. Althusser, *Für Marx*, Frankfurt/M. 1968; J. Zelený, *Die Wissenschaftslogik und ›Das Kapital‹*, Frankfurt/M. 1973; F. Eberle, E. Henning, *»Anmerkungen zum Verhältnis von Theorie und Empirie«*, in: *Gesellschaft, Beiträge zur Marxschen Theorie 2*, Frankfurt/M. 1974; E. Schäfer, *Dialektik und Empirie*, Bonn 1976; G. Pfafferott, *K. Marx und das Problem der Wirklichkeit*, Wuppertal etc. 1975; H. Reichelt, *Zur logischen Struktur des Kapitalbegriffs bei K. Marx*, Frankfurt/M. 1973; R. Rosdolsky, *Zur Entstehungsgeschichte des Marxschen »Kapital«*, Frankfurt/M. 1968; W. S. Wygodski, *Die Geschichte einer großen Entdeckung*, Berlin 1967.

3 MEW 23, S. 27.

4 Marx bezieht sich hier auf seine vorhergehende Aussage über die scheinbare Konkretheit des Vorgegebenen, das ohne innere Bestimmung und daher abstrakt ist (*Grundrisse*, S. 21).

5 K. Marx, *Grundrisse der Kritik der politischen Ökonomie*, Frankfurt/Wien, o. J. (im Folgenden als »Grundrisse« zitiert), S. 21 f.

6 MEW 25, S. 825.

7 MEW 23, Kapitel I.

8 Marx fängt das Warenkapital *nicht* mit der Analyse der Abstraktheit der Erscheinungsebene an, sondern mit der des Warenphänomens. Erst nachdem er in der Untersuchung des Verhältnisses der relativen Wertform und der Äquivalentform ein Modell der vergesellschafteten Umwandlung der abstrakten Arbeit in konkrete und umgekehrt ausgearbeitet hat, geht Marx zu der Analyse des Warenfetischismus über, der hier für die Erscheinungsebene in ihrer Abstraktion steht. Die Abstraktion der Erscheinungsebene kann also in der Darstellung erst durchbrochen werden, wenn ein theoretisches Modell ausgearbeitet wird. Erst dann wird die Abstraktion als eine solche deutlich, da in dem Modell Kriterien ihrer mangelhaften Bestimmung aufgestellt werden.

9 L. Althusser, *Für Marx*, a.a.O.

10 J. Zelený, *Die Wissenschaftslogik und »Das Kapital«*, a.a.O.

11 F. Eberle, E. Henning, *Anmerkungen zum Verhältnis von Theorie und Empirie*, a.a.O.

12 Siehe L. Althusser, *Für Marx*, a.a.O., S. 125 ff. Weitere Seitenangaben im Text beziehen sich hierauf.

13 Die Möglichkeit eines solchen Schrittes ist im Rahmen der Althusserschen Konzeption gegeben. Wenn die Ebene I als die der Vortheorien bestimmt wird, dann wird die sonst an ihrer Stelle stehende Erschei-

nungsebene von dem Attribut der Abstraktheit befreit und kann als vorstrukturiert, d. h. vorbestimmt gelten.

14 Abgesehen von der Aussage, daß dieses immer schon gegebene strukturierte Ganze auch seine Erforschung bestimmt (S. 143).

15 J. Zelený, op. cit., S. 59; Weitere Seitenangaben im Text beziehen sich hierauf.

16 Diese schematische Wiedergabe des Argumentationsstranges von Zelený sieht von der Komplexität seiner Darstellung ab, um die These klar zu machen.

17 F. Eberle, E. Henning, op. cit., Seitenhinweise im Text beziehen sich hierauf.

18 MEW 23, S. 12 – MEW 25, S. 892.

19 *Grundrisse*, S. 21.

20 Daß dies im Falle der Ware nicht so ist, zeigt die zunächst allgemein gehaltene Abhandlung dieses Phänomens in den ersten drei Kapiteln des 1. Buches des »Kapital«.

21 Siehe *Grundrisse*, S. 21.

22 Ähnliche Hinweise findet man auch bei E. Schäfer, *Dialektik und Empirie*, a.a.O., S. 64.

23 Zu dieser Differenzierung vgl.: *Grundrisse*, S. 22.

24 Vgl.: *Grundrisse*, ebd.

25 MEW 23, S. 88.

26 MEW 23, S. 88.

27 Zelený, op. cit., S. 93, Hervorhebung im Original.

28 Vgl. Zelenýs Anmerkung 35, S. 93.

29 MEW 3, S. 30-1.

30 MEW 23, S. 89, Hervorhebung v. A.

31 MEW 25, S. 825.

32 MEW 23, S. 16.

33 MEW 25, S. 33.

34 MEW 25, S. 839, Hervorhebung v. A.

35 Vgl. hierzu J. Kocka, »Karl Marx und Max Weber«, in: *Zeitschrift für die gesamte Staatswissenschaft* 122 (1966), S. 328ff.; C. Mayer, »Die Marxinterpretation von Max Weber«, in: *Soziale Welt*, 1974, S. 265; K. Löwith, »Max Weber und Karl Marx«, in: *Gesammelte Abhandlungen*, Stuttgart 1960.

36 So Althusser, a.a.O., extremer noch: M. Godelier, *System, Struktur, Widerspruch im »Kapital«*, Berlin 1970.

37 M. Godelier, op. cit., S. 7.

38 MEW 25, S. 57.

39 Man denkt hier unwillkürlich an das Hegelsche »um so schlimmer für die Fakten«.

40 *Grundrisse*, S. 28.

41 *Grundrisse*, S. 26.

42 Grundrisse, S. 26.
43 MEW 25, S. 206.
44 Man ist versucht, diese Ebene mit der von Husserl in der »Krisis« aufgezeigten Galileischen Welt, der objektivierten Lebenswelt, gleichzusetzen. Vgl. Husserl, *Die Krisis der europäischen Wissenschaften und die transzendentale Phänomenologie*, § 9.
45 Wir finden diesen Anspruch schon in der 8. Feuerbach-These als programmatische Forschungserklärung; siehe: MEW 3, S. 7.
46 Vgl.: I. Srubar, Konstruktion sozialer Lebens-Welten bei Marx, a.a.O.
47 MEW 23, S. 99.
48 Vgl. z. B.: MEW 25, S. 838-9.
49 Die Konsequenz hieraus wäre, daß richtige Theorien nicht jederzeit möglich sind, da sie von der Eigenentwicklung des Gegenstandes abhängen.
50 Die soziale Bestimmung der Sinnlichkeit wurde erstmals in den »Philosophisch-ökonomischen Manuskripten von 1844« entwickelt; das System der Bedürfnisse entstammt dem »Elend der Philosophie«, geschrieben 1846/47, wobei wichtige Anhaltspunkte hierzu schon in den »Manuskripten« und der »Deutschen Ideologie« zu finden sind.
51 Vgl. z. B. Althusser, op. cit. und A. Schaff, *Marxismus und das menschliche Individuum*, Wien/Frankfurt/Zürich 1965.
52 So z. B. in der Lösung der Entfremdungsproblematik, im »Kapital« Bd. 3, S. 828, wo die Forderung nach Aufhebung der Arbeitsteilung, wie sie in der »Deutschen Ideologie« aufgestellt wird, fallengelassen wird.

Leszek Nowak
Ist der Erkenntnisprozeß ein dialektischer Prozeß?

0. Ich möchte in diesem Aufsatz zeigen, daß der Gedanke einer dialektischen Natur des Erkenntnisprozesses etwas weniger trivial interpretiert werden kann, als es in den landläufigen Darstellungen der marxistischen Dialektik meist geschieht. Folgendes sind die wichtigsten Schritte meiner Argumentation:

1. Die Besonderheit der Marxschen Methode besteht in der Anwendung der Methode der Idealisierung;
2. diese Methode setzt einen ontologischen Essentialismus voraus;
3. die objektive Dialektik kann kategorial interpretiert werden;
4. es besteht eine isomorphe Entsprechung zwischen einer kategorial interpretierten ontologischen Dialektik und einer idealisierend verstandenen subjektiven Dialektik;
5. dies schafft uns die Möglichkeit, die Formel von der Erkenntnis als einer Widerspiegelung der Realität und die Idee einer Einheit von Sein und Denken neu zu interpretieren.

1. Führt man sich die Einstellung moderner marxistischer Philosophen gegenüber dem Marxismus vor Augen, so bemerkt man, daß sie den Marxismus nicht wissenschaftlich behandeln. Einen Gegenstand der Forschung wissenschaftlich behandeln, heißt annehmen, daß nicht alles, was sich an diesem Objekt erkennen läßt, von gleicher Wichtigkeit ist. Wie ein bedeutender Physiker formuliert hat: wenn man annimmt, daß »alles mit allem zusammenhängt und daß es nicht wichtigere Dinge gibt, sondern alles gleich wichtig ist, dann gibt es keine Wissenschaft. Wissenschaft beruht auf der

Annahme, daß es möglich ist, aus der unermeßlichen Fülle zu untersuchender Phänomene bestimmte wichtige Aspekte auszusondern und von weniger wichtigen abzulösen und sodann festzustellen, daß dieser oder jener Ablauf der Phänomene gerade diese Ursachen hat, während andere von geringer Bedeutung sind und vernachlässigt werden können. Wenn wir nicht imstande sind, dies zu tun, müssen wir Schluß machen mit unseren wissenschaftlichen Forschungen« (Werle (1), S. 6).

Der Marxismus ist auch ein Teil unserer Welt und sollte, wenigstens von seinen Anhängern, wissenschaftlich behandelt werden. Dies impliziert, daß aus der Fülle seiner verschiedenartigsten Bestandteile einige vorrangig sind, während andere untergeordnete Bedeutung haben und nur im Lichte eines wirklichen Verständnisses der ersteren begriffen werden können. Es ist jedoch so, daß in der Haltung einiger moderner Marxisten gegenüber dem Marxismus der Dogmatismus vorherrscht, d. h. die Annahme, alles und jedes, was die Begründer des Marxismus uns übergeben haben, sei als gleich wichtig zu behandeln und nichts könne daher vernachlässigt werden. Die beste Darstellungsform des Marxismus ist gemäß dieser Sichtweise eine Art von vergleichendem Kommentar: Zitate von Marx, ergänzt durch verbindende Bemerkungen des jeweiligen Autors. Die Reaktion anderer Marxisten auf diese Art von Marxismus bleibt in gleicher Weise dem common sense verhaftet: sie greifen bestimmte Ideen der Begründung des Marxismus heraus, um festzustellen, ob damit der »allgemeinen Entwicklungslinie der Wissenschaft« in einem bestimmten Bereich etwas Neues hinzugefügt wird. Auf diese Weise mangelt es sowohl den Dogmatikern wie den Eklektikern an einem Verständnis dafür, daß keine Theorie eine bloße Ansammlung von Ideen darstellt, sondern daß sie in einer bestimmten Hierarchie derselben besteht.

2. Macht man sich den letztgenannten Gesichtspunkt zu eigen, dann entsteht die Frage, wie die im Marxismus enthaltene Hierarchie der Ideen aussieht. Oder, spezifischer noch, welche Ideen sind die zentralen Ideen im Marxismus? Die Antwort darauf scheint leicht gegeben – nach den berühmten Erklärungen der marxistischen Klassiker sind es dialektische Ideen, die in jedem Einzelbereich des Marxismus die fundamentale Rolle zu spielen haben. Dies ist jedoch eine offensichtliche Vereinfachung. Betrachten wir den Problembereich, mit dem wir uns im folgenden beschäftigen werden, d. h. die Struktur des Erkenntnisprozesses. Worin besteht

denn tatsächlich der dialektische Charakter des Erkenntnisprozesses? Innerhalb der Dialektik spricht man z. B. gemeinhin von dem sog. Gesetz des Umschlagens von Quantität in Qualität, wobei man diesen Umschlag mit dem wohlbekannten Beispiel der Verdampfung des Wassers exemplifiziert und es ein Gesetz nennt, weil es sich ebenso auf den Bereich objektiver Phänomene wie auf den Bereich des Denkens anwenden läßt. Auf welche Weise aber kann man dieses Gesetz auf den Erkenntnisprozeß anwenden? Und, was noch wichtiger ist, welche Grundzüge des Erkenntnisprozesses werden damit getroffen? Die marxistische Philosophie in ihrem gegenwärtigen Zustand liefert keine Begründung für die so oft wiederholte These, daß die Gesetze der Dialektik sowohl Gesetze der objektiven Realität wie auch unseres diesbezüglichen Denkens sind.

3. Ich möchte nun eine der möglichen Antworten skizzieren auf die Frage: Welche Rolle spielt die Dialektik im Erkenntnisprozeß? oder anders gesagt: in welchem Sinne kann der Erkenntnisprozeß als ein dialektischer Prozeß angesprochen werden?

Wie schon oft gezeigt wurde, geht Marx beim Aufbau seiner ökonomischen oder sozialen Theorien immer in derselben Weise vor. (1) Er macht gewisse kontrafaktische, d. h. durch die empirische Realität nicht gedeckte Annahmen. (2) Aufgrund dieser Annahmen formuliert er seine Grundhypothesen, die später als seine Gesetze oder Prinzipien bekannt wurden. (3) Dann nimmt er schrittweise diese Annahmen zurück und modifiziert gleichzeitig seine Grundtheoreme. Als er seine Preistheorie entwickelte, abstrahierte er zunächst von den Schwankungen von Nachfrage und Zufuhr; er formulierte die Hypothese, die heute als Wertgesetz bekannt ist (Preise sind linear abhängig von der Menge der gesellschaftlich erforderlichen Arbeit), und diese galt nur unter der Annahme, daß Nachfrage und Zufuhr gleich seien; und schließlich brachte er an dem Wertgesetz eine Korrektur an, indem er die betreffende Voraussetzung zurücknahm – das korrigierte Wertgesetz bringt zusätzliche Wirkungen zum Ausdruck, nämlich den Einfluß, den Schwankungen von Nachfrage und Zufuhr auf die Preise ausüben (Nowak (1), (3)). Als Marx seine Theorie der Reproduktion entwickelte, berücksichtigte er anfangs nicht die Akkumulation des Kapitals; demgemäß entwarf er Schemata für die einfache Reproduktion; und erst dann zog er den Einfluß der Akkumulation auf die fraglichen Schemata in Betracht und erhielt so

Schemata für die erweiterte Reproduktion (Nowak (2)). Ganz ähnlich begann er bei der Ausbildung seiner Theorie der sozialen Klassen mit dem reinen Modell einer kapitalistischen Zwei-Klassen-Gesellschaft, und erst später entwarf er von der Sozialstruktur der bürgerlichen Gesellschaft ein mehr und mehr komplexes Bild, indem er immer wieder neue Kategorien einführte; gleichzeitig wurden seine grundlegenden theoretischen Aussagen, die sich auf den Wechselbezug der beiden antagonistischen Klassen beziehen, modifiziert (Jasińska-Nowak (1)).

Marx geht also beim Aufbau einer wissenschaftlichen Theorie stets folgendermaßen vor: (1) Er macht idealisierende Annahmen, (2) er formuliert idealisierende Gesetze, gestützt auf diese Annahmen, und (3) er konkretisiert diese Gesetze, indem er die Annahmen zurücknimmt und an den Folgerungen aus den Gesetzen geeignete Korrekturen anbringt. Diese Methode der Abstraktion (Idealisierung) und der Konkretisierung wird in jeder Wissenschaft angewandt, sobald sie in ihrer Entwicklung ihr frühes »empirisches Sammelstadium« verlassen hat. In der Physik kam es zu dieser methodischen Wende – nämlich der Ersetzung der induktiven Methode durch die Methode der Idealisierung – zur Zeit von Galilei. In der Ökonomie geschah dasselbe zur Zeit von Marx.

4. Die Methode der Idealisierung wird allgemein in allen fortgeschrittenen empirischen Wissenschaften angewandt; je reifer eine Wissenschaft ist, in um so höherem Maße wird vom Verfahren der Idealisierung Gebrauch gemacht. Um so drängender ist dann aber die Frage, wie diese Methode philosophisch gerechtfertigt werden kann. Wie gezeigt wurde, liegt für Marx deren Rechtfertigung in seiner essentialistischen Wirklichkeitsauffassung (Nowak (5)). Seiner Auffassung nach setzt sich jedes Phänomen zusammen aus Wesen und Erscheinung, und das Grundziel der idealisierenden Methode besteht darin, (1) zu Beginn die Erscheinung eines gegebenen Phänomens zu eliminieren, (2) sein Wesen in der reinsten Form herauszupräparieren, (3) Formen zu rekonstruieren, in denen das Wesen eines gegebenen Phänomens sich selbst in der Erscheinung darstellt. Das Ziel (1) ist erreichbar aufgrund der Einführung idealisierender Bedingungen, während die Ziele (2) und (3) erst verwirklicht werden können durch Aufstellung idealisierender Gesetze und deren entsprechende Konkretisierung.

Versuchen wir, dies etwas genauer zu erläutern. Nehmen wir als Grundbegriffe die des Faktors (Größe) und des Einflusses. Ersterer kann definiert werden auf der Basis mengentheoretischer Begriffe (Adjukiewicz (1)). Die Reihe aller Faktoren, die einen gegebenen Faktor *F* beeinflussen, gilt als der Raum der wesentlichen Faktoren von *F*. Nach gewöhnlichem Verständnis ist der Begriff »Einfluß« ein Ordnungsbegriff. Daher besteht die Möglichkeit, innerhalb der Faktoren, die den Raum der wesentlichen Faktoren für einen gegebenen Faktor ausmachen, zu unterscheiden zwischen solchen, die einen größeren, und solchen, die einen geringeren Einfluß ausüben. Insofern besteht für jeden Faktor eine Hierarchie ihn beeinflussender Faktoren. Ich nenne dies die Wesensstruktur einer gegebenen Größe (oder eines gegebenen Phänomens, da ein Phänomen definiert werden kann als die Tatsache, daß bestimmte Objekte eine gegebene Größe in einem bestimmten Ausmaß besitzen). Ein Faktor (oder Faktoren), der (oder die) innerhalb der betreffenden Hierarchie am wesentlichsten ist, verkörpert den Hauptfaktor für eine bestimmte Größe, während die übrigen ihr als sekundäre Faktoren zugeordnet werden. Die Abhängigkeit, die eine bestimmte Größe mit dem zugehörigen Hauptfaktor (den Hauptfaktoren) verbindet, nennen wir Regularität. Die Abhängigkeiten, die diese Größe mit dem Hauptfaktor und schrittweise mit den sekundären Faktoren verbinden, sind sukzessive Formen der Regularität.

Nun läßt sich die These des Essentialismus rekonstruieren. Sie kann verstanden werden als die Behauptung, daß für jede Größe eine Wesensstruktur existiert, die sowohl entsprechende Hauptfaktoren wie auch sekundäre Faktoren enthält. Und wenn man die so verstandene Essentialismus-These akzeptiert, dann wird aus der Idealisierung tatsächlich eine ganz natürliche Methode der Theoriebildung. Denn wenn man behauptet, daß jedes Phänomen seine eigenen Haupt- und Nebenaspekte hat, dann sind die letzteren mit Hilfe idealisierender Bedingungen auszuschalten, während die ersteren gleich vom Beginn der Theoriebildung an zu berücksichtigen sind. Die Beziehung zwischen Hauptfaktoren und den untersuchten Phänomenen müßte in einem idealisierenden Gesetz aufgedeckt werden, wobei dieses Gesetz zwangsläufig idealisierenden Bedingungen unterliegt; das Gesetz zielt ab auf die Darstellung des Wesens, das einem Phänomen bestimmter Art zukommt.

Kurz gesagt, wenn die These des Essentialismus akzeptiert wird, dann kann die Methode der Idealisierung als die Grundmethode jeder Theoriebildung angesehen werden. Niemand ist imstande zu garantieren, daß die Bildung einer bestimmten Theorie als einer idealisierenden zu einer wahren Theorie mit großer Erklärungsfähigkeit führt. Doch eine solche Theorie gehört zum Bereich idealisierender Theorien; es ist Sache einer erfahrungsfundierten Auswahl, sie unter anderen möglichen idealisierenden Erklärungen der Phänomene auszusondern.

Die Dialektik von Wesen und Erscheinung führt tatsächlich bei der Erkenntnis der Wirklichkeit zur Dialektik von Abstraktem und Konkretem.

5. Mit der These des Essentialismus ist die objektive Dialektik jedoch offensichtlich nicht erschöpft. Man könnte sogar annehmen, daß sie nicht einmal den wichtigsten Bestandteil der objektiven Dialektik bildet. Tatsächlich wird der essentialistische Gesichtspunkt von vielen philosophischen Theorien vorausgesetzt. Die Eigentümlichkeit der Dialektik wird erst sichtbar, wenn man das Problem der Bewegung in Betracht zieht.

In gegenwärtig geläufigen Formulierungen der marxistischen Dialektik wird Bewegung im Sinne des Common-sense verstanden: sie beruht auf der Tatsache, daß die Dinge sich ändern. Doch eine derart verstandene Dialektik ist eine Trivialität, die keine philosophische Diskussion lohnt. Jeder, auch der »Metaphysiker«, weiß, daß die Dinge fortwährenden Veränderungen unterliegen; eine typische Formulierung wie die folgende: »Der dialektische Materialismus betrachtet die Welt nicht als eine Menge fertiger Dinge, sondern als eine Ansammlung von Prozessen, bei denen alle Dinge fortwährenden Veränderungen unterliegen: sie entstehen und vergehen« (Cornforth (1) S. 66) schreibt der Metaphysik einen absurden Irrtum und der Dialektik eine triviale Wahrheit zu.

Doch auf der Grundlage der oben skizzierten Annahmen ergibt sich eine andere Möglichkeit, die Dialektik zu interpretieren. Die Grundidee bestünde demnach darin, daß mit der Annahme einer Dialektik behauptet wird, das Wesen der Dinge und nicht nur die Dinge selbst seien es, die Veränderungen unterliegen. In unserer Terminologie sind es nicht Dinge selbst, sondern die Wesensstrukturen, die sich gemäß der hier vorgeschlagenen Interpretation der Dialektik verändern. Man sollte bei Wesensstrukturen zwischen zwei Arten von Veränderungen unterscheiden: zwischen Transformationen (qualitativen Veränderungen), wenn die Hauptfaktoren eines bestimmten Phänomens sich verändern, und Entwicklungen (quantitativen Veränderungen), wenn die Hauptfaktoren stabil bleiben, während sekundäre Faktoren sich ändern. Bei qualitativer Veränderung unterliegt ein gegebenes Phänomen verschiedenen Regularitäten innerhalb der vergleichsweise herangezogenen Zeitpunkte, während es im Falle quantitativer Veränderung ein und derselben Regularität unterliegt, die sich in den betreffenden Zeitpunkten lediglich verschieden äußert (eine andere Reihe sekundärer Faktoren greift störend in die gleichbleibende Regularität ein).

Als Geschichte eines gegebenen Phänomens wollen wir eine Reihe von wesentlichen Veränderungen (qualitativen oder quantitativen) bezeichnen. Dieser Geschichtsbegriff entspricht im groben der Engelsschen Idee der Geschichte als einem Prozeß, bei dem auf jeder einzelnen Stufe verschiedene Gesetze auftreten. In der Tat treten auf jeder Stufe einer kategorialen Geschichte verschiedene Wesensstrukturen eines gegebenen Phänomens hervor, und deshalb unterliegt ein und dasselbe Phänomen zu verschiedenen Zeitpunkten verschiedenen Abhängigkeiten, d.h. auf jeder Stufe der Geschichte treten zumindest verschiedene Formen auf, in denen sich die Regularität manifestiert.

Die Prinzipien der objektiven Dialektik könnten interpretiert werden als ontologische Theoreme, die kategorialen Geschichten bestimmte allgemeine Bedingungen auferlegen. Beispielsweise kann das Prinzip des Umschlagens von Quantität in Qualität verstanden werden im Sinne einer allgemeinen Feststellung, die besagt, daß die Wesensstruktur eines bestimmten Phänomens zunächst eine Reihe von Entwicklungen und dann eine Transformation durchmacht; das bedeutet, einer »revolutionären Veränderung« geht jeweils eine Reihe von »evolutionären Veränderungen« voraus. Das Prinzip der doppelten Negation (oder der Einheit von Negation und Kontinuation) kann verstanden werden in dem Sinne, daß es keine Veränderungen wesentlicher Strukturen gibt, bei denen die neue Struktur nicht irgendwelche Faktoren mit der vorausgehenden gemeinsam hat; daher behalten bei allen wesentlichen Veränderungen bestimmte, zuvor bedeutsame Faktoren auch dann noch ihren Wesenscharakter. Ich fasse zusammen. Die methodologischen Analysen zeigen, daß die Marxsche Methode eine Methode der Idealisierung ist. Diese Methode findet ihre philosophische Rechtfertigung in der These des Essentialismus. Die Marxsche Dialektik unterscheidet sich von anderen Formen des Essentialismus durch die These von der Veränderbarkeit der Wesenstrukturen.

6. Fassen wir das Bisherige zusammen. Die methodologische Analyse zeigt, daß die Marxsche Methode in der Idealisierung besteht. Diese Methode findet ihre Rechtfertigung in der These des Essentialismus. Die Marxsche Dialektik zeichnet sich gegenüber anderen Formen von Essentialismus dadurch aus, daß sie eine Veränderbarkeit von Wesensstrukturen vertritt.
Wir gehen nun zu der Frage über, ob die oben skizzierte Interpretation der Dialektik und die sog. kategoriale Interpretation der Dialektik es möglich macht zu entscheiden, ob der Erkenntnisprozeß ein dialektischer Prozeß ist.

Der Erkenntnisprozeß setzt sich zusammen aus bestimmten Bindegliedern, nämlich den wissenschaftlichen Theorien. Das Ausgangsstadium bei der Ausbildung einer solchen Theorie besteht in der Rekonstruktion der Wesensstruktur des untersuchten Phänomens – ein Forscher schlägt versuchsweise eine Hierarchie von Faktoren (das Bild der Wesensstruktur) vor, die er als für dieses Phänomen bedeutsam ansieht. Sodann führt er idealisierende Namen ein, durch die er jene Faktoren eliminiert, die er als sekundäre klassifiziert hat. Und schließlich formuliert er das idealisierende Gesetz, das allen gemachten Voraussetzungen gerecht wird und das Gesetz konkretisiert. Am Ende ist dann eine einfache idealisierende Theorie, d.h. ein idealisierendes Gesetz und die Abfolge, seiner Konkretisierungen etabliert (zu den komplizierteren Formen idealisierender Theorien vgl. Patryas (1), Brzeziński (1), Brzeziński u.a. (1), Tuchańska (1), Zielińska (1) u.a.).

Wenn dies die Grundstruktur einer wissenschaftlichen Theorie ist, dann kann man ein charakteristisches Phänomen beobachten. Die innere Struktur einer Theorie, die ein gegebenes Phänomen erklärt, verhält sich isomorph zur inneren Struktur des Phänomens selbst. Diese Hierarchie von Hauptfaktoren und sekundären Faktoren entspricht der Hierarchie von Behauptungen innerhalb der Theorie (idealisierendes Gesetz und seine Konkretisierungen). So zeigt sich, daß die epistemologische Struktur einer wissenschaftlichen Theorie (in ihrer Grundform) kein »willkürliches Produkt des menschlichen Geistes« ist, sondern eine Widerspiegelung der ontologischen Struktur eines Phänomens. Daher hat die ontologische These des Essentialismus ein epistemologisches Analogon in der These, daß wissenschaftliche Theorien ihrer Natur nach idealisierend sind.

7. Eine der Konsequenzen einer Interpretation, die die Marxsche

Methode der Abstraktion und Konkretisierung im Sinne einer Idealisierung versteht, besteht darin, daß die klassische Definition der Wahrheit zurückzuweisen ist. Nach den gängigen Auffassungen setzt der Marxismus in seiner Widerspiegelungstheorie die klassische Definition der Wahrheit voraus, nämlich als Korrespondenz zwischen dem, was gesagt wird, und dem, was wirklich in der Welt geschieht. Ich meine nun, wenn wir die Rolle aufdekken, die die Idealisierung im Bereich wissenschaftlicher Verfahren spielt, so führt uns das zur Ablehnung dieser unter Marxisten weit verbreiteten Auffassung.

In der Theorie der Wahrheit kann man zwei grundlegende Traditionen ausmachen. Die eine stammt sicherlich von Aristoteles:

(A) Wahrheit besteht in getreuer Wiedergabe, während die andere sich sicherlich von Hegel herleitet:

(B) Wahrheit besteht in passender Verformung.

Die erste ist ziemlich einfach, so daß wir gleich zu der zweiten übergehen wollen. Laut Hegels eigener Formulierung ist die Wahrheit das, was am Phänomen wesentlich ist. Um Wahrheit zu entdecken, müssen wir also im Geiste die Erscheinung eliminieren, die das aktuelle Phänomen verformt, welches zusammengesetzt ist aus Wesen und Erscheinung. Verformung und nicht Wiedergabe ist das, was die Wahrheit ausmacht.

Aus dem Gesagten folgt, daß die klassische Definition der Wahrheit sich auf idealisierende Aussagen überhaupt nicht anwenden läßt. Diese zielen nämlich nicht ab auf getreue Wiedergabe dessen, was sich ereignet; denn es liegt auf der Hand, daß ein ideales Gleichgewicht von Zufuhr und Nachfrage, das Fehlen einer Akkumulation in einer kapitalistischen Gesellschaft oder das Fehlen eines Luftwiderstands, das Fehlen bestimmter Dimensionen usw. tatsächlich gar nicht auftreten kann. Wollte einer sich weigern, idealisierende Gesetze als solche zu behandeln, die ideale Welten beschreiben, wo geschieht, was überhaupt nicht geschehen kann (eine solche Interpretation ist in meiner früheren Auffassung von Idealisierung enthalten – Nowak (6)), so wäre er gezwungen, die Bestimmung (A), soweit es um idealisierende Aussagen geht, zu verwerfen. Viel plausibler erscheint es mir, idealisierende Aussagen unter dem Gesichtspunkt der wahrheitstheoretischen Tradition (B) zu würdigen. Das, worauf eine idealisierende Aussage in Wirklichkeit abzielt, ist eine Eliminierung dessen, was sekundär ist, und eine Berücksichtigung dessen, was primär ist. Mit anderen

Worten, Idealisierung setzt eine intellektuelle Verformung des Phänomens voraus, wie es in der Formel (B) zum Ausdruck kommt. Weitere Analysen zeigen, daß die spezielle Begrifflichkeit der Wahrheit (die Begriffe der partiellen, relativen oder absoluten Wahrheit), die in der marxistischen Tradition lebendig ist, innerhalb des hier skizzierten begrifflichen Rahmens expliziert werden kann. So ist z. B. eine Aussage partiell (relativ) wahr, wenn sie eine der wirklichen sekundären Faktoren (bzw. alle wirklichen Hauptfaktoren) für ein gegebenes Phänomen aufdeckt (vgl. Nowakowa (1)).

Für diese Auffassung vom Wahrheitsgehalt idealisierender Aussagen gibt es ein ziemlich unerwartetes Analogon. Wie zu bemerken ist, läßt sich die Karikatur ebenfalls nicht unter dem Gesichtspunkt der Tradition (A) würdigen. Sie geht nicht aus auf Wiedergabe einer beschriebenen Person oder Situation, sondern auf eine passende Verformung derselben, d. h. auf eine solche Verformung, die nur enthält, was wichtig oder charakteristisch ist, und ausläßt, was sekundär ist. Daraus folgt, daß die Wissenschaft eine Karikatur der Wirklichkeit ist. Das umgekehrte trifft nicht zu, da die Wissenschaft auch die Methode der Konkretisierung anwendet, welche der Karikatur fremd ist. Auf jeden Fall haben Wissenschaft und Karikatur (oder, um es allgemeiner zu sagen, und Kunst) einen wichtigen gemeinsamen Grundzug: die Idealisierung. Nach unserer Auffassung ist dies die wichtigste epistemologische Eigenschaft beider.

8. Die bisherigen Überlegungen erlauben es uns, die Formel, daß unsere Erkenntnis eine Widerspiegelung der Wirklichkeit ist, neu zu interpretieren. Die gängige Interpretation dieser Formel lautet, daß wir die (klassische) Wahrheit tatsächlich finden oder daß unser Erkennen dazu »tendiert«, (im klassischen Sinne) wahr zu sein. Die erste Version ist trivial, während die andere sinnlos ist, solange man kein Kriterium für die Abstufung des Wahrheitsgehalts angibt (was, nebenbei gesagt, sicherlich unmöglich ist, da die Bestimmung der Wahrheit im klassischen Sinne ein dichotomischer Begriff ist). Aus diesem Grunde verlangt die in Frage stehende Formel eine andere Interpretation. Diese könnte folgendermaßen lauten: Wissenschaftliche Erkenntnis ist eine Widerspiegelung der Realität in dem Sinne, daß die innere Struktur von deren Grundeinheit, d. h. einer idealisierenden Theorie, in isomorpher Entsprechung steht zur ontischen Struktur eines Phänomens der äuße-

ren Welt. Freilich betrifft dieser Vorschlag nur die Statik sowohl der Erkenntnis wie der Realität. Ein anderer Aspekt der Formel wird deutlich, wenn der dynamische Aspekt beider Bereiche in Betracht gezogen wird.

9. Eine jede idealisierende Theorie erlaubt es nur, approximative Voraussagen zu treffen. Das Bild der Wesensstruktur, das in jeder derartigen Theorie vorausgesetzt ist, enthält niemals alle Faktoren, die für die untersuchte Größe von Wichtigkeit sind, und einige der in ihr enthaltenen Faktoren werden irrtümlicherweise als wesentlich für diese Größe angesehen. Mithin bestehen immer irgendwelche Diskrepanzen zwischen Voraussagen und dem wirklichen Ablauf der Phänomene. Anfangs betrachtet der Erfinder einer Theorie diese Diskrepanz lediglich als Resultat einer unvollständigen Beachtung sekundärer Faktoren. Er versucht deshalb, einige zusätzliche Faktoren herauszufinden, die einen Einfluß haben auf die untersuchte Größe, und er versucht, sein Bild von der Wesensstruktur anzureichern, indem er jene als neue sekundäre Faktoren behandelt. Dann konstruiert er die neue Theorie, indem er neue idealisierende Annahmen macht (d. h. solche, die die neu erkannten sekundären Faktoren ausschalten), indem er das neue Gesetz aufstellt, das in seinen Konsequenzen dieselbe Formel enthält, doch versehen mit neuen vereinfachenden Bedingungen, und indem er das Gesetz schließlich konkretisiert. Auf diese Weise erhält er eine neue Theorie mit demselben idealisierenden Gesetz (insofern es unter der wachsenden Anzahl von idealisierenden Bedingungen sich behauptet), doch mit einer größeren Anzahl von Konkretisierungen. Das alte Gesetz wird im Rahmen der neuen Theorie abstrakter, doch auch im strengen Sinne konkretisiert. Dies führt zu dem Resultat, daß die neue Theorie sich zu einer vollständigeren Theorie eines gegebenen Phänomens ausweitet und bessere Annäherungen an die Tatsachen gestattet als die alte. In einer solchen Situation kann man sagen, daß die neue Theorie der vorherigen dialektisch entspricht (Nowakowa (2), (3)). Oder wie man auch sagen kann, die neue Theorie ist eine Entwicklung der vorhergehenden, wenn die soeben skizzierten Bedingungen erfüllt sind.

Jede Theorie durchläuft eine Anzahl sukzessiver Entwicklungsstadien. Dennoch, wenn irgendwelche Diskrepanzen zu den Tatsachen nicht behoben werden können trotz zahlreicher Versuche, die in der Wissenschaft unternommen werden, dann breitet sich innerhalb der wissenschaftlichen Gemeinschaft die Überzeugung aus, daß es für diesen Sachverhalt objektive Gründe geben muß. Das besagt, die Wissenschaftler neigen nun der Auffassung zu, daß in der Anfangstheorie, nämlich jener, die die Reihe der Entwicklungen ausgelöst hat, nicht bloß sekundäre, sondern primäre Faktoren auf ungeeignete Weise ausgewählt wurden. Und man macht nun den Versuch, neue Theorien des gegebenen Phänomens aufzustellen, die sich grundlegend von der gesamten vorhergehenden Tradition unterscheiden. Ein neuer Ansatz basiert auf einer gänzlich verschiedenen Hierarchisierung wesentlicher Faktoren – ein neues Repertoire von Hauptfaktoren wird akzeptiert. Demzufolge wird ein neues idealisierendes Gesetz (d.h. eines mit einer neuen Formel in seinen Konsequenzen) aufgestellt, und es werden Konkretisierungen vorgenommen. Doch zugleich gibt der Autor einer neuen Theorie niemals alle Faktoren auf, die früher als bedeutsam betrachtet wurden, einige von ihnen werden weiterhin beibehalten. Andernfalls wäre es unmöglich zu erklären, warum die ältere Theorie (und erst recht ihre sukzessiven Entwicklungsstadien) eine definitive Annäherung an die Erklärungstatsachen zustandebrachte. Mit anderen Worten, einige der idealisierenden Bedingungen des neuen Gesetzes sind der vorhergehenden Theorie entnommen (der letzten Entwicklungsstufe der Anfangstheorie, die die alte Tradition eröffnete). In diesem Falle kann man sagen, die neue Theorie bedeutet die dialektische Negation einer vorhergehenden. Der Grund für diese Ausdrucksweise liegt darin, daß das neue idealisierende Gesetz andere Formeln zu seinen Konsequenzen zählt als das vorhergehende Gesetz, daß aber einige Konkretisierungen des neuen Gesetzes Abhängigkeiten wiederholen, die früher herausgefunden worden waren. In einem solchen Falle gebrauche ich auch den Ausdruck »Transformation«. Eine Transformation wird akzeptiert, wenn eine Theorie – zumindest mit demselben Approximationsgrad wie die vorhergehende Theorie – die Tatsachen erklärt, die vorher erklärt wurden, und wenn sie die Möglichkeit gibt, mit einer hinreichenden Approximation neue Tatsachen vorherzusagen. Diese neue Theorie, die eine Transformation der vorhergehenden ist, eröffnet eine Reihe von neuen Entwicklungen, d.h. von Theorien, die ihr dialektisch entsprechen.

Empirische Daten, die dieses Bild der Wissenschaftsentwicklung bestätigen, werden in einer Reihe von Werken analysiert (Nowakowa (1), (2), (3), Nowak (7), Such (1)). Wir setzen daher seine empirische Relevanz voraus und wollen lediglich noch zeigen, daß es dem Bild der objektiven Geschichte, wie es in der objektiven Dialektik zum Vorschein kommt, voll entspricht. Dialektische Entsprechung hängt nämlich zusammen mit quantitativer Veränderung, während dialektische Negation mit qualitativer Veränderung zusammenhängt. Darüber hinaus zeigt sich folgende Entsprechung: Wie die kategoriale Geschichte eines Phänomens, entsprechend dem ontologischen Prinzip des Umschlagens von Quantität in Qualität, aus einer Reihe von quantitativen Veränderungen besteht, die zu einer qualitativen Veränderung führen, so besteht die Geschichte der Theorien eines Phänomens aus einer Reihe von dialektisch sich entsprechenden Theorien, die zu einer Theorie führen, die sie dialektisch negiert. Die Behauptung, daß die Geschichte der wissenschaftlichen Theorien so aussieht: Eine Reihe von Entwicklungen der Anfangstheorien, eine Transformation derselben, eine neue Reihe von Entwicklungen der letzteren usw. ist ein epistemologisches Äquivalent des ontologischen Prinzips vom Umschlagen von Quantität in Qualität. Deshalb verdient es denselben Namen, nämlich epistemologisches Prinzip des Umschlagens von Quantität in Qualität. Dies ist auch der Grund, warum ich dieselben Begriffe »Entwicklung« und »Transformation« gewählt habe, die sich sowohl auf ontologische wie auf epistemologische Beziehungen anwenden lassen (quantitative Veränderung – dialektische Entsprechung, qualitative Veränderung – dialektische Negation). Auf ganz ähnliche Weise ist die Behauptung, daß keine neue Theorie vollständig mit der vorhergehenden bricht (einige vorher anerkannte Faktoren und Abhängigkeiten werden als sekundäre Faktoren und abgeleitete Abhängigkeiten in den Konkretisierungen des neuen Gesetzes beibehalten), ein epistemologisches Äquivalent des Prinzips der doppelten Negation, das aus der objektiven Dialektik stammt.

10. Auf diese Weise läßt sich behaupten, daß eine Entsprechung besteht zwischen den Grundthesen der objektiven Dialektik (die kategorial verstanden wird) und den Grundthesen der subjektiven Dialektik (die idealisierend verstanden wird). Sowohl die innere Struktur einer wissenschaftlichen Theorie wie auch die Prinzipien ihrer Veränderlichkeit verhalten sich isomorph zur inneren Struktur eines Phänomens und den Prinzipien seiner kategorialen Veränderbarkeit. Dies ermöglicht eine bestimmte Interpretation der Engelsschen These von der Einheit von Denken und Sein. Diese

Einheit besteht in der Tat, da die philosophischen Prinzipien beider Bereiche isomorph sind. Auf diese Weise kann die Grundfrage der vorliegenden Studie beantwortet werden: ja, der Erkenntnisprozeß ist dialektischer Natur. Doch dies gilt nur unter bestimmten Bedingungen: *wenn* die objektive Dialektik im kategorialen Sinne und die subjektive Dialektik im idealisierenden Sinne verstanden wird. Für die Befürworter der gängigen Formen von Dialektik ist die Frage damit immer noch völlig offen.

Bibliographie

Ajdukiewicz, K., *Pragmatic Logic,* Reidel, Dordrecht/Boston 1977.

Brzeziński, J. (1), »Interaction, Essential Structure, Experiment«, *Poznań Studies in the Philosophy of the Sciences and the Humanities,* vol. 1, no. 1, 1975.

Brzeziński, J., Burbelka, I., Klawiter, A., Kastowski, K., Magala, S., Nowak, L. (1), »Law and Theory. A Contribution to the Idealizational Interpretation of the Marxist Methodology«, *Poznań Studies in the Philosophy of the Sciences and the Humanities,* vol. 2, no. 3, 1976.

Cornforth, M. C. (1), *Dialectical Materialism,* Poln. Übersetzung: Warschau 1964 (engl. Ausg.: Bd. 1: London 1952, ³1961, Bd. 2: 1953, ²1962).

Jasińska, A., Nowak, L. (1), »Grundlagen der Marxschen Klassentheorie. Eine Rekonstruktion«, in: (Hrsg.) J. Ritsert, *Zur Wissenschaftslogik einer kritischen Soziologie,* Suhrkamp, Frankfurt a. M., 1976.

Nowak, L. (1), »The Problem of Explanation in Karl Marx's *Capital*«, *Quality and Quantity,* vol. 5, no. 2, 1971.

– (2), »On Some Interpretation of the Marxist Methodology«, *Zeitschrift für allgemeine Wissenschaftstheorie,* VII/1, 1976.

– (3), »Essence – Idealization – Praxis. An Attempt at a Certain Interpretation of the Marxist Concept of Science«, *Poznań Studies in the Philosophy of the Sciences and the Humanities,* vol. 2, no. 3, 1976.

– (4), »On the Categorial Interpretation of History«, *ibid.,* vol. 2, no. 4, 1976.

– (5), »Marx's Concept of Law of Science«, in: (eds.) M. Przełęcki, K. Szaniawski, R. Wójcicki, *Formal Methods in the Methodology of Empirical Sciences,* Reidel-Ossolineum, 1976.

– (6), »Idealizational Laws and Explanation«, *Logique et Analyse,* 60, 1972.

– (7), »Relative Truth, the Correspondence Principle, Absolute Truth«, *Philosophy of Science*, vol. 42, no. 2, 1975.
Nowakowa, I. (1), »Idealization and the Problem of Correspondence«, *Poznań Studies in the Philosophy of the Sciences and the Humanities*, vol. 1, no. 1, 1975.
– (2), »On the Concept of Correspondence«, *ibid.*, vol. 1, no. 2, 1975.
– (3), »Partial Truth, Relative Truth, Absolute Truth. An Attempt at the Construction of an Ordering Concept of Essential Truth«, *ibid.*, vol. 2, no. 4, 1976.
Patryas, W. (1), »An Analysis of the ›Ceteris Paribus Clause‹«, *ibid.*, vol. 1, no. 1, 1975.
Such, J. (1), »The Method of Idealization and Concretization in Natural Sciences«, *ibid.*, (im Druck).
Tuchanska, B. (1), »Factor vs. Magnitude«, *ibid.*, vol. 2, no. 3, 1976.
Zielińska, R. (1), »On Inter-functional Concretization«, *ibid.*
Werle, J. (1), »A Physicist on Matter« (in Polnisch), *Argumenty*, no. 22, 1975.

William Newton-Smith
Wandel in der Wissenschaft

1. Das Bild der Wissenschaft

Das Bild der Wissenschaft, das die wissenschaftliche Gemeinschaft mit Vorliebe von sich selbst entwirft und das die meisten von uns tatsächlich akzeptieren, ist das einer *Rationalität par excellence.* Die wissenschaftliche Gemeinschaft, die als das eigentliche Paradigma einer institutionalisierten Rationalität angesehen wird, gilt als im Besitz einer *wissenschaftlichen Methode,* die eine ›Logik der Begründung‹ hervorbringt. Damit hat sie eine Technik zur Verfügung, die es erlaubt, die Vorzüge wissenschaftlicher Theorien objektiv abzuschätzen. Darüber hinaus wird der wissenschaftlichen Methode von manchen sogar eine ›Logik der Entdeckung‹ zugesprochen, was besagt, daß sie dem Wissenschaftler Hilfsmittel für die Entdeckung neuer und die Fortentwicklung älterer Theorien liefert. Und bei der noblen (vielleicht gar nobelpreisverdächtigen) Verfolgung bestimmter wertvoller Ziele (wechselnd charakterisiert als Wahrheit, Erkenntnis, Erklärung usf.) bedienen sich die Mitglieder der Gemeinschaft unvoreingenommen und selbstlos ihrer Werkzeuge, nämlich ihrer wissenschaftlichen Methode. Jede ihrer Anwendungen bringt uns einen Schritt weiter auf dem Königsweg zu dem hochgeschätzten Ziel.

Die Wissenschaftstheoretiker des 20. Jahrhunderts haben sich dieses Bild weithin zu eigen gemacht und beträchtliche Anstrengung darauf verwandt, die wissenschaftlichen Theorien und Methoden unter der Annahme zu analysieren, daß die faktische Realität sich diesem Bild zumindest annähert. Wenn gelegentlich eine etwas bescheidenere Betrachtung der Wissenschaft um sich greift, so gewöhnlich deshalb, weil andere Formen der menschlichen Betätigung noch bescheidener eingeschätzt werden. So schreibt Popper:

»Die Geschichte der Wissenschaft ist wie die Geschichte aller menschlichen Ideen eine Geschichte, die aus unverantwortlichen Träumen, Eigensinn und Irrtum besteht. Doch die Wissenschaft ist eine der wenigen menschlichen Betätigungen – vielleicht die einzige –, in der Irrtümer systematisch kritisiert und oft genug mit der Zeit korrigiert werden ... in anderen Bereichen gibt es einen Wandel, doch selten einen Fortschritt ...«[1]

Die ausnehmende Popularität, die dieses Bild der Wissenschaft genießt, rührt wenigstens zum Teil her von den großen Erfolgen der jüngsten Wissenschaft, namentlich der Physik. Wie anders soll man sich die Erfolge der ›harten‹ Wissenschaft erklären, wenn nicht unter der Annahme, daß es hier eine privilegierte Methode gibt und eine Gemeinschaft, die diese Methode selbstlos anwendet? Es wird also angenommen, daß es mit dieser Methode und dieser Gemeinschaft etwas Besonderes auf sich haben muß, wenn man sich die herausragenden Leistungen der Wissenschaft klarmachen will. Philosophen und andere, die weiter stolpern, ohne einen gemeinschaftsverbindlichen Konsens über sichtlich erfolgreiche Theorien zu erzielen, werden in der Tat oft als Leute angesehen, die in verkehrtem Eigensinn diesem Anstoß, der von den Epistemologen ausgeht, aus dem Wege gehen. Wenn der Philosoph und seine Brüder aus dem Reich der Finsternis nur bereit wären, dem Wissenschaftler nachzueifern, so würden sie die Fähigkeit erwerben, »Probleme zu lösen, die in vergangenen Zeiten das Opfer blinden Ratens geworden waren«.[2]

In jüngster Zeit geriet dieses Bild der Wissenschaft unter die Attacke verschiedenartigster Wissenschaftshistoriker, Wissenschaftssoziologen und Wissenschaftstheoretiker. Feyerabend z. B. sieht die diesem Bild anhaftenden Überzeugungen nicht nur als ungerechtfertigt an, sondern als entschieden verderblich. Gegen Ende seines Buches *Wider den Methodenzwang* drängt er uns dazu, »die Gesellschaft aus dem Würgegriff einer ideologisch erstarrten Wissenschaft« zu befreien, »genau wie unsere Vorfahren *uns* aus dem Würgegriff der ›reinen wahren Religion‹ befreit haben«[3]. Für Feyerabend, Kuhn und andere ist es nicht nur so, daß die wissenschaftliche Praxis dem Bild, das die Gemeinschaft von ihr entwirft, tatsächlich nicht entspricht, sie *könnte es gar nicht.* Denn so wie sie die Sache erklären, enthält dieses Bild unhaltbare Annahmen, was die Objektivität der Wahrheit, die Rolle des Beweises und die Invarianz der Bedeutungen betrifft. Dementsprechend neigen sie zu der Behauptung, das Bild sei nicht einmal imstande, als Ideal zu fungieren, dem die Praxis der Wissenschaft nachzueifern habe. Darüber hinaus verkörpert der Anspruch der Gemeinschaft, sich diesem Bild anzunähern, zumindest für Feyerabend eine verzerrte Ideologie, die dazu angetan ist, den Interessen der wissenschaftlichen Gemeinschaft zu dienen. Wenn man untersuchen will, in welchem Ausmaß das Selbstbildnis der wissenschaftlichen Gemeinschaft der faktischen Situation entspricht, so lohnt es sich, von dem Phänomen des Wandels der Wissenschaft auszugehen. Denn *sub specie aeternitatis* betrachtet, sind die Wissenschaftler (selbst die Physiker) eine recht wechselhafte Gesellschaft. Die Geschichte der Wissenschaft zeigt uns, wie von Theorie zu Theorie ein vielfältiger Geltungswechsel stattfindet. Die Newtonsche Mechanik etwa hatte ihre kurze Blütezeit, wo sie eine der Möglichkeit nach universale Geltung erlangte. Dann kam nach einer dramatischen und kurzen Umbruchphase die relativistische Mechanik an die Macht, und sie erlangte bei der wissenschaftlichen Gemeinschaft dieselbe Allgemeingültigkeit und eine ebenso feste Zustimmung. Wir dürfen nur dann die wissenschaftliche Praxis als das eigentliche Paradigma der Rationalität ansehen, wenn wir dem Anspruch genügen können, diese Art von wissenschaftlichem Wandel rational zu erklären.

Die Tätigkeit der Wissenschaftler besteht in beträchtlichem Maße darin, Gründe für den Wandel anzugeben oder ihn zu erklären. Dieser Geltungswechsel von Theorie zu Theorie, den wir im Auge haben, wenn wir vom *Wandel der Wissenschaft* reden, ist selbst eine Form des Wandels, die der Erklärung bedarf. Doch welcher Art von Erklärung? Diese Frage konfrontiert uns mit dem, was Kuhn als *vor-paradigmatische* Situation beschreibt. Anders als in den gegenwärtigen physikalischen Wissenschaften, wo die Gemeinschaft der Forscher für viele Forschungsbereiche einhellig dieselbe Form oder denselben Typ der Erklärung gelten läßt, finden wir keine solche Übereinstimmung, wenn wir die Wissenschaft selbst zum Gegenstand der Forschung machen. Hier sind detaillierte Erklärungsversuche noch eine Seltenheit. Statt dessen finden wir nur völlig divergierende Typen von *Erklärungsskizzen.* Die Unterschiede, die zwischen den Befürwortern solcher Skizzen bestehen, reichen so tief, wie intellektuelle Divergenzen es überhaupt tun können; sie implizieren in diesem Falle differierende Meinungen schon über die Möglichkeit des rationalen Diskurses und über das, was das Wesen von Wahrheit, Wert, Sprache und Bedeutung, Erklärung usw. ausmacht. Es mag nützlich sein, zu Beginn die Erklärungsmodelle für den Wandel der Wissenschaft in zwei Klassen einzuteilen, von denen die eine aus *rationalen Modellen,* die andere aus *nicht-rationalen* Modellen bestehen soll.

In diesem Aufsatz, der nur ein Programm entwerfen soll[4], will ich in einer ersten Skizze klarmachen, worum es in der Kontroverse zwischen Rationalisten wie Popper und Lakatos und Nicht-Rationalisten wie Kuhn und Feyerabend geht. Danach werde ich eine Reihe von Argumenten entwickeln, die Gründe dafür enthalten, daß man die extremen Behauptungen von Kuhn und Feyerabend zurückweist, ohne sich deshalb genötigt zu sehen, das entgegengesetzte Extrem der Popperschen Position zu akzeptieren.

2. Ein rationales Modell des Wandels der Wissenschaft

Wie diese Thematik mit der Frage nach einer Anpassung von Bild und Wirklichkeit zusammenhängt, wird sich zeigen, wenn zunächst der Begriff eines rationalen Modells des Wandels der Wissenschaft expliziert worden ist. Der Begriff eines rationalen Modells läßt sich unter ein Schema bringen, indem man zwei entscheidende Bestandteile spezifiziert. An erster Stelle bestimmt man etwas als das Ziel der Wissenschaft. Das besagt, den Wissenschaftlern wird das Ziel zugeschrieben, Theorien einer bestimmten Art zu erzeugen. Man kann z. B. mit Popper behaupten, das Ziel der Wissenschaft bestehe in der Erzeugung wahrer erklärender Theorien. Oder man kann annehmen, das Ziel sei die Erzeugung von Theorien, die dazu dienen, Vorhersagen zu machen (ohne sich um Wahrheit zu kümmern). Rationalisten gehen davon aus, man könne den Anspruch rechtfertigen, daß die Wissenschaft dieses Ziel zu verfolgen habe. In der Tat kann man die Ansicht vertreten, die Wissenschaft sei entstanden als ein Unternehmen, das auf irgendeine Weise diesem Ziel dient. Zweitens, die Verfolgung des Ziels geht über den Gebrauch einer bestimmten Technik oder einer Reihe von Techniken, die geeignet sind, rivalisierende Theorien vor einem gegebenen Beweishintergrund gegeneinander abzuwägen. Ein solches Bündel von Vergleichsprinzipien (manchmal Methodologie genannt) dient dazu, Theorien daraufhin zu überprüfen, wieweit sie das fragliche Ziel tatsächlich oder voraussichtlich erreichen. Die Annahme, diese Prinzipien könnten objektiv gerechtfertigt werden, bildet einen wesentlichen Aspekt der rationalistischen Position.

Angenommen, es handelt sich um einen besonderen Fall von Geltungswandel in der wissenschaftlichen Gemeinschaft, etwa um den Wechsel von Lorentz' Ätherwindtheorie zu Einsteins spezieller Relativitätstheorie, der um die Wende dieses Jahrhunderts stattfand, so gilt dieser Wandel als durch ein spezielles Modell erklärt, wenn folgende Bedingungen erfüllt sind:

1. Die wissenschaftliche Gemeinschaft hatte zum Ziel eben das Ziel, das durch das Modell aufgestellt wird.
2. Bezogen auf die damalige Beweislage war die Theorie T_2 der alten Theorie T_1 überlegen, wobei dies aufgrund der Vergleichsprinzipien überprüft wird, die durch das Modell spezifiziert wurden.
3. Die wissenschaftliche Gemeinschaft erkannte diese Überlegenheit von T_2 über T_1.
4. Diese Erkenntnis veranlaßte die Mitglieder der Gemeinschaft, T_1 zugunsten von T_2 aufzugeben.

Eine so geartete Erklärung eines besonderen Falles vom Wandel der Wissenschaft möchte ich als ein Verfahren kennzeichnen, das den Wandel im Rahmen *interner Faktoren* erklärt. ›Intern‹ besagt hier, daß die erwähnten Faktoren sich ausschließlich auf Aspekte der fraglichen Theorie beziehen und auf solche Aspekte, die mit der Relation zwischen den Theorien und dem verfügbaren Beweishintergrund zu tun haben. Im Gegensatz dazu werde ich Faktoren, die nicht mit den Theorien und der Beweisebene zu tun haben, sondern mit Tatsachen, die Befürworter und Gegner der Theorien betreffen, als *externe Faktoren* bezeichnen. Insofern ein besonderer Fall von Wandel der Wissenschaft einer rationalen Erklärung zugänglich ist, nimmt diese keinen Bezug auf externe Faktoren wie etwa die propagandistischen Fähigkeiten der Verfechter der neuen Theorie oder das soziale Zeitklima.

Innerhalb dieses Schemas könnten durchaus verschiedenartige Ziele aufgestellt werden. Tatsächlich besteht jedoch bei Rationalisten die Tendenz, sich zu einem *Realismus* zu bekennen.[5] Das heißt, daß wissenschaftliche Theorien entweder wahr oder falsch sind und daß die Beantwortung der Frage, welche jeweils wahr ist, von der Beschaffenheit der Welt abhängt. Somit besteht für den Realisten das Ziel darin, wahre erklärende Theorien zu erzeugen. Infolgedessen beruht der Nachweis, daß eine Theorie der anderen überlegen ist, darauf, daß eine Theorie mit größerer Wahrscheinlichkeit wahr ist oder doch wenigstens mit größerer Wahrscheinlichkeit der Wahrheit näherkommt als die andere.

Bis jetzt habe ich nur von der Erklärung des Wandels gesprochen. Wenn uns auch zunächst an einer Erklärung des Wandels gelegen ist, so gibt es doch auch Situationen, wo nicht der Wandel, sondern das Ausbleiben eines Wandels der Erklärung bedarf. Es hat z. B. Fälle gegeben, wo die wissenschaftliche Gemeinschaft den Geltungswechsel von einer Theorie zur andern besonders langsam vollzog, obwohl im Rückblick angenommen wird, daß die spätere Theorie der früheren weit überlegen ist und war. Soll dieses Ausbleiben eines Wandels aufgrund eines rationalen Modells erklärt werden, so ist zu zeigen, daß die neue Theorie, allem Augenschein zum Trotz, zum damaligen Zeitpunkt der alten Theorie nicht überlegen war. Wenn dieses Fehlen eines Wandels nur erklärt werden kann auf Grund der Tatsache, daß die Befürworter der früheren Theorie die Zeitschriften und die wichtigsten Abteilungen der Universitäten kontrollierten, so ist es nicht rational erklärbar. Wenn ich der Einfachheit halber im folgenden zumeist nur vom Wandel der Wissenschaft rede, so ist davon auszugehen, daß dieselbe Überlegung auch bei Fehlen eines Wandels anwendbar ist.

Um diesen Begriff der rationalen Erklärung des Wandels mit etwas konkreterem Inhalt zu füllen, wollen wir kurz ein bestimmtes Beispiel in Betracht ziehen, in diesem Falle ein Beispiel vom Ausbleiben des Wandels. Im frühen 19. Jahrhundert stellte Young eine Wellentheorie des Lichts auf. Zur damaligen Zeit begünstigte die vorherrschende wissenschaftliche Meinung Korpuskulartheorien des Licht von dem Typ, den Newton befürwortet hatte. Und doch scheint es heute vielen Leuten völlig einleuchtend, daß Wellentheorien des Lichts richtig sind und daß ihr Vorrang im frühen 19. Jahrhundert hätte erkannt werden können; daher wird das Fehlen eines Wandels erklärt unter Bezugnahme auf externe Faktoren. Man behauptet, Young sei schlicht verkannt worden, weil Newton eine solche Heldenverehrung genoß (wenn Newton sich so äußerte, so mußte etwas dran sein). Man beruft sich ferner auf Youngs, wie man meint, unglückliche Art und Weise, seine Theorie zu präsentieren, und auf einen anonymen Rufmord, der durch eine Veröffentlichung in der *Edinburgh Review* zustande kam.[6] Jene, die die Tatsache, daß in der wissenschaftlichen Gemeinschaft ein Geltungswechsel ausblieb, rational zu erklären beanspruchen, versuchen zu zeigen, daß Youngs Theorie in ihrem damaligen Zustand den Newtonschen Korpuskulartheorien objektiv unterlegen war, wenn man sie an der damaligen Beweislage mißt. Während Rationalisten annehmen, daß die Wissenschaftsgeschichte im allgemeinen aufgrund eines rationalen Modells erklärt werden kann, sind sie nicht so rasch bei der Hand mit der Behauptung, jeglicher Wandel sei rational erklärbar. Im allgemeinen wird eingeräumt, daß es Formen des Geltungswandels gibt oder geben kann, die nur unter Bezugnahme auf externe Faktoren erklärt werden können, und weiter, daß bei jedem besonderen Fall eines Wandels, der in seinen Grundzügen im Rahmen eines rationalen Modells erklärt werden kann, Aspekte des Wandels übrig bleiben, deren Erklärung nur unter Bezugnahme auf externe Faktoren möglich ist.

Im allgemeinen wird die Voraussetzung gemacht, daß eine psychologische oder soziologische Erklärung nur dann angemessen ist, wenn die Personen, deren Verhalten zur Debatte steht, von den Normen abweichen, die dem rationalen Modell innewohnen. Eine Analogie mag dies näher erläutern. In der Newtonschen Mechanik haben wir einen Bezugsrahmen, um den Wandel im Zustand der Bewegung zu erklären. Doch die Tatsache, daß in Ruhe oder in gleichförmiger Bewegung befindliche Körper im Ruhezustand oder in einer gleichförmigen Bewegung verharren, läßt sich innerhalb dieser Theorie nicht erklären. Gleichförmige Bewegung ist eine Art von *natürlichem Zustand,* und erklärt werden die Abweichungen von ihm. Diese Situation ist bei wissenschaftlichen Theorien nichts Ungewöhnliches. Bezogen auf eine gegebene Theorie bleiben Zustände, die ich als natürlich bezeichnet habe, unerklärt; Erklärungen werden nur gegeben, um Gründe für Abweichungen vom natürlichen Zustand zu liefern. Natürlich ist dieser Begriff eines natürlichen Zustandes bezogen auf eine Theorie, und was in einer bestimmten Theorie ein natürlicher Zustand ist, kann möglicherweise selbst wieder mittels einer anderen Theorie erklärt werden. Der Rationalist nimmt an, ein Verhalten, das sich an die dem rationalen Modell inhärierenden Normen hält, bilde einen natürlichen Zustand für jegliche kognitive Wissenschaftssoziologie. Das besagt, soziologische Erklärungen für einen Geltungswechsel von Theorie zu Theorie sind nur dann angemessen, wenn Abweichungen vom rationalen Modell auftreten.

Wenngleich die Befürworter rationaler Modelle einräumen, daß nicht alle Formen von Geltungswechsel rational erklärt werden können und daß nicht alle Aspekte eines rational erklärbaren Wandels rational erklärbar sind, so bleibt es doch bei der Annahme, daß im großen und ganzen der Wandel rational zu erklären ist und daß externe Faktoren nur eine Nebenrolle spielen. In der Tat setzen jene (z. B. Lakatos), die für ein rationales Modell eintreten und in der Wissenschaftsgeschichte arbeiten, sich in ihren Forschungsprojekten die Aufgabe zu zeigen, daß die Erklärungen von wissenschaftlichen Übergängen, die eine Bezugnahme auf externe Faktoren zu erfordern scheinen, tatsächlich ohne eine solche auskommen.

Bis jetzt habe ich nur sehr wenig gesagt über nicht-rationalistische Erklärungsmodelle für den Wandel der Wissenschaft, wobei ich unter einem nicht-rationalistischen Modell ein solches verstehe, bei dem der Wandel ausschließlich unter Bezugnahme auf externe Faktoren erklärt wird. Der Fairneß halber muß man zugestehen, daß nicht-rationale Modelle eingeführt wurden als Erwiderung auf angebliche Mängel im rationalistischen Programm. Der beste Weg also, um zu zeigen, was die Entwicklung nicht-rationalistischer Modelle motiviert hat, und um den Gehalt solcher Modelle zu entwickeln, besteht darin, die wichtigsten Hürden zu skizzieren, die ein Rationalist zu überwinden hat. Jeder, der annimmt, der Rationalist scheitere an einem dieser entscheidenden Punkte, wird geneigt sein, für ein nicht-rationalistisches Modell einzutreten, wobei dessen spezifische Eigenart davon abhängen wird, welche der rationalistischen Voraussetzungen als nicht erfüllt gilt.

Wichtig ist es, zwischen zwei Arten der Attacke zu unterscheiden, die gegen die rationalistische Position geführt wird; die eine nennen wir eine *langweilige*, die andere eine *aufregende* Attacke. Die langweilige Attacke wird von jemand geführt, der das rationale Modell als ein verfechtbares Ideal akzeptiert. Er ist jedoch pessimistisch, was die wirkliche wissenschaftliche Praxis angeht. Das besagt, er ist wohl nicht sonderlich beeindruckt von dem Ausmaß des wissenschaftlichen Fortschritts und, was noch bezeichnender ist, er sieht im Wandel der Wissenschaften einen größeren Einfluß nicht-rationaler Faktoren, als die wissenschaftliche Gemeinschaft zugestehen würde. Eine aufregende Attacke richtet sich dagegen auf die Möglichkeit des rationalen Wandels selbst, und sie geht von der Behauptung aus, die Voraussetzungen eines jeden rationalen Modells der Wissenschaft seien unhaltbar. Unter diesen Umständen kann kein rationales Modell jemals als ein verfechtbares Ideal dienen, an dem die wirkliche wissenschaftliche Praxis zu messen wäre. Mit den aufregenden Attacken werde ich mich vornehmlich befassen. Vor einem muß ich allerdings hier warnen: es ist nicht immer völlig klar, ob aufregende oder langweilige Attacken geführt werden. Manchmal z. B. schreibt Kuhn, als ob seine Attacke aufregend werden sollte. Doch unter dem Kreuzfeuer der Kritik neigt er dazu, seiner eigenen Attacke eine langweilige Form zu geben.[7] Feyerabend dagegen führt eine aufregende Kampagne und findet Geschmack daran.

3. Die Inkommensurabilität von Theorien

Der Rationalist ist dazu verpflichtet, eine Reihe von Prinzipien zu formulieren, die es erlauben, die relativen Vorzüge rivalisierender Theorien auf einem beliebig vorgegebenen Beweishintergrund objektiv abzuschätzen. Es ist klar, daß dieses Unternehmen erst gar nicht in Gang kommt, wenn Theorien nicht verglichen werden können. Kennzeichnend für die Position von Nicht-Rationalisten wie Kuhn und Feyerabend ist nun aber die These, daß dies nicht möglich ist: *Theorien sind inkommensurabel oder können es sein.* Um eine Vorstellung von dem zu geben, worum es hier geht, mag es nützlich sein, ein vergleichendes Beispiel an den Anfang zu setzen. Stell dir vor, du sprichst etwa serbo-kroatisch, und ich spreche englisch. Stell dir weiter vor, ich habe eine bestimmte Theorie über irgendeinen Aspekt der Welt und komme zu der Überzeugung, daß du eine bestimmte Theorie über diesen Aspekt der Welt hast. Ich kann meine Vergleichsprinzipien nicht einmal anwenden, ohne zuerst eine Übersetzung zu benutzen, um unsere Theorien in einer gemeinsamen Sprache auszudrücken. Sollte es sich herausstellen, daß ein solcher Übersetzungsprozeß nicht etwa nur praktisch, sondern prinzipiell unmöglich ist, so gäbe es keinerlei Möglichkeit, unsere Theorien zu vergleichen. Stell dir also vor, die Struktur meiner Sprache sei so beschaffen, daß es keinen Weg gibt, entscheidende Begriffe deiner Sprache in der meinigen auszudrükken. Das würde nicht einfach bedeuten, daß mir ein Vokabular fehlt, das du besitzt. Im Falle einer Inkommensurabilität kann deine Sprache auch so nicht übersetzt werden, daß man deiner Sprache ein äußeres Vokabular von außen hinzufügt. Denn deine Begriffe und meine können nicht in einer einzelnen Sprache zusammen dargestellt werden. In einer solchen Situation könnte die Frage, wie man die relativen Vorzüge unserer Theorien vergleichen soll, überhaupt nicht aufkommen. Wir wären tatsächlich nicht einmal zu der Annahme berechtigt, unsere Theorien seien identisch oder verschieden, doch miteinander vereinbar oder aber verschieden und miteinander unvereinbar.

Diesen Vergleich behalte man vor Augen und betrachte so Kuhns Lieblingsbeispiel einer Inkommensurabilität, das in einer Begegnung zwischen einem Anhänger der Newtonschen Mechanik und einem Anhänger der relativistischen Mechanik besteht. Selbst wenn beide ihre Theorien auf englisch formulieren und weitgehend dieselben Worte bei der Formulierung ihrer Theorien verwenden sollten, so folgt laut Kuhn daraus nicht, daß sie mit ihren Worten in ihrem gemeinsamen Vokabular dasselbe Ding meinen. Kuhn versucht seine Position plausibel zu machen, indem er sich auf das angebliche Phänomen beruft, wo die Bedeutung wissenschaftlicher Begriffe sich im Verlauf der Zeit verschiebt. Gelangt man zu der Kuhnschen Schlußfolgerung, hier habe ein so extremer Bedeutungswechsel stattgefunden, daß die Begriffe der einen Theorie nicht in Begriffen der anderen formuliert werden können, so mag man daraus folgern, daß die Theorien überhaupt nicht miteinander verglichen werden können. In diesem Falle würde man sagen, die beiden fraglichen Theoretiker sprächen, während sie anscheinend unvereinbare Dinge etwa über Masse, Raum, Zeit und ähnliches äußern, in Wirklichkeit über verschiedene Dinge. Sie reden einfach aneinander vorbei, ohne daß ihre Äußerungen sich widerstreiten. Feyerabend scheint etwas zurückhaltender zu sein als Kuhn, was das Ausmaß der wirklichen Inkommensurabilität angeht. Für ihn taucht die Inkommensurabilität lediglich unter gewissen (nur vage bestimmten) Bedingungen auf.[8] Doch nach seiner eigenen Interpretation dieser Bedingungen zählt der spezielle Theoriewandel, der von der klassischen zur relativistischen Mechanik führt, zu den Fällen von Inkommensurabilität.

Kuhn, der aus Gründen der Inkommensurabilität die Standardmeinung zurückweist, die Newtonsche Mechanik könne als ein Grenzfall (für Geschwindigkeiten kleiner als c) von der relativistischen Mechanik abgeleitet werden, vertritt die Ansicht, dies zeige »mit besonderer Deutlichkeit, daß die wissenschaftliche Revolution eine Verschiebung des begrifflichen Netzwerks ist, durch welches die Wissenschaftler die Welt betrachten«.[9] Weiter heißt es, die Einsteinsche wissenschaftliche Tradition, die aus dieser wissenschaftlichen Revolution hervorgeht, »ist mit den vorangegangenen nicht nur unvereinbar, sondern oft auch tatsächlich nicht vergleichbar«. Man sollte darauf achten, daß hier ein wichtiges Problem liegt – wenn sie nicht vergleichbar sind, können sie dann unvereinbar sein?

Kuhn und Feyerabend tendieren beide dahin, von der These der Inkommensurabilität zu der These vom Relativismus der Wahrheit überzugehen. Für Kuhn liegt der grundlegendste Aspekt der Inkommensurabilität in folgendem: »In einem Sinn, den ich hier nicht weiter entwickeln kann, üben die Befürworter konkurrierender Paradigmata (d. h. inkommensurabler Theorien) ihren Beruf in verschiedenen Welten aus.«[10] Und Feyerabend[11] vertritt die Ansicht, daß die Befürworter inkommensurabler Theorien oder Weltansichten die Tatsachen verschieden konstituieren. Somit gibt es keinen Begriff von Tatsachen, die von unseren diesbezüglichen Theorien unabhängig sind.

Es gibt eine Menge von Quellen für diese Theorie der Inkommensurabilität. Um zu zeigen, welcher Art diese Herausforderung an den Rationalisten ist, möchte ich kurz die Hauptquelle in Betracht ziehen. Dazu müssen wir uns die positivistische Lehre von der Bedeutung theoretischer Begriffe in der Wissenschaft ins Gedächtnis rufen, dergemäß die Bedeutung eines theoretischen Begriffs innerhalb einer bestimmten Theorie funktional abhängig ist von der Rolle, die dieser Begriff in der Theorie spielt.[12] Diese Rolle wird bestimmt mittels zweier Postulatgruppen, die den fraglichen Begriff in sich schließen. Auf der einen Seite wird der Begriff mit anderen theoretischen Begriffen innerhalb der Theorie verknüpft; auf der anderen Seite wird der Begriff mit Beobachtungsbegriffen verknüpft. Ein Beispiel für die erste Gruppe wäre etwa das Postulat: Elektronen haben eine negative Ladung. Ein Beispiel für die zweite Gruppe wäre: Magnetfelder können eine Abbiegung der Kompaßnadel hervorrufen. Diese Postulate definieren implizit oder partiell die Bedeutung der theoretischen Begriffe. Dies hat zur Folge, daß ein jeder Wandel innerhalb dieser Postulate ipso facto einen Bedeutungswandel der theoretischen Begriffe hervorruft. Wenn daher Einstein und Newton über Masse, Kraft und ähnliches diskutieren, so sind sie sich nicht uneinig, und das nicht etwa, weil sie sich einig sind – sie sind sich ebensowenig einig. In Wirklichkeit sprechen sie nämlich einfach über verschiedene Dinge. Dieser Erklärung zufolge sind die Behauptungen ›die Masse ist invariant‹ und ›die Masse ist nicht invariant‹ nicht logisch unvereinbar, da die Bedeutung von ›Masse‹ durch die verschiedenen Theorien hindurch nicht konstant ist.

Für den Positivisten war diese *holistische* Bedeutungskonzeption lediglich auf theoretische Begriffe anwendbar. Von Beobachtungsbegriffen nahm man an, sie seien direkt auf die Erfahrung applizierbar; ihre Bedeutung wurde bestimmt in Form von Verifikations- und Falsifikationsbedingungen, die sich auf mögliche Erfahrung bezogen. Man vertrat die Ansicht, daß ein Wandel der Theorie zwar ein Wandel in der Bedeutung theoretischer Begriffe besage, daß aber die Bedeutung von Beobachtungsbegriffen bei einem Theoriewandel invariant bleibe. Insofern bildete das Beobachtungsvokabular eine theorieneutrale Beobachtungssprache. Das heißt, Einstein und Newton konnten sich wirklich einig und uneinig werden, wenn sie auf der Beobachtungsebene miteinander diskutierten. Dies würde besagen, daß die entsprechenden Theorien auf der Beobachtungsebene objektiv verglichen werden können. Wenn also Einsteins Theorie einen Beobachtungssatz o und Newtons Theorie die Negation von o implizierte, so gerieten die Theorien in einen wirklichen Konflikt, und die Prinzipien eines Theorienvergleichs, die durch das rationale Modell vorausgesetzt werden, würden auf der Beobachtungsebene wirksam werden mit dem Resultat, daß eine Theorie besser sein könnte als eine andere, falls ihre Beobachtungsfolgerungen auf Wahrheit hin tendierten, während die Beobachtungsfolgerungen der anderen zur Falschheit hin tendierten.

In der nachpositivistischen Ära kam es zu einer ziemlich ironischen Entwicklung. Die Kritiker des Positivismus (die beides waren, Rationalisten wie Popper und Putnam und Nicht-Rationalisten wie Kuhn und Feyerabend) wandten sich gegen eine Konzeption, die eine Dichotomie zwischen Theorie und Beobachtung aufrechterhält. Der gemeinsame Schlachtruf lautete: *Jede Beobachtung ist theoriebeladen,* d.h. es gibt nicht so etwas wie eine theorieneutrale Beobachtungssprache. Die Ironie dieser Entwicklung liegt darin, daß die Nicht-Rationalisten, die militante Antipositivisten sind, die Unterscheidung zwischen Beobachtung und Theorie ablehnen, aber die positivistische Lehre der Bedeutung theoretischer Begriffe beibehalten, wobei diese konsequenterweise auf *alle* Begriffe ausgedehnt wird. Dementsprechend gelten beide Begriffsarten, die sog. theoretischen Begriffe und die sog. Beobachtungsbegriffe, als implizit definiert durch die Theorie, in der sie auftreten. In diesem Falle können Newton und Einstein nicht einmal über die Beobachtungsfolgerungen ihrer Theorie miteinander sprechen. Sie verstehen nicht nur etwas Verschiedenes unter ›Masse‹, sondern auch unter ›Die Nadel zeigt auf 4‹, ›Schau, es ist grün geworden‹ usf. Man sieht also, daß die nichtrationalistische Ablehnung des Positivismus oberflächlich bleibt. Denn eine Grundannahme des Positivismus wird beibehalten und soweit ausgedehnt, daß selbst anschauungswidrige Resultate entstehen. Akzeptiert man die These, daß bei einem Theorienwandel die Bedeutung aller Begriffe sich ändert (im folgenden zitiert als *radical meaning variance thesis* oder *RMV*), so werden alle Theorien inkommensurabel, und es gibt keine Möglichkeit mehr, mit rationalen Gründen zwischen verschiedenen Theorien zu entscheiden. Gewiß äußert sich Kuhn in seinen Schriften manchmal so, als sei die Inkommensurabilität nicht auf RMV allein zurückzuführen, sondern nur auf RMV verbunden mit einer Variation von Wahrnehmungen und Methoden.[13] Doch selbst, wenn es andere unabhängige Quellen der Inkommensurabilität gibt, so genügt doch RMV allein, um eine Inkommensurabilität zu erzeugen.

Nicht-Rationalisten stellen sich selbst nicht selten so dar, als nähmen sie, im Gegensatz zu den Rationalisten, die Wissenschaft ernst. Ihre Position ist angeblich durchtränkt mit Einsichten, die einer sorgfältigen Untersuchung der wirklichen Geschichte der Wissenschaft und der wirklichen Praxis der Wissenschaftler entstammen. Es liegt dann aber eine Ironie darin, daß die Nicht-Rationalisten sich dazu verleiten lassen, die Lehre von der Inkommensurabilität anzunehmen, die auf RMV zurückzuführen ist. Denn Wissenschaftler sind gewiß der Ansicht, daß Theorien, die rivalisierenden Paradigmata entstammen, kommensurabel sind. Der praktizierende Einsteinianer hält seine Behauptung, Gleichzeitigkeit sei keine Invariante, gewiß für logisch unvereinbar mit der Behauptung des Newtonianers, Gleichzeitigkeit sei eine Invariante. Dies ist natürlich nur ein ironischer Zug an der Position der Nicht-Rationalisten und kein Argument gegen RMV. Denn es kann sein, daß Wissenschaftler das Wesen ihres eigenen Diskurses ganz massiv mißverstehen! Doch obwohl dies so sein *kann*, sind die Konsequenzen von RMV doch so extrem und so anschauungswidrig, daß man Grund hat, die Annahme von RMV zu verweigern, wenn diese These nicht durch eine besonders durchschlagende Argumentation gestützt wird. Gewiß, wenn man sein Augenmerk einzig auf hochtheoretische Begriffe richtet, so könnte die These, auf diese Begriffe angewandt, plausibel erscheinen. Denn manch einer mag zu der Auffassung neigen, daß in Fällen von beträchtlichem Wandel ein bestimmter Begriff, der in Sätzen enthalten ist, die hinsichtlich dieses Wandels akzeptabel sind, seine Bedeutung geändert hat. Diese These hat jedoch keinerlei *anfängliche* Plausibilität, wenn sie auf Begriffe angewandt wird, die in solchen Sätzen auftreten wie ›Die Nadel zeigt auf 4‹. Soweit man in den Schriften von Nicht-Rationalisten ein Argument für RMV findet, handelt es sich um das eben skizzierte Argument, das sich herleitet von einer holistischen Konzeption der Bedeutung wissenschaftlicher Begriffe, verbunden mit einer Attacke auf die angebliche Dichotomie von Beobachtung und Theorie. Wenn man sich der Frage zuwendet, worin diese Bevorzugung einer holistischen Bedeutungskonzeption gründet, so findet man, daß es sich um einen Fall von ›faute de mieux‹ handelt. Aber dies reicht einfach nicht aus. Deshalb sollte man die nicht-rationalistische Argumentation für eine Inkommensurabilität so einschätzen, daß hier die Notwendigkeit einer Erforschung rivalisierender Bedeutungskonzeptionen dargetan und nicht die Inkommensurabilität als ein genuines Phänomen aufgewiesen wird. Solange nicht ausgemacht ist, daß es keine durchführbare Bedeutungstheorie gibt, die RMV vermeidet, sollte man sich der These der Inkommensurabilität gegenüber wenigstens agnostizistisch verhalten. Das Hauptverdienst nicht-rationalistischer Schriften über Inkommensurabilität liegt darin, daß sie deutlich machen, wie eine anfänglich plausible Bedeutungstheorie, die sich von positivistischen und neopositivistischen Ursprüngen herleitet, überraschende und unerträgliche Konsequenzen hat. Die Herausforderung zur Ausbildung einer Alternative, in der die Bedeutung theoretischer Begriffe berücksichtigt ist, hat zwar noch keine wirkliche Erwiderung gefunden, doch einige Anzeichen eines Programms, das dieser Herausforderung begegnen könnte, sind in den Schriften von Putnam zu finden.[14] Der am ehesten einleuchtende Schluß, den wir zur Zeit aus all dem ziehen können, besagt also nicht, daß RMV haltbar ist, sondern daß eine radikalere Kritik des Positivismus (namentlich der positivistischen Bedeutungstheorie) erforderlich ist, die wohl bei einer Bedeutungstheorie enden wird, die nicht für RMV spricht.

4. Das Ziel des wissenschaftlichen Unternehmens

Das rationalistische Programm kann nicht in Gang kommen, wenn nicht das Problem der Inkommensurabilität gelöst ist. Wenn dieses

Problem gelöst werden kann, so hat der Rationalist seine Thesen bezüglich des Ziels des wissenschaftlichen Unternehmens zu erhärten und eine rationale Rechtfertigung zu liefern für die These, die Vergleichsprinzipien bezögen sich in geeigneter Weise auf das Ziel, nämlich derart, daß die Anwendung dieser Prinzipien die Chancen zur Erreichung des Zieles erhöhen würde. Rationalisten neigen dazu, sich zum Realismus zu bekennen, und dieser Teil der realistischen Wissenschaftsauffassung besteht in der Annahme, daß 1) diese Theorien wahr oder falsch sind je nach Beschaffenheit der Welt und daß 2) das Ziel des wissenschaftlichen Unternehmens darin liegt, erklärende Wahrheiten über die Welt herauszufinden. Wenn diese Annahme ausdrücklich formuliert wird, so ist die erste Reaktion darauf, sie als so selbstverständlich anzusehen, als bedürfe sie keiner Rechtfertigung. Doch ein zweiter Blick läßt an dieser Behauptung so viel Problematisches erkennen, daß manche zu dem Schluß neigten, kein rationalistisches Modell, das eine realistische Wissenschaftsauffassung akzeptiert, sei haltbar.[15]

Manche dieser Probleme werden ans Licht treten, wenn wir uns auf die Tatsache besinnen, daß alle physikalischen Theorien der Vergangenheit nach ihrer Blütezeit als falsch verworfen wurden. Es gibt in der Tat eine induktive Grundlage für die verallgemeinernde Behauptung, daß eine jede Theorie sich innerhalb von etwa zweihundert Jahren nach ihrem ersten Auftreten als falsch erweisen wird. Wir mögen dazu neigen, einige unserer gegenwärtigen Theorien für wahr zu halten. Doch Bescheidenheit nötigt uns zu der Annahme, daß sie es nicht sind. Denn was ist so Besonderes an der Gegenwart? Wir haben gute induktive Gründe für den Schluß, daß gegenwärtig geltende Theorien – selbst unsere Lieblingstheorien – sich als falsch erweisen werden. Man kann den bestehenden Beweisgründen sogar die Schlußfolgerung abnötigen, keine Theorie, die jemals von der menschlichen Gattung entdeckt werde, sei im strengen Sinne als wahr zu bezeichnen. Wie kann es dann aber rational sein, ein Ziel zu verfolgen, von dem wir annehmen müssen, daß wir es niemals erreichen werden? Der Rationalist (der ein Realist ist) wird wahrscheinlich so antworten, daß er ein Zwischenziel für das wissenschaftliche Unternehmen angibt. Dieses Ziel besteht darin, der *Wahrheit näherzukommen.* In diesem Falle wird das oben skizzierte induktive Argument akzeptiert, aber es wird ihm der Stachel genommen. Denn die Annahme des Arguments ist vereinbar mit der These, daß gegenwärtig geltende Theorien mehr Wahrscheinlichkeit für sich haben, wobei wachsende Wahrscheinlichkeit besagt, daß es einen Zuwachs an Wahrheitsgehalt der Theorien und keinen Zuwachs an Falschheitsgehalt gibt. Diese These, daß die historische Abfolge von Theorien einer Wissenschaft eine Abfolge von Theorien ist, die eine wachsende Wahrscheinlichkeit aufweisen, bezeichnen wir im folgenden als *Konvergenzthese*.

Wenn der Rationalist der Ablehnung der Konvergenz durch Kuhn und Feyerabend nichts entgegenzustellen hat, wird sein Programm zusammenbrechen. Doch der Rationalist kann die Konvergenzthese stützen, indem er *auf* die Physik etwa einen Argumentationsstil – Schluß auf die beste Erklärung – anwendet, der gemeinhin *innerhalb* der Physik auftritt. Innerhalb der Physik argumentieren wir häufig in bezug auf eine bestimmte Hypothese, etwa über die Existenz von subatomaren Partikeln, mit der Begründung, daß die Hypothese die beste Erklärung für das Beobachtungsphänomen liefere. Die Wissenschaft ernst nehmen besagt, einen solchen Argumentationsstil als berechtigt anerkennen. Gewiß handelt es sich um einen gewagten Argumentationsstil. Denn es mag sein, daß mangelnde Erfindungskraft eine bessere Erklärung des fraglichen Phänomens verhindert hat. Doch diese Möglichkeit verwehrt es uns nicht, die vorgetragene Hypothese versuchsweise zu akzeptieren. Im Falle der Konvergenzhypothese liegt das entscheidende Phänomen in der Tatsache, daß gegenwärtige physikalische Theorien bessere Voraussagen bezüglich der Welt ermöglichen und uns bei Eingriffen in die Welt in eine bessere Position bringen, als es früheren Theorien gelang. Die eindrucksvolle technologische Fortentwicklung der gegenwärtigen Physik ist doch immerhin ein Gradmesser für das anwachsende Vermögen, Voraussagen zu machen und Eingriffe vorzunehmen. Dieses Phänomen, das von Kuhn und Feyerabend nicht geleugnet wird, muß völlig mysteriös erscheinen, wenn wir nicht annehmen, daß Theorien Erfolg haben bei dem Versuch , mehr und mehr von der Wahrheit über die Welt einzufangen. Wenn also Konvergenz besteht, so ist das Phänomen erklärbar. Wenn keine Konvergenz besteht, ist es völlig unklar, wie man sich das fragliche Phänomen erklären will. Angesichts dieser Sachlage sollte man die Konvergenzthese akzeptieren.

Vielleicht gibt es irgendeine andere Erklärung für das Gelingen von Voraussagen in der modernen Physik. Wenn eine solche Erklärung angeboten wird, so mag man die Konvergenzthese fallen lassen. Solange es jedoch eine solche Alternative nicht gibt, fahren wir am besten, wenn wir auf die Konvergenz setzen. Kuhn und Feyerabend liefern keine Gegenerklärung. Tatsächlich legen Kuhns neuere Schriften die Vermutung nahe, daß er doch eine Konvergenzthese[16] akzeptiert, wobei Konvergenz nicht im Sinne einer wachsenden Wahrscheinlichkeit verstanden wird, sondern im Sinne einer zunehmenden Fähigkeit zur Problemlösung. In diesem Falle gibt es keine nennenswerte Divergenz zwischen ihm und den Rationalisten. Seine Attacke auf das rationale Bild der Wissenschaft wird hier zu dem, was ich eine langweilige Attacke genannt habe, und sie kann von den Rationalisten übernommen werden. Was Feyerabend angeht, so gründet seine Ablehnung der Konvergenz allem Anschein nach in seiner Verwerfung der Methode. Doch wie wir sehen werden, ist Feyerabends Attacke auf die Methode nicht schlüssig, und man kann in Wirklichkeit von der Konvergenz auf die Existenz einer Methode schließen.

5. Vergleichsprinzipien

Nehmen wir an, dem Rationalisten gelingt es, seine Behauptungen über das Ziel des wissenschaftlichen Unternehmens zu rechtfertigen; der nächste Schritt bestünde darin, für das spezifische Gefüge von Vergleichsprinzipien, das im Modell impliziert ist, rationale Begründungen zu liefern. Für Popper z. B. gibt es grob gesprochen folgende Prinzipien:

T_2 ist besser als T_1, wenn und nur dann wenn
1) T_2 einen größeren empirischen Gehalt hat als T_1
2) T_2 die Erfolge von T_1 erklären kann
3) T_2 noch nicht falsifiziert, T_1 dagegen falsifiziert ist.[17]

Eine rationale Rechtfertigung dieser Prinzipien würde in dem Nachweis bestehen, daß jene sich in geeigneter Weise auf das spezifische Ziel beziehen. Das hieße, den Nachweis erbringen, daß, sofern diese Bedingungen erfüllt sind, es vernünftig ist anzunehmen, daß T_2 mehr Wahrscheinlichkeit für sich hat (oder haben kann) als T_1. Dies ist keine triviale Aufgabe. Wie ich an anderer Stelle zu begründen versuchte, bedeutet Poppers Versuch einen schlichten Fehlschlag.[18] Trotz all seiner ex-cathedra-Verlautbarungen besteht kein Grund zur Annahme, daß die Auswahl von

Theorien auf der Grundlage dieser Prinzipien die Wahrscheinlichkeit unserer Theorien erhöhen würde.

In der Rechtfertigung der Vergleichsprinzipien liegt allerdings ein allgemeineres Problem – es ist nicht einfach so, daß Poppers Versuch fehlgeschlagen ist. Dies allgemeine Problem betrifft das Wesen der Begründung. Manche Theoretiker, namentlich Popper, haben den Versuch gemacht, ihre Lieblingsprinzipien in einer fast, wenn nicht völlig philosophischen oder apriorischen Form zu rechtfertigen. Die meisten Wissenschaftstheoretiker, einschließlich Poppers eigene Nachfolger, waren nicht geneigt, ihm darin zu folgen. Denn eingedenk der notorischen Fehlschläge von Philosophen, die den Physikern zu sagen versuchten, wie die Welt auszusehen hat (ich denke hier an Kant), sind sie sich der Gefahren bewußt, die sie erwarten, wenn sie den Physikern vorschreiben wollen, wie sie vorzugehen haben bei der Aufgabe, die Vorzüge von Theorien zu vergleichen. Sie wären beunruhigt, wenn sie herausfänden, daß ihre Prinzipien Resultate liefern, die mit dem Urteil der wissenschaftlichen Elite im Widerspruch stehen (z.B. daß Astrologie besser sei als Quantenmechanik oder daß Aristoteles' Bewegungstheorie besser sei als die allgemeine Relativitätstheorie). Man ist bereit, den Urteilen der wissenschaftlichen Elite eine Bedeutung beizumessen, die sie nicht hätten, wenn der Poppersche Ansatz zur Begründung von Prinzipien korrekt wäre.

Zugleich neigt aber niemand zu der Annahme, die Prinzipien seien so beschaffen, daß jedes Urteil der wissenschaftlichen Gemeinschaft mit ihnen im Einklang stünde – es gäbe keine Hoffnung, je eine konsistente Auswahl von Prinzipien zu formulieren, falls diese Einschränkung gemacht würde. Denn dies liefe auf die Annahme hinaus, daß die wissenschaftliche Gemeinschaft niemals in ihren Urteilen fehlgeht! Das Standardargument, das von Rationalisten wie Lakatos[19] in diesem Zusammenhang verwandt wird, beruht auf der Annahme, daß wir bei ganz bestimmten dramatischen Erfolgsgeschichten in der Wissenschaft mit einer allgemeinen Übereinstimmung rechnen können. Das besagt, wir können auf eine Übereinstimmung darüber rechnen, daß Newtons Erklärung der Bewegung besser war als die seiner Vorgänger und daß Einstein besser war als Lorentz. Aufgrund dieser Annahmen können wir hoffen, unsere Vergleichsprinzipien zu rechtfertigen durch den Nachweis, daß sie in diesen Fällen die korrekte Antwort geben. Auf die derart gerechtfertigten Prinzipien kann man sich berufen, wenn man normative Wertungen der relativen Vorzüge bestimmter wissenschaftlicher Theorien vornimmt.

Es ist leicht zu sehen, daß hier der Keim liegt für eine anderweitige Form des Nicht-Rationalismus. Feyerabend z. B. bezichtigt jene, die auf diese Weise für Vergleichsprinzipien eintreten, eines ungerechtfertigten Elitarismus.[20] Nach Meinung Feyerabends haben die Rationalisten keine objektive Begründung liefern können für irgendeine spezifische Auswahl angeblicher Paradigmata, die den gelungenen Übergang von Theorien in der Wissenschaft darstellen und die als Grundlage dienen könnten, um daraus eine Erklärung der wissenschaftlichen Methode zu gewinnen. Der Versuch, irgendeine solche Auswahl zu rechtfertigen im Hinblick darauf, daß man daraus eine Erklärung der Methode gewinnen könnte, ist nutzlos, denn es gibt keine Methode in der Wissenschaft. Wenn es wirklich keine Methode in der Wissenschaft – und keine objektiv begründbaren Vergleichsprinzipien – gibt, so entbehrt das rationalistische Unternehmen jeder Begründung. Doch Feyerabend gerät hier in eine Schwierigkeit. Denn es ist nicht ohne weiteres klar, daß der Rationalist genötigt ist, jene besondere Auffassung von Methode zu verteidigen, die Feyerabend attackiert.

Die Auffassung von Methode, die Feyerabend angreift, ist »die Idee einer Methode, die feste, unveränderliche und absolut verbindliche Grundsätze für das Betreiben von Wissenschaft enthält«[21]. Seine Strategie besteht darin, die Prinzipien zu formulieren, die seiner Meinung nach von den Verteidigern der Methode befolgt werden, und dann so zu argumentieren, daß das sklavische Hängen an solchen Prinzipien den Fortschritt der Wissenschaft verhindert hätte. Diese Strategie kann aus mehreren Gründen nicht überzeugen, nur einen dieser Gründe will ich hier erwähnen. Zunächst einmal würde jeder raffiniertere Rationalist einräumen, daß diese Vergleichsprinzipien *induktive* Prinzipien sind und uns als solche manchmal irreführen können. Ein solcher Rationalist hält die wissenschaftlichen Methoden für spezifizierbar durch eine Gruppe von Regeln, die folgende Form hat: Unter gleichen Umständen ziehe Theorie T_1 der Theorie T_2 vor, wenn ... Um zu zeigen, daß eine Regel von dieser Form der Produktivität hinderlich ist, genügt es nicht nachzuweisen, daß durch ihren Gebrauch gelegentliche Abirrungen entstanden. Man muß vielmehr zeigen, daß die Anwendung einer solchen Regel uns öfter in die Irre führt als daß sie es nicht tut. Und Feyerabend macht nicht einmal einen Versuch nachzuweisen, daß Regeln, die hier als akzeptabel in Frage kommen, diesen unglücklichen Effekt haben würden. Man kann also seine völlig einleuchtende These akzeptieren, daß es keine absolut verbindlichen Prinzipien gibt, ohne damit die Auffassung zu verbinden, es gäbe überhaupt keine Methode in der Wissenschaft.

Wider den Methodenzwang liest sich, als wolle Feyerabend alle Vergleichsprinzipien zum alten Eisen werfen. Doch neuerdings hat er seine Position auf weniger extreme Weise wie folgt umschrieben: »Weder möchte ich die Regeln *ersetzen*, noch möchte ich ihre Wertlosigkeit dartun; eher möchte ich einen *Zuwachs* in der Erfindung von Regeln bewirken, und ich möchte einen andersartigen *Gebrauch* für Regeln insgesamt nahelegen ...«[22] Zwar nimmt Feyerabend in Fortführung der erwähnten Bemerkung eine Position ein, die immer noch mit der des raffinierteren Rationalisten im Widerspruch steht; doch allein die Tatsache, daß er den Vergleichsprinzipien irgendeine legitime Rolle zugesteht, bedeutet, daß er von der von uns so genannten aufregenden Attacke auf die rationalistische Position abrückt und sich der bescheideneren langweiligen Attacke zuwendet.

Angenommen, es gibt – wie ich zu zeigen versuchte – Gründe, an eine Konvergenz zu glauben, so gibt es ebenfalls Gründe, an die Existenz einer Methode zu glauben. Um dies einsichtig zu machen, brauchen wir uns nur zu überlegen, wie man sich die eventuelle Tatsache der Konvergenz erklären will. Wenn es eine Methode in der Wissenschaft gibt und wenn die wissenschaftliche Gemeinschaft mehr oder weniger unvoreingenommen diese Methode anwendet, so hat man eine Erklärung für die Konvergenz. Wenn es keine Methode gibt oder wenn die Wahl der Theorie weitgehend durch soziologische und psychologische Faktoren gesteuert wird und nicht durch den Erfolg bei der Anwendung dieser Methode, so bliebe es ganz rätselhaft, wie es zur Konvergenz kommen sollte.

Mein Argument verläuft über zwei Stufen. Erstens wurde dahingehend argumentiert, daß die Konvergenz die beste Erklärung liefert für die anwachsende Vorhersagekraft der physikalischen Theorien. Zweitens wurde zu bedenken gegeben, daß die Konvergenz nur unter der Annahme erklärt werden kann, daß es eine Methode oder eine bestimmte Auswahl von Vergleichsprinzipien gibt. Natürlich liegt die Beweislast nun bei dem, der dem Rationalismus zuneigt (wie ich es tue), er hat dieser Methode eine artikulierte Form zu geben. Diese Aufgabe, die im engen Rahmen dieses Aufsatzes nicht in Angriff genommen werden kann, werde ich in meinem zuvor schon zitierten Werk *The Rationality of Science* aufgreifen. Im vorliegenden Aufsatz ist es mir bestenfalls gelungen, die Annahme zu begründen, daß es hier eine Methode gibt, die zu formulieren ist. Gewiß kann man Feyerabend zustimmen darin, daß eine korrekte Formulierung einer Methode nicht eine Reihe von ausnahmslos geltenden Regeln einschließt, die eine mechanische Anwendung zulassen. Sie wird bestehen aus fehlbaren Leitprinzipien, deren gelegentliche Fehlschläge mehr als aufgewogen werden durch ihre außerordentliche Erfolgsrate.

Diese Schlußfolgerung läßt sich noch durch eine andere Überlegung erhärten, die eigentlich jeden überzeugen müßte, der nicht ein extremer Skeptiker ist. Unter einem extremen Skeptiker verstehe ich jemanden, der sich zu der Ansicht bekennt, niemals hätten wir Gründe für die Annahme, daß ganz gewöhnliche Alltagsaussagen über mittelgroße Gebrauchsgegenstände der Welt mit größerer Wahrscheinlichkeit wahr als falsch sind. Wenn man einräumt, man habe manchmal mehr Grund zu sagen, es sei wahr, daß dort ein Tisch im Raum ist, als zu sagen, es sei falsch, so ist kaum einzusehen, wie man bestreiten kann, daß wir in manchen Fällen mehr Grund zu der Annahme haben, eine Theorie schließe mehr an Wahrheit in sich als eine andere. Denn die Methode in der Wissenschaft sollte aufgefaßt werden als eine Verfeinerung jener Prinzipien, die der Rationalität von Glaubenshaltungen zugrunde liegen, die in Aussagen wie ›In diesem Raum ist ein Tisch‹ zu finden ist. Wenn man nicht voreingenommen ist durch eine bestimmte These, die bewirkt, daß es eine Dichotomie zwischen Beobachtung und Theorie gibt und daß Erwägungen über die Rationalität von beobachtungsbezogenen Glaubenshaltungen nicht übergreifen auf die Rationalität von theoriebezogenen Glaubenshaltungen, so hat man keinen Grund für die Auffassung, Theorien seien ihrem epistemologischen Status nach völlig verschieden von schlichten Alltagsaussagen über Tische usf. Und bekanntlich verwerfen Kuhn und Feyerabend die Dichotomie von Beobachtung und Theorie. Hat man diese Dichotomie zurückgewiesen, so erfordert es die Konsistenz, daß ihre skeptische Position gegenüber Theorien auf *alle* Aussagen ausgedehnt wird. Wenn dieser Schritt gemacht ist, werden viele in den daraus resultierenden skeptischen Konsequenzen eine reductio ad absurdum der nicht-rationalistischen Position erblicken. Wenn sie dagegen aus Gründen der Konsistenz zugeben, daß man rationale Gründe für die Annahme haben kann, eine Theorie sei eine bessere Annäherung an die Wahrheit als eine andere, so ist ihre Attacke gegen den Rationalisten eher langweilig als aufregend und kann vom Rationalisten bereitwillig akzeptiert werden.

6. Pattsituation oder Sieg einer Partei?

Das Bild der Wissenschaft, mit dem wir begannen, wurde durch die Attacken der Nicht-Rationalisten nicht völlig zersetzt. Denn die Voraussetzungen des rationalen Modells (die Invarianz von Bedeutungen, die Objektivität der Wahrheit und das Vorhandensein einer Methode) haben sich nicht als unhaltbar erwiesen. Trotzdem ist es sicher, daß durch das Betreiben der Nicht-Rationalisten das Bild an wenigstens zwei Stellen getrübt wurde. Erstens ist die wissenschaftliche Gemeinschaft sicher nicht gebunden an eine Gemeinschaft leibloser cartesischer Egos, die frei sind von jeglichem Interesse außer dem an der Wahrheit und die mit einem sicheren Maßstab ausgerüstet sind, dessen mechanische Anwendung auf unveränderliche Weise ihre Wahl zwischen Theorien bestimmt. Die Motivationsfaktoren, die das Verhalten des individuellen Wissenschaftlers und der wissenschaftlichen Gemeinschaft steuern, sind sowohl verschiedenartig wie komplex. Und es gibt keinen ernsthaften Zweifel darüber, daß die volle Erklärung eines in einer Gemeinschaft stattfindenden Geltungswechsels von einer Theorie zur anderen sowohl auf das, was ich externe Faktoren genannt habe, wie auch auf die inneren Faktoren Bezug nehmen muß. Das bedeutet, die langweilige Attacke des Nicht-Rationalisten ist gerechtfertigt. Wenn ich diese Attacke ›langweilig‹ nannte, so wollte ich damit nicht das Werk all jener entwerten, die unsere Aufmerksamkeit auf die Rolle externer Faktoren gelenkt haben. Ich möchte lediglich zu verstehen geben, wie selbstverständlich es ist, daß solche Faktoren wirksam sind. Doch so selbstverständlich dies auch ist, es ist keineswegs selbstverständlich, welches Gewicht man welchem externen Faktor im Zusammenhang eines bestimmten Theoriewandels geben muß. Und man kann nur hoffen, daß detailliertere und verfeinerte Erklärungen bestimmter Formen des Wandels künftig von Wissenschaftshistorikern und Wissenschaftssoziologen geliefert werden. Wenn man dem Nicht-Rationalisten einräumt, daß es sehr wichtig ist, die nicht zu vernachlässigende Rolle psychologischer und soziologischer Faktoren in der Wissenschaft zu beachten, so gibt man damit nicht zu, daß die aufregende Attacke ihr Ziel erreicht hat. Diese Attacke ist fehlgeschlagen, d. h. das Bild, von dem wir ausgingen, kann nach wie vor dazu verhelfen, ein Ideal aufzurichten, dem die wissenschaftliche Praxis zustreben sollte.

Der erste allgemeine Bereich, in dem man unseres Erachtens dem Nicht-Rationalisten ein Zugeständnis machen sollte, betrifft also Motivationsfaktoren, die das Verhalten der individuellen Wissenschaftler und der wissenschaftlichen Gemeinschaft steuern. Denn es stimmt einfach nicht, daß die jeweilige Anwendung solcher Werkzeuge, wie sie dem Wissenschaftler zur Verfügung stehen, und die jeweiligen Entscheidungen, die vom Wissenschaftler im Zuge dieser Anwendungen getroffen werden, erklärt werden können im Hinblick auf das einzige Ziel der Wahrheit oder Wahrscheinlichkeit, wobei jeglicher Bezug auf solche Ziele wie Prestige, Karriereaussichten usw. beiseitegeschoben wird. Das andere Zugeständnis, das dem Nicht-Rationalisten zu machen ist, betrifft die wissenschaftliche Methode. Denn die Methode der Wissenschaft besteht nicht aus einem schlichten mechanischen Algorithmus, wie manche Rationalisten anzunehmen neigen. Die Praxis oder Methode ist ein buntes Gemisch, das vielerlei enthält: Techniken und Prinzipien, darunter relativ gut fundierte und relativ bindende Prinzipien wie das der Akausalität der Zeit[23]; verfeinerte statistische Testverfahren; allgemeine induktive Prinzipien wie z. B. jenes, daß Theorien, die die Erfolge früherer Theorien zu erklären vermögen, wohl doch einen höheren Wahrscheinlichkeitsgrad erreichen als jene, denen dies nicht gelingt; allgemeine Leitprinzipien, deren Anwendung auf beliebige Einzelfälle problematisch ist, so etwa das Prinzip: Ziehe solche Theorien vor, die mehr Aussicht bieten für eine nützliche Zukunftsentwicklung; usf. Diese ungenau definierte Gruppe von Techniken und Prinzipien (die oft nur in vagen Begriffen formuliert werden können und die sicherlich mit der Zeit sich ändern werden) weist normalerweise Konflikte auf, was die gelieferten Resultate angeht. Das bedeutet, die Methode der Wissenschaft beruht letzten Endes auf *Urteilskraft*. Infolgedessen hat es keinen Sinn, auch nur danach zu streben, die Methode auf eine fest definierte Gruppe von Techniken und Prinzipien zu reduzieren, die dann – wie man meint – einen verbindlichen Algorithmus hervorbringen würden. Unser Bild von einem Super-Wissenschaftler sollte also nicht etwa einem Computer nachgebildet werden, der mit einem mechanischen Entscheidungsverfahren ausgestattet ist. Es sollte sich vielleicht an der Ausübung der Kochkunst durch einen Meisterkoch orientieren. Wenn man sich einig ist über die Tatsache (die gewiß zutrifft), daß solche Meister ihres Faches die erfolgreiche Ausübung ihrer Fertigkeiten nicht auf eine verbindliche Menge algorithmischer Regeln reduzieren können, so würde niemand daraus schließen, daß ein Erfolg in den Kochkünsten unmöglich ist! Ähnlich erlaubt das Fehlen eines schlichten verbindlichen Algorithmus in der Wissenschaft nicht den Schluß, den die Nicht-Rationalisten daraus ziehen, daß es nämlich unmöglich sei, das Ziel einer Wahrscheinlichkeitszunahme unserer Theorien zu erreichen. Wie ich schon angedeutet habe, ist noch viel zu tun, wenn man den Herausforderungen der Nicht-Rationalisten begegnen will; z. B. gilt es, eine haltbare Bedeutungstheorie für theoretische Begriffe auszubilden. Doch allgemeinere Überlegungen, die wir angestellt haben, führen uns zu der Überzeugung, daß man dieser Herausforderung durchaus begegnen kann und daß wir die Versuche der Nicht-Rationalisten, uns aus unserem dogmatischen Schlummer zu wecken, begrüßen sollten, ohne deshalb zu fürchten, daß wir niemals wieder einschlafen werden nach Ausführung dieser Arbeiten.

Anmerkungen

1 Popper (1963), 216.
2 Reichenbach (1959), 6 (= 1959, VII).
3 Feyerabend (1976), 409 (= 1975, 307).
4 Die Position, die ich in diesem Aufsatz kurz umreiße, wird in allen Details entwickelt in meinem Buch: *The Rationality of Science* (Routledge and Kegan Paul, in Vorb.).
5 In Laudan (1977) haben wir eine bemerkenswerte Ausnahme von dieser Regel untersucht.
6 Eine Diskussion dieser speziellen Kontroverse aus einer rationalistischen Perspektive findet sich bei J. Worral: »Thomas Young and the ›refutation‹ of Newtonian optics: a case study in the interaction of philosophy of science and history of science«, in: Howson (1976).

7 Ich werde mich hauptsächlich mit der extremeren (und daher interessanteren) Position befassen, die er in der 1. Aufl. seines Buches ›The Structure of Scientific Revolution‹ vertritt, und nicht mit der vorsichtigeren Position, die von ihm im »Nachwort« zur 2. Aufl. (Kuhn, 1970) vertreten wird.

8 Feyerabend (1977), 365.

9 Kuhn (1978), 115 (= 1970, 101).

10 Kuhn (1978), 161 (= 1970, 149).

11 Feyerabend (1967), 91 (= 1975, 55).

12 Vgl. hierzu Suppe (1977), Kap. I–VI und Nachwort.

13 Kuhn (1970), vgl. auch Feyerabend (1977), 363–4.

14 Vgl. hierzu Putnam: »Explanation and Reference«, in: Putnam (1975).

15 Vgl. hierzu Laudan (1977).

16 Kuhn (1978), 217 (= 1970, 206).

17 Popper (1963), (1968 bzw. 1969), (1973 bzw. 1972).

18 Vgl. meine Abhandlung *The Rationality of Science* (Routledge and Kegan Paul, in Vorb.).

19 Lakatos (1978), 125 und 131–2.

20 Vgl. hierzu seinen Artikel »On the Critique of Scientific Revolution« in: Howson (1976).

21 Feyerabend (1976), 35 (= 1975, 23).

22 Feyerabend (1977), 365.

23 Ich denke hierbei an das von Maxwell formulierte Prinzip, mit dem er Theorien zurückweist, die eine bestimmte Zeitangabe selbst als kausalen Faktor in die Erklärung eines Ereignisses einbeziehen.

24 Wie Putnam (1978), 71, uns in Erinnerung ruft: »Wir können *Fertigkeiten* (skills) erwerben, die zu komplex sind, um durch eine Theorie beschrieben werden zu können.«

Bibliographie

Feyerabend, P., *Wider den Methodenzwang*, Frankfurt, 1976; engl. Ausg.: *Against Method*, London: New Left Books, 1975.

»Changing Patterns of Reconstruction (review of W. Stegmüller: Theorienstrukturen und Theoriendynamik)«. *Brit. J. Phil. Sci.* 28 (1977), 351–369.

Howson, C. (ed.), *Method and Appraisal in the Physical Sciences*, Cambridge: Cambridge University Press, 1976.

Kuhn, T. S., *Die Struktur wissenschaftlicher Revolutionen*, Frankfurt 1967, ^{3}1978; engl. Ausg.: *The Structure of Scientific Revolutions, 2nd edn.*, Chicago: University of Chicago Press, 1970.

Lakatos, I., *The Methodology of Scientific Research Programmes,* Cambridge: Cambridge University Press, 1978.
Laudan, L., *Progress and its Problems,* Berkeley: University of California Press, 1977.
Popper, K. R., *Conjectures and Refutations,* London: Routledge and Kegan Paul, 1963.
Objektive Erkenntnis, Hamburg 1973; engl. Ausg.: *Objective Knowledge,* Oxford: Oxford University Press, 1972.
Logik der Forschung, Tübingen ^{3}1969; engl. Ausg.: *The Logic of Scientific Discovery,* London: Hutchinson, 1968.
Putnam, H., *Meaning and the Moral Sciences,* London: Routledge and Kegan Paul, 1978.
Mind, Language and Reality, Cambridge: Cambridge University Press, 1975.
Reichenbach, H., *Der Aufstieg der wissenschaftlichen Philosophie,* Braunschweig 1968; engl. Ausg.: *The Rise of Scientific Philosophy,* Berkeley: University of California Press, 1959.
Suppe, F. (ed.), *The Structure of Scientific Theories,* Chicago: University of Illinois Press, 1974.

Lauri Routila

Teleologie und das Problem der historischen Erklärungen – ein phänomenologischer Entwurf

»semper propositionis non identicae reddi possit ratio, in necessariis necessitans, in contingentibus inclinans ...«[1]

Leibniz

Einleitung

Die folgenden Überlegungen haben die Aufgabe, das Gespräch über die »eigentümliche Logik des eigentümlichen Gegenstands« der Historie fortzusetzen.

Das Thema einer solchen Logik der Geschichte ergibt sich, wie ich im Anschluß an Husserl formulieren möchte, aus der Unfähigkeit der positiven Einzelwissenschaften, den »echten Seinssinn ihrer Gebiete und der sie fassenden Begriffe« zu klären.[2]

Zwar ist diese Unfähigkeit der Historie, als positive Einzelwissenschaft von der Geschichte die eigentümliche Logik ihres Gebiets zu klären, nicht als Mangel, sondern als Vorteil zu betrachten. Schon Aristoteles hat in den wissenschaftstheoretischen Vorlesungen seiner Zweiten Analytiken die Auffassung formuliert, daß die Einzelwissenschaften ihre Positivität im Grunde ihrer Zurückhaltung verdanken, mit der sie philosophischen Problemen und Fragestellungen gegenüberstehen.[3] Denn positive Wissenschaftlichkeit kann es nur dort geben, wo man von einem vorgegebenen »Anfang« ausgehen und die mit einem solchen Anfang verbundenen Prinzipienfragen auslassen darf.

Aus der Einsicht, daß es »nicht nur eine Wissenschaft, sondern auch einen Anfang der Wissenschaft« geben muß, entsteht uns seit Aristoteles die Aufgabe einer philosophischen Wissenschaft, die sich bei keinem »Anfang« beruhigen darf und deshalb an die einzelwissenschaftliche Positivität eigentlich nie herankommen kann: einer dialektisch-aporematischen, fragend-suchenden Wissenschaft, die die unbegrenzte Fraglichkeit und Offenheit ihrer Versuche unterläuft.[4] In der *universitas litterarum* hat die Philosophie also die ergänzende Aufgabe, die Wurzeln der Wissenschaften aufzudecken und – wie Husserl dies an der erwähnten Stelle formuliert – »im eigentlichen Sinne zu sagen, welchen Sinn das Seiende hat, von dem die Einzelwissenschaften reden, und welche Sinneshorizonte, von denen sie nicht reden, den Sinn mitbestimmende sind«.

Seit einiger Zeit stehen wir jedoch an der Schwelle eines neuen Zeitalters. Ich möchte unsere Epoche als das Zeitalter der Poiesis, der *Produktion,* bezeichnen, denn es ist charakteristisch für sie, daß die Produktion zwischen Theorie und Praxis in einer bisher unbekannten Weise vermittelt. Man kann unsere Epoche an vielen verschiedenen Merkmalen erkennen, besonders deutlich aber an ihren Bemühungen, die abstrakten Gegensätze zu überwinden, wie sie von der philosophischen Überlieferung immer wieder festgelegt wurden: Subjekt und Objekt, Natur und Geschichte, Welt und Mensch, ja, Theorie und Praxis, Naturalismus und Idealismus. Indem unsere Philosophie die Einheit solcher Gegensätze in dem Grund- und Leitbegriff der Produktion sucht, wird sie selbst zur Philosophie der Produktion, hebt den Dualismus von Theorie und Praxis auf und sieht das Wesen des Menschen in seiner Möglichkeit, *Seiendes gestaltend zu erkennen.*

Auch die Einzelwissenschaften haben ihre ersten Schritte in den großen Raum einer neuen Wissenschaftlichkeit getan. Von der einzelwissenschaftlichen Forschung fordert der Schritt in die poietisch-produktive Wissenschaftlichkeit die neue Bereitschaft, sich die Mittel zu beschaffen, die ihr nicht von Natur aus zur Verfügung stehen. Ein Anzeichen für diese *Entwicklung* ist das wachsende Interesse der modernen Einzelwissenschaft an ihren eigenen »Anfängen« und dem Seinssinn ihrer »Gebiete«. Immer häufiger ist die moderne Einzelwissenschaft darauf aus, Gebilde und Modelle herzustellen, in denen Sinnhorizonte ihrer Gegenstandsbereiche Gestalt gewinnen und der Diskussion zugänglich werden. Die einzelwissenschaftliche Tätigkeit nähert sich also dem Aufgabenbereich der Philosophie und versucht sich von ihrer Unfähigkeit zu befreien, den »Seinssinn« ihrer »Gebiete« zu klären, und zwar in der Absicht, ihre einzelwissenschaftlichen Leistungen zu fördern.

In dieser Situation setzt die moderne Einzelwissenschaft im allgemeinen und die moderne Humanwissenschaft im besonderen auf den Fachbereich philosophischer Wissenschaften Erwartungen, die schon durch die überlieferte Stellung der Philosophie in der *universitas litterarum* gerechtfertigt sind. Voraussetzungen für die neue poietisch-produktive Wissenschaftlichkeit sind nicht nur das philosophische Instrumentarium und die philosophischen Techniken, sondern auch die philosophische *Bildung* überhaupt. *Je bewußter uns das Zeichensystem wird, in dem wir die Wirklichkeit abzubilden suchen, um so offener wird unser Zeichensystem für die Wirklichkeit, die wir in ihm abbilden.*

Uns stellen sich die Zeichensysteme aber nicht von selbst zur Verfügung; als rationale Produkte des gestaltenden Menschen haben sie ihr Wesen darin, daß sie *festgelegt*, nicht festgestellt werden. Man wird kaum auf Widerspruch stoßen, wenn man behauptet, eine der großen Aufgaben der gegenwärtigen Philosophie bestehe darin, die *Wirklichkeitsbeziehungen* der menschlichen Projektionen wiederherzustellen, wie sie in solchen intellektuellen Festlegungen und Modellen zum Vorschein kommen.[5]

In diesem angedeuteten Zusammenhang zwischen der modernen Einzelwissenschaft und der »Philosophie der Produktion« scheint mir auch einer der wichtigsten Anknüpfungspunkte für unsere Versuche zu liegen, die beiden philosophischen Traditionen des Marxismus und der Phänomenologie füreinander fruchtbar zu machen. Denn es ist die von vornherein erfüllte Voraussetzung für diese Versuche, daß beide Traditionen sich von dem naturalistischen Objektivismus losgesagt haben: von seinem falschen Universalitätsanspruch, dem der Glaube zugrunde liegt, daß allen Bereichen des Seienden der »Seinssinn Natur« zukomme, der Seinssinn eines endgültig festliegenden und starren, von allen subjektiven Gestaltungen des in der Erfahrungswelt lebenden Menschen durchaus freien An-sich-seins. Diesem Glauben konnten in der Tradition der Philosophie viele Gegensätze, vor allem derjenige von Natur und Geschichte, entspringen.[6]

Somit stellt sich uns auch die Aufgabe, die Frage nach dem eigentümlichen Gegenstand der Historie und der eigentümlichen Logik ihres Gegenstands wieder aufzunehmen.

I. Das Problem der historischen Erklärungen

Schon ein flüchtiger Blick auf die Ergebnisse der Geschichtsforschung verschiedener Richtungen wird den Philosophen davon überzeugen, daß die Geschichtswissenschaft eine erklärende Wissenschaft ist. Denn der Historiker sucht nach einer Antwort auf die Frage, warum die Geschichte *so und nicht anders* verlaufen ist. Wir wollen jede in wissenschaftlicher Absicht gegebene Antwort auf diese Frage als historische Erklärung bezeichnen.

Es ist leicht einzusehen, weshalb der Historiker ein besonderes Interesse an Erklärungen hat: wir neigen von vornherein zur Vermutung, daß die Geschichte einen anderen Verlauf hätte nehmen können. Daß sie den anderen Verlauf nicht genommen hat, motiviert die Frage: warum so und nicht anders? Man kann also sagen: dem Interesse, das der Historiker an den Erklärungen hat, liegt die Einsicht in die Möglichkeit eines anderen Verlaufs der Geschichte zugrunde.

Nach dem bekannten Argument, welches man als Donagan-These[7] bezeichnen könnte, muß die historische Erklärung folgende grundsätzliche Bedingung erfüllen, um überhaupt den Verlauf der Geschichte erklären zu können: sie muß zeigen, es sei nicht möglich gewesen, daß die Geschichte nicht so verlaufen wäre, wie sie verlaufen ist. Um den tatsächlichen Verlauf der Geschichte zu erklären, müßten wir also in der Lage sein zu zeigen, daß die Geschichte so zu verlaufen *hatte,* wie sie tatsächlich verlaufen ist. Weil die Unmöglichkeit eines anderen Verlaufs der Dinge zunächst nichts anderes zu bedeuten scheint als die Notwendigkeit des faktischen Verlaufs, findet man die in der Donagan-These angeführte Bedingung zumeist nur amüsant.

Wir wissen jedoch schon von der griechischen Tradition her, daß die modalen Bezeichnungen »möglicherweise« und »notwendigerweise« durch eine recht eigentümliche Bedeutungspluralität ausgezeichnet sind. So bleibt auch die Donagan-These wegen der Vieldeutigkeit ihrer Grundbegriffe eine These, die für verschiedene Deutungen offen ist. Uns würden sicherlich die meisten dieser Deutungen illusorisch erscheinen, weil wir uns in den seltensten Fällen und nur ausnahmsweise denken können, daß die Geschichte nicht anders hätte verlaufen können, daß sie also so zu verlaufen *hatte,* wie sie tatsächlich verlaufen ist.

Andererseits reizt das der Donagan-These innewohnende Argument zum Denken an: Ein Blick auf hervorragende Erklärungen der Historiker läßt vermuten, daß es dem Geschichtsforscher keineswegs fremd ist, von Möglichkeit, Unmöglichkeit und Notwendigkeit im Stil dieses Arguments zu sprechen. Sieht man näher hin, so zeigt sich bald, daß die Möglichkeits- und Unmöglichkeitsüberlegungen eine viel wichtigere Rolle in der Geschichtsforschung spielen als in der Naturwissenschaft. Der wesentliche Zug historischer Erklärungen scheint geradezu darin zu bestehen, daß sie die Unmöglichkeit eines anderen Verlaufs der Geschichte gleichsam ad oculos demonstrieren.

Diesen Eindruck resümierend, kann man sagen: in der Möglichkeitsrede des Historikers ist die Notwendigkeitsrede gewissermaßen mit enthalten, denn ihrer inneren Struktur nach sind Modalbezeichnungen interdefinierbar. Wie die Möglichkeit im Nicht-anders-sein-müssen liegt, so liegt im Nicht-anders-sein-können die Notwendigkeit.

Ungleich wichtiger ist indessen etwas anderes: wie wir die Geschichte auch bestimmen mögen, stets bleibt sie die Geschichte des Menschen. *Die Geschichte tut nichts, es ist der Mensch, der alles das tut, was in der Geschichte getan wird.* In seinem geschichtsbildenden Sein läßt sich der Mensch aber gar nicht mehr philosophisch analysieren, ohne daß auf ihn die modalen Kategorien, insbesondere die Kategorie der Möglichkeit, angewendet werden. Wenn wir von einer eigentümlichen Seinsweise des Menschen sprechen wollen, so können wir den Tatbestand nicht übersehen, daß der Mensch dasjenige Lebewesen ist, das sich im Bereich von Möglichkeiten bewegen kann und sein faktisches Leben anhand der intellektuellen Projektionen *möglicher Welten* zu bestimmen vermag. Daß das Sein des Menschen ein »Sein zu Möglichkeiten« ist, läßt uns vermuten, auch die Möglichkeitsrede des Historikers sei tief in der Natur seiner Sache gegründet.

Damit tritt in den Mittelpunkt der Diskussion die Frage nach dem Möglichkeitscharakter dieses Möglichen: Sind jene Möglichkeiten, in die der Mensch gleichsam hineinleben kann, überhaupt Möglichkeiten in dem intuitiv natürlichen Sinne, daß sie sich durch Notwendigkeit und zweimaliges Nicht definieren lassen wie die logischen Möglichkeiten? Besteht nicht ein grundsätzlicher Unterschied zwischen der bloß logischen Kategorie der Möglichkeit und dem existentialen Möglichkeitsbegriff? Gewiß, es versteht sich von selbst, daß wir anhand der formal-logischen Überlegungen immer nur formal-logische Ergebnisse erhalten, die von keinem besonderen Gewicht für die Logik der Geschichte sein können. Formal-logisch ist der Verlauf der Geschichte wohl in der Tat kontingent, d.h. »nicht notwendig und auch nicht unmöglich«, ein anderer Verlauf wäre also gleichfalls möglich gewesen. Wir suchen aber nach der eigentümlichen Logik der Geschichte, und diese geht von der formal-logischen Kontingenz der Geschichte nur aus.

Folgende Vermutung, die wir später prüfen müssen, bietet sich indessen an: Auch in der Geschichte sind die grundsätzlichen *intermodalen* Verhältnisse in voller Kraft, und wir können davon nicht absehen, daß Möglichkeit und Notwendigkeit auch in der Geschichte aufeinander angewiesen sind. Wenn es in der Geschichte einen eigentümlichen Möglichkeitsbegriff gibt, so gibt es auch einen ihm entsprechenden eigentümlichen Notwendigkeitsbegriff, dessen Sinn im Nicht-anders-sein-können besteht.

Ich kann jetzt vorläufig zusammenfassen: Aus dem Argument, das der Donagan-These innewohnt, läßt sich vor allem die Formulierung eines natürlichen Prinzips ersehen, das zunächst regulativen Charakter hat und ein wissenschaftliches Ideal verkörpert. Nach diesem Prinzip sollen die historischen Erklärungen zu zeigen versuchen, daß die Geschichte nicht anders hätte verlaufen können. Es scheint mir in der Tat, daß ein solches Prinzip die intuitive Überzeugung des Historikers zum Ausdruck bringt, die Überzeugung nämlich, daß es ihm möglich ist, über den tatsächlichen Verlauf der Geschichte hinaus die eigentümliche historische Notwendigkeit dieses Verlaufs zu entdecken. Die vorausgegangenen Überlegungen haben aber, wie ich hoffe, unmißverständlich angedeutet, daß hier von Notwendigkeit nur in einem ganz bestimmten Sinne gesprochen werden kann (vgl. unten Kap. IV).

II. Destruktion der Subsumtionstheorie in Richtung auf einen positiven Inhalt: Einführung des Problems der Eigengesetzlichkeit

In der zweiten Hälfte unseres Jahrhunderts hat *eine* Theorie der historischen Erklärungen die ganze Diskussion maßgebend beeinflußt. Im Anschluß an G. H. von Wright wollen wir sie als die Subsumtionstheorie bezeichnen. In die gegenwärtige Wissenschaftstheorie wurde sie von C. G. Hempel, K. Popper und anderen eingeführt; ihren historischen Ursprung hat sie in der Wissenschaftstheorie des Aristoteles. Es handelt sich um eine Theorie über wissenschaftliche Erklärungen von (ereignisbeschreibenden Aussagen oder) Ereignissen anhand des folgenden einfachen Schemas: ein Ereignis gilt als erklärt, wenn die es beschreibende

Aussage logisch aus der Konjunktion zweier Aussagemengen abgeleitet werden kann, deren erste eine Menge von allgemeinen Gesetzmäßigkeiten (die deterministisch oder probabilistisch formuliert sind) bildet und deren zweite aus bewährten Aussagen besteht, die die Randbedingungen bzw. Antezedenzbedingungen formulieren, in denen andere, von dem zu erklärenden Ereignis logisch unabhängige Ereignisse beschrieben werden. Die logisch voneinander unabhängigen (je für sich feststellbaren) Ereignisse werden also gleichsam durch ein Gesetz abgedeckt – daher die von Dray vorgeschlagene Bezeichnung »covering-law-theory«. Wichtig für das Verständnis dieser Theorie wissenschaftlicher Erklärungen ist, daß ihre Vertreter nicht den Anspruch erheben, daß auch die historischen Erklärungen *tatsächlich* Subsumtionsargumente sein *müßten;* behauptet wird nur, daß sie auf dieses Schema zurückführbar seien: durchaus befriedigende Erklärungen können bloße Erklärungsskizzen (explanation sketches) sein. Es gilt aber im Prinzip, daß sie sich, mindestens *in the long run*, vervollständigen lassen.

Von der Subsumtionstheorie historischer Erklärungen gibt es viele Abwandlungen, in denen mehr oder weniger wichtige Einzelheiten emendiert wurden, ohne daß sich die philosophische Grundidee selbst veränderte. Meine Bemerkungen betreffen nur diese Grundidee, nicht die Einzelheiten.

Zur Subsumtionstheorie wäre zu sagen:

Eine Erklärung kann nur unter ganz bestimmten Bedingungen eine historische Erklärung sein; denn auf die Frage »warum so und nicht anders?« können wir sehr verschiedene Antworten erhalten; nicht alle Erklärungen sind aber gleichermaßen sachlich im Interesse einer bestimmten Wissenschaft. Wer etwa das Scheitern des Rußlandfeldzugs von Napoleon anhand medizinischer Versuchsreihen erklären würde, die eindeutig zeigen, daß die französische Armee durch ungenügende Kleidung gelähmt wurde, legt keine historische Erklärung vor. Der Historiker würde ein solches Ergebnis keineswegs als unwahrscheinlich, sondern eher als *unsachlich* charakterisieren. Statt dessen wäre er wohl bereit, in einer Anmerkung seiner Studie auf solche Ergebnisse medizinischer Untersuchungen hinzuweisen. Eine im Interesse der Geschichtswissenschaft unsachliche Erklärung kann die eigentliche historische Erklärung *verdeutlichen.* Wir müssen also zwischen der Erklärung selbst und ihrer Verdeutlichung unterscheiden. Jede Erklärung wird nämlich jemandem angeboten; ihre Formulierung wird deshalb in Rücksicht auf das vorausgesetzte Publikum gewissermaßen relativ sein. Normalerweise ist dieses Publikum die Gemeinschaft der Forscher desselben Wissenszweigs, und der einzelne Forscher kennt aus eigener Erfahrung den Bedarf der Verdeutlichungen. Im Prinzip kann jede Erklärung endlos verdeutlicht und dadurch vervollständigt werden, denn ihr können auch allerlei Selbstverständlichkeiten, Ergebnisse und Gesetzmäßigkeiten entweder des alltäglichen Lebens oder anderer Wissenschaften hinzugefügt werden. Dabei wird man aber eine theoretische Kulisse aufbauen, die wirklich nur eine Kulisse ist, denn die eigentliche historische Erklärung wird dadurch gar nicht verändert, sie wird nur verdeutlicht, möglicherweise aber undeutlicher gemacht.

An der Subsumtionstheorie müssen wir also ihr fehlerhaftes Verständnis für die inhaltlichen Unterschiede verschiedener Wissenschaften kritisieren. Nur im allgemeinen, unbestimmt abstrakten Sinne läßt sich sagen, jede in wissenschaftlicher Absicht gegebene historische Erklärung könne so vervollständigt werden, daß sie dem Schema des covering law-Modells entspricht. Eigentlich haben die prominenten Vertreter der Subsumtionstheorie auch nichts anderes behauptet. So hat schon Hempel in seiner bahnbrechenden Arbeit die Auffassung vertreten, daß historische Erklärungen aus guten Gründen skizzenartig bleiben: weil der Historiker zumeist von einem diffusen Bündel der Gesetze Gebrauch mache und weil die Gesetzmäßigkeiten, oft aber auch die Antezedenzbedingungen, dermaßen trivial seien, daß es sich nicht lohne, sie eigens zum Ausdruck zu bringen.

Wir sehen uns also gezwungen, die Subsumtionstheorie zu verwerfen. Für die Praxis der Geschichtsforschung ergibt sich aus ihr nichts, denn offensichtlich können Trivialitäten die Sachlichkeit der gegebenen Erklärungen als *historischer* Erklärungen gar nicht garantieren. In der Geschichtsforschung kann kein echter Bestandteil der Erklärungen jemals trivial sein, denn die Erklärung muß darüber informieren, warum die Geschichte so verlaufen ist, wie sie verlaufen ist.

Wenn demgegenüber angenommen werden könnte, daß es genuin historische Gesetzmäßigkeiten gibt, die anhand des empirischen historischen Materials zu entdecken sind, so hätten wir keinen guten Grund, die Subsumtionstheorie der historischen Erklärungen zu verwerfen. Zwei einfache Überlegungen bestätigen diese Überlegung:

Erstens: Die Geschichtsforschung war bislang kaum darum bemüht, nach irgendwelchen genuin historischen *allgemeinen* Gesetzmäßigkeiten zu suchen. Wenn dem Historiker solche Gesetzmäßigkeiten einmal zur Verfügung stünden, so wäre es undenkbar, daß seine Erklärungen nicht die Form der Subsumtion annehmen würden. Angesichts der Tatsache, daß das Interesse an solchen Gesetzen noch ziemlich jung ist, läßt sich an der Subsumtionstheorie keine definitive Kritik üben.

Zweitens: In der Geschichtsforschung wurde immer wieder von der *Eigengesetzlichkeit* eines bestimmten Zeitabschnitts gesprochen. Obgleich der Begriff der Eigengesetzlichkeit seinen bildlichen Charakter verrät, weist er doch darauf hin, daß es dem Historiker gelungen ist, die logisch voneinander unabhängigen Einzelereignisse unter ein Schema zu subsumieren, das den naturwissenschaftlichen Gesetzen zumindest ähnlich ist. Die Eigengesetzlichkeit wird nämlich von einer Ereignisfolge und nicht von einem einzigen Ereignis behauptet; es geht hier also nicht um gesetzesartige Formulierungen, die nur einen Fall betreffen, um »Gesetze mit nur einem Fall«. Der Zweifel, ob der bildliche Sinn des Begriffs der Eigengesetzlichkeit überhaupt noch einen Inhalt hat, soll uns jetzt nicht stören. Es war nur meine Absicht, darauf aufmerksam zu machen, daß die Idee der Subsumtionstheorie mit dem Problem der genuin historischen Gesetze zusammenhängt.

Es ist an dieser Stelle zu bemerken, daß es der Wissenschaftstheorie bis jetzt noch nicht gelungen ist, den Begriff des Gesetzes befriedigend zu klären. Sehr oft wird in der einschlägigen Literatur der Gesetzesbegriff mit dem der empirischen Verallgemeinerung verwechselt, gelegentlich sogar mit der bloßen Reformulierung einer Aussage zu einer universellen Aussage. Ich gehe hier davon aus, daß jene Gesetze, die für Erklärungen benutzt werden, konditionale Aussagen mit kontrafaktischem Charakter sind.[9] Damit die Aussage »Alle A sind B« ein Gesetz formuliert, muß aus ihr die kontrafaktische Aussage folgen, die durch das Peircesche *would be* ausgezeichnet ist: »Wenn x A wäre, was freilich nicht der Fall ist, so würde x B sein«. Zur Vorbereitung einer späteren These möchte ich hier auch noch darauf hinweisen, daß der Begriff der Eigengesetzlichkeit, soweit er in den Erklärungen des Historikers vorkommt, tatsächlich kontrafaktischen Charakter hat; denn die Rede von der Eigengesetzlichkeit einer Ereignisfolge will vor allem betonen, daß irgendein hypothetisches, von uns nur vorgestelltes Ereignis, eine bestimmte Eigentümlichkeit stattgefunden hätte, wenn es in dieser Ereignisfolge stattgefunden hätte. Was damit gemeint ist, läßt sich am Beispiel der Stilgeschichte veranschaulichen: Zwar wäre es ein Irrtum anzunehmen, im Zeitalter der Gotik sei nur gotisch gebaut worden, wir werden aber dennoch eine ganze Menge erklärungsbedürftiger Ereignisse in der Kunstgeschichte dadurch erklären können, daß wir sie unter dem Stilbegriff *Gotik* subsumieren. So ist es z. B. eine Eigengesetzlichkeit der Gotik, daß sie einem bestimmten Innenraum zuneigte; die Lektüre wissenschaftlicher Untersuchungen über die Gotik wird den Leser leicht davon überzeugen, daß der Kunsthistoriker viele Einzelheiten des gotischen Außenbaus sehr schön anhand dieser eine »Wesensnotwendigkeit« aussprechenden Eigengesetzlichkeit zu erklären vermag, und zwar deshalb, weil er Gründe dafür angeben kann, daß eine Einzelheit im gotischen Außenbau bestimmte Merkmale zeigen würde. In solchen Fällen scheint es auch nicht ins Gewicht zu fallen, daß es Gegenbeispiele gibt. Denn – und darin zeigt sich die eigentümliche Langwierigkeit der humanwissenschaftlichen Forschung – nach solchen Gegenbeispielen sucht der Historiker eigens, um die Haupterklärung zu bestätigen: anhand der Eigengesetzlichkeit kann er nämlich nur dann die Mehrzahl seiner Tatsachen erklären, wenn er in der Lage ist, die ihm bekannten Gegenbeispiele ebenfalls zu erklären, und zwar als Ausnahmen. Zumeist kann er dann zeigen, daß die Randbedingungen der Haupterklärung nicht erfüllt waren oder daß es um ein »Idiom« ging, das entweder neben einer Hauptform nicht »Schule machen« konnte oder rein zufällig war.

Hier zeigt sich zugleich, daß die Humanwissenschaften in einem, wie mir scheint, begrenzten Sinne idiographische Wissenschaften sind. Was nämlich keiner Erklärung zugänglich ist, wird in den Humanwissenschaften eben durch seine Unerklärlichkeit zu etwas Einmaligen und Großen, das sich in seiner idiomatischen Einmaligkeit nur faktographisch beschreiben läßt. Man kann aber dem Einmaligen in seiner idiomatischen Eigentümlichkeit nur in der Form begegnen, daß es sich gegen das Erklärbare und Übliche, von dem Erklärbaren her abhebt. Nicht alles ist in den Humanwissenschaften erklärbar: gerade dies aber verleiht den Erklärungen das ausschlaggebende Gewicht. Daß in der Geschichte solche wahrhaft idiomatischen Einmaligkeiten ziemlich selten sind, scheint mir eine Tatsache.

In gewissem Sinne neige ich also zu der These:

Auch die Geschichtswissenschaft ist eine erklärende Wissenschaft. Sie ist erklärende Wissenschaft nicht in einem wesentlich anderen, sondern in einem nur unwesentlich anderen Sinn als die Naturwissenschaft. Dies lehrt uns aber nicht der Positivismus, sondern die Wissenschaftspraxis der Geschichtsforschung.

III. Zur Problematik des Ereignisbegriffs

Indem der moderne Wissenschaftslogiker Probleme behandelt, die mit dem Humanwissenschaften verbunden sind, begeht er leicht den Fehler, nur seine eigenen logischen Probleme in einem neuen Kontext wiederzuerkennen. Ein gutes Beispiel dafür ist die Diskussion der Subsumtionstheorie. So hat man dabei nur selten die Tatsache beachtet, daß der Geschichtsforscher es mit empirischem Material zu tun hat, das nur mittelbar auf die »Wirklichkeit« verweist, die er zu erklären sucht. Daß in der Wissenschaftstheorie der Historie so viel über die Erklärungen der historischen Ereignisse und Prozesse und über die Rolle der Gesetze debattiert wurde, zeigt, wie wenig dabei an die eigentümliche Arbeit des Historikers gedacht wurde, an die Arbeit im Archiv.

Die bekannte Vieldeutigkeit des deutschen Ausdrucks »Geschichte« kann uns als Ausgangspunkt dienen. Einerseits bedeutet »Geschichte« die empirische Wissenschaft von der geschichtlichen Wirklichkeit, andererseits diese Wirklichkeit selbst, und zwar entweder im Sinn der Vergangenheit oder im umfassenderen Sinne des durch Vergangenheit, Gegenwart und Zukunft hindurchziehenden Geschehens des menschlichen Lebensprozesses. Zwischen diesen drei Bedeutungen bestehen aber wichtige sachliche Beziehungen. So würde beispielsweise die Annahme, daß es eine deutliche Grenze zwischen der geschichtlichen Wirklichkeit und der historischen Wissenschaft gibt, schon deshalb zu unlösbaren Schwierigkeiten führen, weil es dann diese Wirklichkeit nicht mehr gäbe. Von einem einfachen Gegensatz, als wäre hier das wissenschaftliche Subjekt, dort das zu untersuchende Objekt in seiner starren, absoluten Objektivität, können wir bei der Geschichtsforschung gar nicht reden. Damit die Geschichte zum Gegenstand der

Forschung werden kann, muß man sie eigens konstruieren. Im Sinn des Objekts einer Wissenschaft ›gibt es‹ die geschichtliche Wirklichkeit eigentlich nur als *Korrelat* der historischen Forschung.

In der Tat: wir haben keinen Grund, die Tatsache zu übersehen, daß die historische Wirklichkeit aus einem Material erschlossen ist, das mangelhaft, verworren, vielfach unzuverlässig, absichtlich und unabsichtlich verfälscht ist. Die Überzeugung, daß es diese Wirklichkeit in ihrem An-sich-sein gegeben hat, kann uns zwar trösten, aber meist nur wenig helfen. Daß der Historiker keine Geschichten erzählt, sondern in den Quellen der Geschichte forscht, diese natürliche Überzeugung des Historikers, ermöglicht ihm freilich den Zugang zur geschichtlichen Wirklichkeit selbst, sie war aber auch die Urquelle des historischen Objektivismus, der seine eigene Vormeinung für die Wirklichkeit hielt. Aus der Auffassung, daß die geschichtliche Wirklichkeit Korrelat des nach Erkenntnis strebenden Historikers ist, ergibt sich nicht, daß der Geschichtswissenschaftler es mit einer bloß erdachten Wirklichkeit zu tun hat und erdichtete Ereignisse zu erklären sucht; aus ihr ergibt sich vor allem die Forderung, die eigenen, den jeweiligen Gegenwartshorizont des Forschers bestimmenden Annahmen und undiskutierten Vormeinungen ausdrücklich zu formulieren und dem wissenschaftlichen Gespräch zugänglich zu machen. In diesem Sinn hängt das Problem der historischen Erklärungen auch mit dem Problem des adäquaten onto-logischen Modells für die geschichtliche Wirklichkeit zusammen.

Damit kann die folgende fundamentale These aufgestellt werden: Gegenstand der Geschichtsforschung ist nicht die »geschichtliche Wirklichkeit«, denn diese ist das *Hauptproblem* aller historischen Forschung. Die Lösung dieses Problems besteht je in einer *Hypothese*, die erzählt, »wie es eigentlich gewesen ist«. Eine solche Hypothese ist immer nur bis zu einem gewissen Punkt bestätigt; man kann also für sie, zumeist aber auch gegen sie argumentieren.

Nun ist jede Hypothese ein ziemlich abenteuerlicher Schluß, eine Abduktion nämlich, wie Ch. S. Peirce sie bezeichnet hat.[10] Weil der Historiker keine besondere Lust an Abenteuern hat, ist die wissenschaftliche Praxis der Geschichtsforschung wesentlich Praxis der Argumentation. Auch wenn der Historiker »Einsicht in die Akten« nimmt, steht er im Umkreis von hypothetischen Horizonten, die seine Aufnahmefähigkeit für die aktenmäßig erfaßten Tatsachen genau so vorbestimmt, wie diese seine Aufnahmefähigkeit für weitere Tatsachen vorbestimmen. Der argumentative Charakter der Geschichtswissenschaft zeigt, daß das Verhältnis von geschichtlicher Wirklichkeit und historischer Wissenschaft keine undialektische Relation, sondern eine »komplexe Größe« ist, die aus Größen besteht, welche nicht aufeinander reduzierbar sind.[17]

Jetzt kann das Problem der historischen Erklärung neu angegangen werden. Eigentlich stehen wir hier am Wendepunkt unserer Erörterung; denn wir können jetzt die Richtung anzeigen, in die man gehen sollte, wenn man sich aus dem Banne einer schulmäßig betriebenen Wissenschaftslogik zu lösen sucht und das Problem der historischen Erklärung als ein Sachproblem versteht, das nicht nur auf die wissenschaftstheoretische Diskussion, sondern auch auf die wissenschaftliche Praxis der Historie bezogen ist.

Die »komplexe Größe«, die einerseits aus der Hypothese, »wie es eigentlich gewesen ist«, andererseits aus den harten Tatsachen des Historikers besteht, könnte als *historische Erzählung* bezeichnet werden. Ich bin der Meinung, daß das Problem der historischen Erklärung im wesentlichen mit dem der historischen Erzählung zusammenfällt, oder – wie ich dies in anderem Zusammenhang etwas übertrieben zusammengereimt habe: in der Historie ist die beste Erklärung immer die beste Erzählung. Angesichts der faktischen Wissenschaftspraxis des Historikers wird diese Formulierung freilich ihr Ziel kaum verfehlen können: es ist wichtig zu sehen, daß die meisten Erklärungen des Historikers überhaupt nicht von der Erzählung abzulösen sind. Die Erklärung, warum ein Ereignis tatsächlich stattgefunden hat, setzt in der Historie nicht nur die Beschreibung dessen voraus, was tatsächlich stattgefunden hat; sie setzt nicht nur Argumente voraus, die zeigen, warum anzunehmen ist, daß diese Ereignisse stattgefunden haben: sie setzt auch voraus, daß man die Geschichte zur Verfügung hat, in der das zu erklärende Ereignis stattgefunden hat.

Hier muß ich etwas genauer werden. Man könnte nämlich meinen, die Geschichte bestehe aus Ereignissen, so als wären diese Atome des Geschichtsablaufs. Was wir zunächst unter dem Wort »Ereignis« verstehen, läßt sich durch den Ausdruck »Eintreten eines Sachverhalts« wiedergeben. Damit wird schon auf das Dynamische, auf den Geschehenscharakter der Geschichte angespielt. Doch wenn wir von Geschichte sprechen, meinen wir nicht nur eine Reihe von Ereignissen, die nebeneinander und nacheinander auftreten, sondern eine *Ereignisfolge.* Von der bloßen Reihe unterscheidet sich eine solche Ereignisfolge dadurch, daß sie eine bestimmte Richtung hat. In der Historie geht es also nicht nur um Ereignisse, es geht um eine bestimmte Geschichte, um einen bestimmten Ablauf der Ereignisse. Indem der Historiker ein bestimmtes Ereignis zu erklären sucht, löst er es keineswegs aus der horizonthaften Ereignisfolge heraus, um es in seinem reinen Für-sich-sein zu bestimmen. Im Gegenteil, *erst im Gefüge einer bestimmten Ereignisfolge wird ein Ereignis erklärungsbedürftig.* Warum haben die Griechen am 28. September 480 die persische Flotte im Sund von Salamis besiegt? Es ist ein Irrtum zu meinen, der Historiker stelle solche Fragen, ohne sie im Zusammenhang der Ereignisfolge zu sehen, in der die Seeschlacht stattgefunden hat.

Man wird also die historische Erklärung nicht aus der historischen Erzählung herausreißen können, wenn man die Praxis der Geschichtswissenschaft berücksichtigt. An diese Erläuterung des Ereignisbegriffs läßt sich nun eine andere, ebenso wichtige Bemerkung anknüpfen: In der Subsumtionstheorie der Erklärungen wird ja die erklärende Kraft des Subsumtionsarguments darin gesehen, daß das zu erklärende Ereignis aus der Konjunktion des Gesetzes und der Randbedingungen deduktiv abgeleitet werden kann. Die logisch voneinander unabhängigen Ereignisse werden gleichsam untereinander verbunden. In dieser Hinsicht entspricht die historische Erzählung dem Subsumtionsargument, denn die Erzählung bringt einen logischen Zusammenhang zum Ausdruck, in dem die einzelnen Ereignisse eine durch die Einheit der Richtung ausgezeichnete Folge von Ereignissen bilden. Eine solche Analogie, die freilich auch nur eine Analogie bleibt, läßt uns annehmen, die historische Erzählung sei der eigentliche Fundus historischer Erklärungen.

Die Möglichkeit, Ereignisse voneinander unterscheiden zu können, ist ihrerseits die Bedingung der Möglichkeit dafür, daß wir sie untereinander verbinden können. Nun sind aber die historischen Ereignisse schon durch die Geschichtszeit gewissermaßen untereinander verbunden. Die vom Historiker jeweils untersuchte Ereignisfolge läßt sich deshalb als ein *Werden* bestimmen, wie dies auch im deutschen Wort für Geschichte zum Vorschein kommt. In diesem Werden, das das Geschehen der Geschichte ist, verschwindet das einzelne Ereignis in der horizonthaften Ereignisfolge der unmittelbar voraufgehenden und nachkommenden Ereignisse: in einem tieferen Sinne lassen sich die historischen Ereignisse nicht von der horizonthaften Ereignisfolge unterscheiden, in der sie stattfinden. Jedes Ereignis ist gleichsam sein Verschwinden im Prozeß des Stattfindens, ja in einem tieferen Sinne lassen sich die Ereignisse einer Ereignisfolge als solche bestimmen, die in ihrem Verschwinden bestehen.[11]

Inwiefern läßt sich dann aber der Anspruch noch aufrecht erhalten, historische Erklärungen seien Ereigniserklärungen? Dies scheint mir in der Tat – in einem tieferen Sinne – fragwürdig. In einem anderen, zwar nicht geradezu oberflächlichen, aber immerhin weniger tiefen Sinne wäre dagegen zu sagen, der Historiker erkläre eben Ereignisse: von ihm selbst im Interesse seiner Wissenschaft fixierte Ereignisse, indem er sie »festhält« und den Ablauf des Werdens zum Stillstand bringt. Das kann ihm eben als Historiker gelingen, weil er das Verschwinden der einzelnen Ereignisse im Prozeß des Werdens nicht mehr miterleben kann. Die Möglichkeit, eng miteinander verbundene Ereignisse voneinander unterscheiden zu können, hängt also auch davon ab, ob die historische Wirklichkeit uns nicht als Prozeß, sondern als Korrelat einer Hypothese zugänglich ist.[12]

Erst hier, wo die historischen Ereignisse ihre festen Konturen verlieren, scheint sich ein realistisches Modell für die Theorie der historischen Erklärungen anzubieten. In diesem Modell nehmen aber die historischen Erklärungen zugleich die Form der Erzählung an; denn vom bloßen Berichten unterscheidet sich das Erzählen durch die innere Kontinuität des Erzählten. Zur Erzählung wird der Bericht dort, wo die Einheit der Richtung des Berichteten erkannt wird.[13]

Ich schließe damit die Erörterung des Ereignisbegriffes ab und stelle meine zweite Hauptthese auf, die so lautet:

Der Historiker sucht nicht nach Ereignissen, um seine Erklärungshypothese zu erzählen, sondern er erzählt seine Hypothese, um die im ihm zugängigen Material angedeuteten Ereignisse zu erklären. Die Erklärung durch die historische Erzählung bezieht sich aber darauf, »wie es eigentlich gewesen ist«. Dieses, das Eigentliche dessen, wie es gewesen ist, besteht aber darin, daß eine Ereignisfolge als das Werden einer Ausrichtung, als Prozeß der Vollendung (Teleiosis) dieser Ereignisfolge sichtbar wird.

Der empirisch tätige Geschichtsforscher hat es also nicht mit einem unbestimmten Ganzen, er hat es mit einem bestimmten Abschnitt der Geschichte zu tun. Indem er eine Hypothese darüber aufstellt, wie es eigentlich gewesen ist, bewegt er sich von einem Ausgangspunkt aus zu einem Endpunkt hin. Von Anfang und Ende kann hier natürlich nicht in striktem Sinne gesprochen werden, denn die Geschichte ist immer im Gang. Die beiden Punkte, an denen der Historiker die Geschichte zum Stillstand bringt und die einen Abschnitt der Geschichte umgrenzen, entscheiden aber darüber, welche Geschichte, welcher Verlauf und welcher Prozeß untersucht wird.

Normalerweise gibt es in jedem Raum der Geschichtszeit mehrere verhältnismäßig gleichzeitige Prozesse. An vielen Stellen können sie sich somit auch überschneiden. Deshalb ist aber die Wahl der Punkte der wichtigste Bestandteil der Auswahltätigkeit, durch welche entschieden, ja festgelegt wird, was zu untersuchen ist. Durch diese Entscheidung wird eine beträchtliche Menge empirischer Tatsachen ausgeklammert, die sich im jeweiligen Zusammenhang als irrelevant oder bedeutungslos erweisen würden.

Ein Geschichtsabschnitt stellt sich zunächst als Ereignisfolge dar. Wie er irgendwo und irgendwann angefangen hat, eine bestimmte Folge von Ereignissen zu sein, so hört er auch irgendwann auf, diese bestimmte Folge von Ereignissen zu sein. Obgleich wir vielleicht nie ganz genau bestimmen können, wann und wo ein Krieg aufgehört hat, obgleich das Ereignis des Aufhörens in einem Prozeß des Aufhörens verschwindet, können wir doch in einem natürlichen Sinne vom Ende einer bestimmten Geschichte sprechen.

Gewissermaßen ist also ein historischer Prozeß sowohl *a tergo* als *a fronte* von einem Ereignis umgeben. Es ist jedoch leicht einzusehen, daß das Ende einer solchen Geschichte diesen Prozeß viel eindeutiger bestimmt als der Ausgangspunkt. Denn die Folge von Ereignissen verdichtet sich durch ihre Zwischenstadien immer deutlicher zu einem bestimmten Geschehen. Es ist auch wesentlich für historische Erklärungen im Sinne von Ereigniserklärungen, daß das zu erklärende Ereignis als ein, wenn auch nur provisorischer Endpunkt des jeweiligen Werdens festgehalten wird.

Nun kann es so scheinen, als ob der Historiker nur a tergo, von hinten, zu erklären sucht; er versucht ja zu zeigen, wie es »dazu gekommen ist«. Näher besehen aber versucht der Historiker den bestimmten Gang der Geschichte a fronte, von vorn, nämlich vom zu erklärenden Ereignis her zu erzählen. Denn dieses Ereignis liegt in seinem besonderen Interesse und liefert ihm auch das Kriterium dafür, welche »Ursachen« er zu untersuchen hat.

Wenn wir voraussetzen dürfen, daß es in der Geschichte selbst irgendwelche Faktoren gibt, die den Verlauf der Geschichte bestimmen, wenn wir also annehmen, es wäre möglich, Geschichtswissenschaft zu betreiben, so können wir auch sagen, daß sich in der Geschichte jede thematisierbare Folge von Ereignissen auf ein Ziel ausrichtet, mithin *zielgerichtet* ist. Denn die voraufgehenden Stadien der Ereignisfolge verleihen dem Geschehen eine Richtung und damit ein Ziel, worauf »es« hinausläuft.[14]

Und in diesem Sinn möchte ich nun von einer *Teleologie* in der Geschichte sprechen: nicht wie im naiven metaphysischen Geschichtsteleologismus, in dem die göttlichen Kräfte des Zeitgeistes und der Vorsehung das Geschehen lenken, aber auch nicht im Sinne des ebenso naiven Intentionalismus der modernen analytischen Philosophie, die den objektiven Gang der Geschichte auf die Handlungsintentionen und -kalkulationen führender Persönlichkeiten zurückführt. Das Phänomen der Teleologie, wie ich es meine, ist denkbar empirisch: es geht um eine Teleologie in diesem zunächst nur sehr bescheidenen, forschungspraktischen, immerhin aber bedeutsamen Sinne, daß eine bestimmte Ereignisfolge, die als eine historische Ereignisfolge untersucht werden kann, ein Prozeß a u f etwas h i n ist. Alles, was in diesen Prozeß miteinbezogen werden kann, wird schon dadurch im Hinblick auf ein Ziel, auf ein Telos qualifiziert, daß es in diesen Prozeß tatsächlich miteinbezogen wird.

Allein, die Frage taucht auf: geht es hier überhaupt um Teleologie, geht es nicht vielmehr um eine Art von Kausalität? Dazu wäre zu sagen: Erstens schließt eines das andere keineswegs aus; es handelt sich nicht um ein Entweder-Oder. Zweitens müssen wir hier von Teleologie sprechen, weil auch der Zufall in der Geschichtsforschung Erklärungskraft besitzt (beispielsweise: warum wurde die Große Armada ohne Schlacht besiegt?): der forschungspraktische Sinn der Teleologie beruht eben darauf, daß man die Richtung, mithin das Ziel aufzuspüren sucht, auf das »es« hinausläuft. Zwar ist dieser Sinn nicht identisch mit dem aristotelischen, demgemäß das Ziel zugleich der Zweck ist, *um dessentwillen* etwas geschieht, wenn es geschieht. Es hat aber einen umgangssprachlich präzisen Sinn zu sagen, daß die Berücksichtigung dessen, *worauf es hinausläuft*, zur Aufgabe hat, die Richtung, Neigung oder Tendenz festzustellen, die in einem Material aufscheint. Gemäß der forschungspraktischen Teleologie kann der Historiker auf die Frage, warum das Ereignis x stattgefunden hat, antworten: »ich erzähle das Werden dieses Ereignisses anhand einer Ereignisfolge, in welcher die Richtung des Geschehens zunehmend sichtbar, ja transparent wird.«

Doch aus dieser forschungspraktischen Teleologie ergibt sich eine umfassendere, tiefsinnigere Teleologie, ja es ergibt sich ein realistisches Modell für das Geschehen der Geschichte, wenn wir die Tatsache berücksichtigen, daß die wirkliche Geschichte die Geschichte der »wirklichen Menschen« ist.[15] Denn die Geschichte hat in sich selbst ein determinierendes Prinzip, das sie auf ein Ziel hinsteuern *kann:* der Mensch ist der Geschichte gegenüber nicht gänzlich ohnmächtig, obgleich nicht alles so verläuft, wie die Menschen es wollen.

Zwar wäre es philosophisch leichtsinnig zu denken, der Gang der Geschichte sei durch Faktorenarten wie Handlungsintentionen und -motivationen *eigentlich* bestimmt. Das eigentliche Prinzip der Geschichte liegt vielmehr in der *Intentionalität im Großen,* welche die *Intentionalität im Kleinen,* die »Einzelwollungen und -handlungen« des Menschen, teleologisch vorbestimmt. In der »Krisis« veranschaulicht Husserl diese Intentionalität im Großen anhand des Bildes von der Sedimentierung des Telos, indem er auf die strukturale Verwandtschaft zwischen der Geschichte und dem einzelpersonalen Leben verweist: in allen Lebensvollzügen realisiert sich graduell das Telos des Lebens als dasjenige, »worauf es in ihm mit seinem Streben und Wirken hinauswill«. Ihre umgangssprachliche Präzision erhält die Redensart »worauf es eigentlich hinauswill« eben im Kontext der Selbstbesinnung, wo der Mensch »rückblickend« ein Wissen um das auf unvollkommene Weise intendierte, ihm nur vorschwebende Intentum zu erringen sucht.[16]

Indem der Mensch in seiner Intentionalität im Kleinen in das Geschehen der Geschichte hineinlebt, strömen in die Geschichte nicht nur die Zwecke der einzelnen ein und ihr Zusammenspiel, sondern durch all dies hindurch die Intentionalität im Großen, die teleologische Einheit dessen, was schon getan worden ist. Ihren vollen Sinn bekommt aber diese teleologische Einheit erst dadurch, daß der Mensch als ein »Sein zu Möglichkeiten« in die Geschichte sozusagen doppelt und dreifach hineinlebt, in der Faktizität von Theorie, Praxis und Produktion.

Diese skizzenhaften Überlegungen sollen uns zurückleiten, zum Problem der historischen Erklärungen, indem wir nochmals die Frage aufnehmen, was *eigentlich* Gegenstand der Geschichte ist.

In meiner ersten Hauptthese habe ich behauptet, der Gegenstand der Geschichte sei nicht die »historische Wirklichkeit«, weil diese stets *das* Problem der historischen Forschung ist. Indem der Historiker aber seine Hypothese aufstellt, wie es eigentlich gewesen ist, ist er in der Lage, eine ausgezeichnete Wirklichkeitsbeziehung herzustellen, weil er selbst als geschichtliches Lebewesen in der geschichtlichen Wirklichkeit lebt. Geleitet vom Hinblick auf das Geschehen der Geschichte, das er in seiner eigenen Gegenwart miterlebt, kann er das ihm zur Verfügung stehende empirische Material zum Leitfaden nehmen und die nicht mehr wirkliche Geschichte als wirkliche konstruieren.[17]

Was eigentlich Gegenstand der Geschichte ist, läßt sich also anhand der fortwährenden Wirklichkeit der Geschichte gewissermaßen phänomenologisch beschreiben: die eigentümliche Geschehensstruktur der Geschichte ist uns in der lebensweltlichen Gegenwart zugänglich.

Ich versuche nun meine Andeutungen zu einem konkreten Modell zu erweitern, in dem die Geschehensstruktur der Geschichte einen teleologischen Charakter annimmt. Wenn uns dies gelingt, wären wir in der Lage, die These zu verteidigen, daß historische Erklärungen aufgrund der eigentümlichen Logik der Geschichte teleologische Erklärungen sind.

Es gibt eine ausgezeichnete Begrifflichkeit, anhand welcher ein solches Modell, wie mir scheint, aus unseren bisherigen Erörterungen entwickelt werden kann. Diese Begrifflichkeit nimmt ihren Ausgang von dem Gedanken, daß die historische Wirklichkeit die menschliche Lebenswirklichkeit, diese aber ein *Spielraum von Möglichkeiten* ist.

Die Bestimmung der Lebenswelt als eines spielraumartigen Möglichkeitsfelds wäre hier im Anschluß an die Spätphilosophie Husserls und die Frühphilosophie Heideggers einerseits, an die Früh- und Spätphilosophie von Marx andererseits zu entfalten. Doch auf diese Aufgabe muß ich in diesem Zusammenhang verzichten, zumal ich auf die Ergebnisse hinweisen kann, die uns die philosophische Zusammenarbeit im Raum der phänomenologischen und marxistischen Tradition schon zur Verfügung gestellt hat.

Indem wir von einem Möglichkeitsspielraum sprechen, greifen wir die Terminologie auf, die unseren Ausführungen schon von der Donagan-These her zugrunde gelegt wurde. In jenem Zusammenhang äußerte ich die Vermutung, es gäbe einen eigentümlichen Möglichkeitsbegriff, der auf die Geschichte und somit auch auf die Geschichtswissenschaft angewendet werden könnte. Kehren wir also zum Phänomen der historischen Wirklichkeit zurück, um die Frage nach dem eigentümlichen Gegenstand der Geschichte in Angriff zu nehmen.

Was in der Geschichte geschehen ist, erlaubt nicht den Schluß auf die Notwendigkeit dieses Geschehens. Ab esse ad necesse non valet consequentia. Der Gang der Geschichte hätte ein anderer sein können, obgleich er ein anderer nicht gewesen ist. Was meinen wir eigentlich, wenn wir sagen, der Verlauf der Geschichte hätte ein anderer sein können?

Zunächst meinen wir wohl: die von uns berücksichtigte tatsächliche Ereignisfolge hat in einem raumartigen Universum aller möglichen Ereignisse Gestalt angenommen; in diesem Universum hätten aber andere Ereignisfolgen gleichfalls stattfinden können. Dabei meinen wir genau genommen nicht nur einen bloß logischen Möglichkeitsraum, der alles das ausmacht, was im bloß logischen Sinne möglich ist. Indem wir von möglichen Ereignisfolgen sprechen, wollen wir vielmehr auf etwas Inhaltliches aufmerksam machen. Logisch wäre es möglich, daß in der Geschichte vollkommene Irrealitäten stattfänden; in einem inhaltlichen, sachbezogenen Sinne geht es dagegen um das, was zunächst möglich ist: daß bestimmte Alternativen bestehen. Der faktische Möglichkeitsraum hat also einen begrenzten Charakter; er ist im Gegensatz zum logischen Raum möglicher Ereignisse ein »limited universe of discourse«, wie ich ihn im Anschluß an eine von August de Morgan gebrauchte Terminologie nennen möchte.

Um Mißverständnisse zu vermeiden, möchte ich die Möglichkeitsrede unserer Erörterung anhand einer graphischen Darstellung veranschaulichen, in der unsere objektive, tatsächlich vorhandene Welt von mehreren Horizont-Welten wie von sphärischen Kreisen umringt ist. Der Kreis des »Zunächst-Möglichen« liegt zwischen der tatsächlich vorhandenen und der überhaupt realmöglichen Welt und bezeichnet die mögliche Welt der faktischen Alternativen.[18]

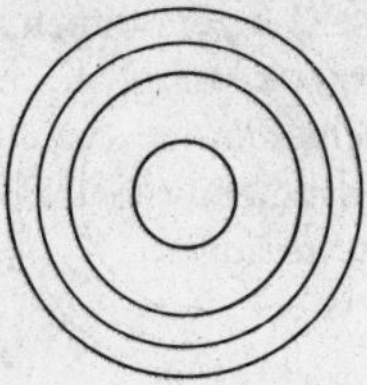

Fig. 1

Das Gewesene
Das Universum der zunächst möglichen Variationen
Das Universum der überhaupt realmöglichen Welten
Das Universum der überhaupt (logisch) möglichen Welten

Die Figur macht sogleich elementare Theoreme zugänglich, die die modale Struktur der lebensweltlichen Wirklichkeit beschreiben. Sie gibt auch der These Ausdruck, das Sein des Menschen sei ein »Sein zu Möglichkeiten«. Es ist intuitiv sinnvoll zu sagen, daß die Horizont-Welten den Sinn mitbestimmen, den wir in der tatsächlich vorhandenen Welt zu sehen vermögen.

Wir nennen nun die jeweils zunächst mögliche Welt den faktischen Spielraum der Möglichkeiten. Es geht also um einen Raum der jeweils möglichen Variationen derjenigen Ereignisfolge, die tatsächlich stattgefunden hat. Wenn eine Ereignisfolge keine in diesem Sinne mögliche Alternative hat, ist sie notwendig. Es versteht sich von selbst, daß die schon stattgefundenen Ereignisse einer Ereignisfolge nicht in diesem Sinne notwendig sein müssen. Zwar unterstehen sie keiner Alternative mehr, aber auch wenn dies der Fall war, bleiben sie »kontingent«, nicht notwendig. Wichtig ist es aber einzusehen, daß diese Ereignisse, die stattgefunden haben, »Notwendigkeiten« des jeweiligen Möglichkeitsraums werden: demzufolge hat die Ereignisfolge fortwährend einen sie abschließenden Spielraum. Man kann hier von einem »Prinzip der

Geschlossenheit« sprechen, das im dialektischen Verhältnis zum »Prinzip der Offenheit« steht. Doch ich habe vorgegriffen.

Angenommen, das geschichtliche Geschehen sei keine notwendige Folge von Ereignissen, angenommen also, im Verlauf der Geschichte wäre eine Alternative möglich: dann könnten wir sagen, der jeweilige Möglichkeitsraum sei durch prinzipielle *Offenheit* bestimmt. Folgende Figur zeigt die Grundverfassung des in diesem Sinne offenen Möglichkeitsraums:

Fig. 2

Das Prinzip der Offenheit

Ich versuche nun, die Struktur der geschichtlichen Wirklichkeit als einen durch das Prinzip der Offenheit und das Prinzip der Geschlossenheit bestimmten Spielraum von Möglichkeiten zu denken.

Offenheit und Geschlossenheit des Möglichkeitsraums bestimmen die geschichtliche Wirklichkeit im Hinblick darauf, wie es *eigentlich* gewesen ist. Indem wir also die historische Frage stellen, wie es eigentlich gewesen ist, fragen wir nach einer dagewesenen Lebenswirklichkeit im Sinne eines Spielraums von Möglichkeiten. Die Hypothese, die der Historiker erzählt, ist nach diesem Modell eine Erzählung nicht nur der tatsächlichen, sie ist auch eine Erzählung der *wirklichen Geschichte,* und wirklich war die Geschichte eben als ein Möglichkeitsraum.

So könnte man in der Tat im Anschluß an Heidegger[19] sagen, das

Thema der Geschichte, der eigentliche Gegenstand der Historie, sei »weder das nur einmalig Geschehene noch ein darüber schwebendes Allgemeines, sondern die faktisch existent gewesene Möglichkeit«. Denn der Begriff des Möglichkeitsraums wird für die Geschichtsphilosophie dadurch bedeutsam, daß er die lebensweltliche Wirklichkeit gewissermaßen zu definieren vermag. Der Möglichkeitsraum ist keine logische Konstruktion, er ist für den Menschen existentiell real: der Mensch hat ihn nicht vor sich, er lebt in ihn gleichsam hinein.

Es war ein Verdienst Heideggers, die Geschehensstruktur der Geschichte am Leitfaden der hermeneutisch phänomenologischen Analyse der Geschichtlichkeit des Menschen zu analysieren und zugleich auf die modaltheoretische Grundverfassung der Seinsweise des Menschen aufmerksam zu machen. Mir scheint jedoch, es ist ihm nicht gelungen, sich von dem Irrtum zu befreien, daß die existentialen Modalitäten auf die bloße Zeitlichkeit zurückzuführen sind. Auch der Möglichkeitsspielraum wird in »Sein und Zeit« nach dem Vorbild des Zeit-Spielraums gedacht. Die entscheidende Fehlinterpretation des Möglichen beruht auf dem Gedanken, daß die Möglichkeit des Möglichen im »Noch-nicht« besteht. Das mag seinen Grund darin haben, daß das »Sein zu Möglichkeiten« gewissermaßen temporal als »Vorlaufen in die Möglichkeiten« verstanden werden kann. Der Mensch existiert gleichsam »zukünftig«. Die »Freilegung der Geschehensstruktur« der Geschichte anhand der Zukünftigkeit des Menschen kommt jedoch ins Schwanken, denn ihr entgeht notwendigerweise die Gewesenheit. Man wird Heidegger vorwerfen können, daß sich die These »die Gewesenheit entspringt in gewisser Weise der Zukunft« sinnvoll umkehren läßt, weil die Zukunft gleichfalls der Gewesenheit entspringt: weil Zukunft und Gewesenheit sich gegenseitig bedingen.

Zwar ist es möglich, daß in der Geschichte stets etwas anderes geschieht. Dennoch geschieht dieses Andere nicht. Der Offenheit zum Trotz nimmt der Verlauf der Geschichte vielmehr eine *Richtung* an, denn das Gewesene schließt den offenen Spielraum des Geschehens fortwährend ab, und die Möglichkeiten verdichten sich mehr und mehr zu einem bestimmten Geschehen, zu einem Gang. Dies läßt sich durch die folgende schematische Darstellung veranschaulichen (siehe Fig. 3, S. 192).

Schon nach drei Schritten sind dem Spielraum sieben mögliche Enden entfallen, die echte Lebenswirklichkeit waren, bevor sich die

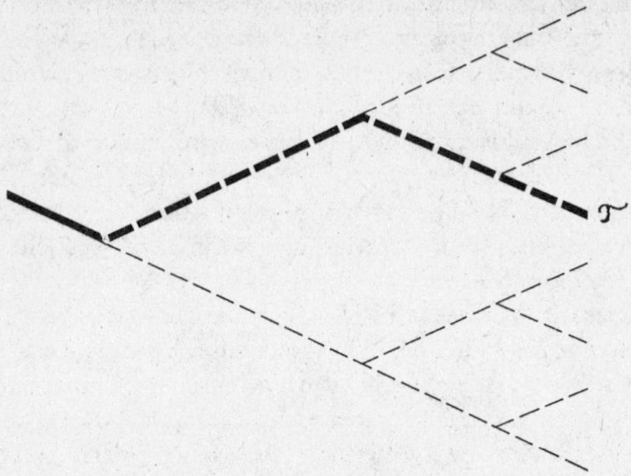

Fig. 3

Das dia-lektische Prinzip der Verdichtung
der Möglichkeiten zum Realgang

Geschichte auszurichten begann. Die verlorenen Möglichkeiten verengen den Möglichkeitsraum; zugleich schließt das Geschehen andere Möglichkeiten auf, die verloren wären, hätte die Geschichte einen anderen Verlauf genommen. Rein zahlenmäßig betrachtet nimmt die Offenheit des Möglichkeitsraumes zu, die des faktisch existenten Möglichen aber ab. In diesem Sinn möchte ich von einem Prinzip der Verdichtung sprechen, das als dialektisches Prinzip aus dem Prinzip der Offenheit und dem der Geschlossenheit besteht.[20]

Je mehr sich das Geschehen in seinen Möglichkeiten festlegt, desto weniger offener Spielraum ist ihm gelassen. Der Offenheit zum Trotz neigt das Geschehen mehr und mehr einer Richtung zu. Je mehr es aber in eine Richtung tendiert, um so mehr richtet es sich auf ein Telos hin. Dieses ist zwar nicht vorgegeben, es schwebt aber vor und ist vorgezeichnet in jener Richtung, auf welche die zunehmende Verdichtung der Möglichkeiten hinausläuft.

In diesem Sinn möchte ich im Anschluß an die Terminologie der Husserlschen Spätphilosophie von der inneren, ausgezeichneten Teleologie der Geschichte sprechen, die es ermöglicht, am Leitfaden jedes Ereignisses etwas darüber zu sagen, »worauf es eigentlich hinauswill«. Es geht aber auch hier um eine eigentümliche Teleologie, um eine Teleiosis, die sich im geschichtlichen Geschehen bildet und deren Geschichte mit der Geschichte selbst zusammenfällt.

Zu dieser Teleiosis steht in keinem Widerspruch die Macht des Menschen, Zwecke zu setzen und solche zu realisieren: Was nur zielgerichtet ist und was zielintendiert ist, bedingt sich in der Geschichte gegenseitig. Nicht nur lebt der Mensch in den Möglichkeitsraum hinein, er produziert ihn auch. Wie die Geschichte durch des Menschen Tun und Lassen in Gang gehalten wird, so entscheidet auch die Geschichte über ihn. Wenn ihm Möglichkeiten abhanden kommen, ist er gezwungen, in der Ohnmacht eigener Handlungen die Macht der inneren Teleologie des Geschehens zu erfahren.

Nun darf aber nicht übersehen werden, daß der Begriff der Eigengesetzlichkeit einen gewissen Inhalt erhält, wenn man bedenkt, daß es hier um einen Möglichkeitsraum geht. Denn wir können uns bei jedem Ereignis auch vorstellen, welches andere Ereignis stattgefunden hätte, wenn es selbst nicht stattgefunden hätte. Somit können wir uns auch jene möglichen Ereignisfolgen vorstellen, die unmöglich wurden dadurch, daß dieses Ereignis eben nicht stattgefunden hat. Im Hinblick auf andere Ereignisfolgen hat die tatsächliche ein eigengesetzliches Charakteristikum, weil sie am wenigsten offen ist. Aus ihm lassen sich sinnvolle kontrafaktische Annahmen folgern, die wahr sind.

Die historische Erzählung wird zur Erklärung, wenn es ihr gelingt, die Frage »warum so und nicht anders« befriedigend zu beantworten. Auf diese Frage antwortet der Historiker zumeist, indem er zeigt, *warum ein naheliegend mögliches Ereignis nicht hat stattfinden können:* um den Frieden zu erklären, muß er den Krieg wegerklären. Indem er die Unmöglichkeit einer alternativen Möglichkeit aufzeigt, gelangt er zur eigentümlichen historischen Notwendigkeit der faktischen Geschichte.[21] So lebt er gleichsam rückwärts in das Geschehen der Geschichte und in den gewesenen Möglichkeitsraum hinein, um einzusehen, »worauf es eigentlich hinauswollte«.

Es ist kein Zufall, daß der Geschichtsforscher Überlegungen anstellt, durch welche die gewesene Wirklichkeit sich vom Hintergrund möglicher, aber nicht gewesener Wirklichkeiten abhebt. Solche Überlegungen sind nicht bodenlos, sie führen den Historiker nicht zu Gebilden, die keinen Ursprung in der Wirklichkeit haben. Es ist die Aufgabe solcher Überlegungen, nicht das Unmögliche, sondern das nicht Gewesene anzunehmen, um das Gewesene in seiner Eigengesetzlichkeit zu restituieren. Am Leitfaden kontrafaktischer Überlegungen erzählt der Historiker die Geschichte davon, wie der Reichtum des Zunächst-Möglichen in das Nicht-mehr-Mögliche umgeschlagen ist und das Gewesene ins Notwendige.

Anmerkungen

1 Vgl. dazu meinen Aufsatz »Zur Überwindung der klassischen Modalbegriffe bei Leibniz«, in: *Studia Leibnitiana*, Suppl. I, Wiesbaden 1968, 241 ff.

2 Husserl: *Formale und transzendentale Logik*, Halle 1929, 12 f.

3 Vgl. Routila: *Die aristotelische Idee der Ersten Philosophie*, Amsterdam 1969, 64 ff.

4 Vgl. Routila: »Das Problem der philosophischen Geschichte der Philosophie«, in: *Ajatus*, Yearbook of the Philosophical Society of Finland XXXV, 21 ff.

5 Dieses Thema habe ich in meinen Hamburger Vorlesungen im Sommersemester 1978 unter dem Titel »Wahrheit und Geschichtlichkeit« behandelt; das Vorlesungsmanuskript erscheint in *Studia philosophica Turkuensia*, Bd. IV.

6 Zur Sache vgl. Husserls Diskussion des Objektivismus in »Krisis« (*Husserliana* VI) und die früher erschienenen Bände *Phänomenologie und Marxismus*.

7 Vgl. Donagans Aufsatz »Explanation in History«, in: *Theories of History*, hrsg. von P. Gardiner, London 1969; siehe auch: A. Donagan und B. Donagan, *Philosophy of History*, London 1965, 32 ff.

8 Zur Subsumtionstheorie vgl. C. G. Hempel: *The Function of General Law* (erschienen 1942, wiederabgedruckt in der oben Anm. 7 erwähnten Sammlung, hrsg. von Gardiner (S. 344 ff.)). Ferner: Hempel u. Oppenheim: *Studies in the Logic of Explanation*, wiederveröffentlicht in: Hempel, *Aspects of Scientific Explanation and Other Essays*, London 1965. Die inzwischen erschienene Sekundärliteratur zum Thema wird geschickt resümiert von K. Acham: *Analytische Geschichtsphilosophie*, Freiburg, München 1974, insb. 152 ff.

9 Vgl. den Aufsatz von R. Chisholm »The Contrary-to-Fact Conditional«, wiederabgedruckt in: *Readings in Philosophical Analysis*, hrsg. von H. Feigl u. W. Sellars, New York 1949. Ferner: Nelson Good-

man: *Fact, Fiction, and Forecast,* Cambridge 1955, Nicholas Rescher: *Hypothetical Reasoning,* Amsterdam 1965.

10 Über Peirce siehe die Ausführungen von Klaus Oehler in der von ihm herausgegebenen Textausgabe *Über die Klarheit unserer Gedanken* Frankfurt a. M. 1968.

11 Vgl. Hegel, *Wissenschaft der Logik I* (Suhrkamp Werkausgabe Bd. 5), insb. 111 ff.

12 Man könnte zwar mit Hegel (a.a.O. 113) argumentieren, daß das Werden ein »ruhiges Resultat« hat. In der Geschichte hat aber bei einem Resultat ein anderes Werden schon angefangen. Der Begriff des »ruhigen Resultats« ist vernünftig, weil die Weltgeschichte aus mehreren »Ereignisfolgen« besteht. Zum Begriff der Kontinuität der Geschichte vgl. die lehrreiche Studie von Christian Meier in: *Kontinuität – Diskontinuität in den Geisteswissenschaften,* hrsg. von H. Trümpy, Darmstadt 1973, 53 ff.

13 Den Begriff »Einheit der Richtung« entlehne ich Ernst Cassirer, vgl. *Logik der Kulturwissenschaften,* Darmstadt 1961, 72 f. Cassirer macht darauf aufmerksam, daß historische Typisierungen wie Gotik, Renaissance usw. eine Einheit der Richtung, nicht des Seins widerspiegeln. Das scheint mir lehrreich auch für Ereignisfolgen und soziale und apersonale Kollektionen, wie sie in der Historie stets vorkommen (Nationen, Armeen, Parteien).

14 So sagt G. H. von Wright in seinem – auch hier einschlägigen – Buch *Verstehen und Erklären (Explanation and Understanding),* Frankfurt a. M. 1974, daß die »Verständlichkeit der Geschichte ein Determinismus ex post facto« ist.
Im Gegensatz zu von Wright definiere ich die Teleologie anhand der Husserlschen Formulierung »worauf es eigentlich hinauswill«, nicht anhand der aristotelischen Formel, die einen »Zweck« voraussetzt, »um dessenwillen« etwas getan wird oder geschieht. Es scheint mir ein Irrtum, auch die Zielgerichtetheit auf einen Quasi-Zweck zurückzuführen, als handle es sich um etwas, das »für den Vollzug von für gewisse Systeme charakteristischen Funktionen notwendig ist« (S. 63). Zielgerichtet in unserem Sinne bedeutet die Bezogenheit auf ein durch spezifische strukturale Eigenschaften ausgezeichnetes System; was sich auf ein Ziel richtet, braucht nicht notwendig *für* dieses System sein.

15 Vgl. die bekannten zitierten Ausführungen zu Feuerbach: Marx: *Frühe Schriften* II, hrsg. von Lieber, Darmstadt 1971, z. B. 21 ff., 46 ff. – Marxens philosophische Entdeckung liegt in dem Gedanken, daß die Geschichtlichkeit des Menschen schon im »gemeinen« Leben, in der »Produktion des unmittelbaren Lebens« ihren Boden hat. Dieser Gedanke ergibt sich aus der Idee, daß die Seinsverfassung des Produzierenden je der Produktion entspringt. Im Gegensatz dazu hat Aristoteles die These formuliert, das »Leben sei Praxis und nicht Produktion« und

der Produktion »entspringe keine bestimmte Verfassung des produzierenden Lebens« (Nik. Ethik, 1140b 6, Politik, 1254a 7): weil »Praxis ihr Ziel in sich selbst hat«, ist die Produktion nie auf den Produzierenden selbst gerichtet. Man könnte die aristotelische These die *Ungeschichtlichkeitsthese* nennen, weil nach ihr der Mensch in seinem Wesen immer derselbe bleibt.

16 Zum Thema vgl. Ante Pažanin: *Wissenschaft und Geschichte in der Phänomenologie Husserls*, Den Haag 1972; Paul Janssen: *Geschichte und Lebenswelt*, Den Haag 1970, insb. 64ff.; G. H. Vasquez: *Intentionalität als Verantwortung*, Den Haag 1976, insb. 105 ff. David Carr: *Phenomenology and the Problem of History*, Evanston 1974, insb. 238ff. Eine sehr instruktive Darstellung erschien von Ludwig Landgrebe in *Phänomenologie und Marxismus*, Bd. 1.

17 Zur Sache vgl. H.-G. Gadamer: *Wahrheit und Methode*, Tübingen 1972, insb. 319ff.

18 Eine lehrreiche Darstellung der Theorie des Möglichen ist das Buch von Nicholas Rescher: *A Theory of Possibility*, Oxford 1975, vgl. insb. 144ff.

19 *Sein und Zeit*, Tübingen 1960, 372ff.

20 Zum Begriff der Offenheit vgl. Gadamer, a.a.O., 344ff., B. Waldenfels: »Möglichkeiten einer offenen Dialektik«, in: *Phänomenologie und Marxismus*, Bd. 1, insb. 154ff.

21 Den Begriff der historischen Notwendigkeit kann man als eine *Notwendigkeit durch Zufall* – frei im Anschluß an Leibniz – charakterisieren, vgl. meinen unter Anm. 1 erwähnten Aufsatz.

Ernst Wolfgang Orth
Von der Ideo-logie zur Ideologie-Kritik.

Phänomenologische Erörterung der Beziehungen zwischen Bewußtseinsphilosophie und Marxismus

In einer aktuellen Würdigung der nachhegelschen Philosophie heißt es, »daß die Marxsche Ideologiekritik und historisch-ökonomische Wissenschaft trotz ihrer materialistisch-konkreten Ausrichtung eine ›Reflexionsbewegung‹ ist, die unbeschadet ihrer gegenüber Hegel veränderten dialektischen Struktur ihre Wesensherkunft im Prinzip des Selbstbewußtseins hat.«[1] In der Tat, das Bewußtsein spielt in der Lehre Marxens eine entscheidende Rolle. Freilich erkennt Marx das ›Bewußtsein‹ nicht als eine Art absoluter Appellationsinstanz an, die – ein Gebilde reiner Formen – über allen Dingen steht und über die Wirklichkeit apriorisch entscheidet. Vielmehr ist solches Bewußtsein nur sinnvoll betreffbar und thematisierbar im Kontext seiner reellen weltlichen Bezüge und Entwicklungen; dann allerdings wird es auch in Anspruch genommen. Erst wo sich das Bewußtsein aus solchen Bezügen löst, wird es zu einer Schimäre.[2] Marxens Kritik kann sich also nicht gegen eine Bewußtseinsphilosophie schlechthin richten, sondern nur gegen eine solche, die ›idealistisch‹ ist.[3] Marxens Beziehung auf Hegel, der ihm den Begriff der Dialektik, der Geschichtsphilosophie, der Arbeit und damit zugleich entscheidende anthropologische Motive vermittelt[4], wird folgerichtig von einer Kritik bestimmt sein, die sich auf ›Konkretisierung‹, ›Entidealisierung‹, ›Verweltlichung‹, ›Praxis‹ ausrichtet.[5]

Für diese Tendenz, Hegel zu kritisieren und zu ›verbessern‹, findet Marx Vorlagen in der sogenannten politischen Ökonomie und der empiristisch-sensualistischen Philosophie des 18. Jhs. in England und Frankreich. Die ›politische Ökonomie‹ ist so nicht einfach eine Marxsche Erfindung, sondern ein Rückgriff auf vorliegende, die idealistische Geschichtsphilosophie konterkarierende, ökonomiewissenschaftliche Untersuchungen, die Marx sorgfältig studiert und umsichtig diskutiert und in einer artikulierten Lehre ausarbeitet.[6] Demgegenüber ist der entsprechende Rückgriff auf eine empiristisch-sensualistische Bewußtseinsphilosophie als Vorlage für die Kritik des Hegelschen Idealismus[7] nicht in gleicher Weise ausgearbeitet und durchstrukturiert. Für diesen Rückgriff scheint zunächst der Terminus Ideologie stehen zu dürfen; denn in diesem Namen – in seiner Bedeutung als Lehre von den Ideen (Vorstellungen, Meinungen), als science des idées – kulminiert gegen Ende des 18. Jhs. die sensualistische Bewußtseinsphilosophie, die in der Tat die Konkretisierung, Verweltlichung, Anthropologisierung des Bewußtseins ins Auge faßt.

Als Titelbegriff des berühmten Gemeinschaftswerkes von Marx und Engels, das freilich zu Lebzeiten von Marx nicht veröffentlicht wurde, hat zwar Ideologie eine außerordentlich suggestive Kraft entwickelt, aber als ein Grundbegriff des Marxismus wenig Präzision erfahren.[8] Vor allem die Beziehung dieser Ideologie (der sogenannten ›Deutschen Ideologie‹) zu dem nicht gerade lange vor Marxens Wirksamkeit liegenden Projekt Ideologie der französischen Condillac-Anhänger im Institut de France (1795 ff.) läßt Marx völlig ungeklärt, obwohl von der Sache her eben doch ein positiver Rückgriff auf die französische sensualistische Bewußtseinsphilosophie erfolgt. Dieser Rückgriff geschieht ausdrücklich 1845 in der ›Heiligen Familie‹ mit Hinweis auf Helvétius und im Anschluß an dessen Interessebegriff. Mit dem Begriff des ›wohlverstandenen Interesses‹, einer Formulierung, die man schon bei Condillac als ›intérêt bien entendu‹ belegt findet[9], habe Helvétius eine »Reform« als »Umwandlung des Bewußtseins« in Gang gesetzt (Lieber I, 830).[10]

Zunächst ist ein terminologie- und begriffsgeschichtlicher Tatbestand zu buchen. Um die kritischen Bemühungen des 18. Jhs., z. B. auch diejenigen des Helvétius[11], auf eine methodologische, wissenschaftliche Basis zu stellen, wird der Terminus Ideo-logie von Destutt de Tracy (1754–1836), der sich als Schüler Condillacs (1715–1780) versteht, ausdrücklich erfunden und dient dann als ein Programmbegriff. Destutt prägt den Ausdruck in seinen zwischen 1796 und 1798 im Institut National vorgelegten Mémoires – und zwar in der Abteilung für die Analyse der Empfindungen, die im Institut zur Klasse der moralischen und politischen Wissenschaften gehörte. Er reklamiert den Ausdruck ausdrücklich im Anschluß an Condillacs science des idées und mit der erklärten Absicht, die Disziplinen ›Metaphysik‹ und ›Psychologie‹ außer Kurs zu setzen, weil nämlich erstere nach ›ersten Ursachen‹ (primae causae) frage und letztere so etwas wie die selbständige Existenz einer Seele insinuiere[12], die ›Seele‹ aber nur soweit betreffbar sei, als sie sich bei Gelegenheit von Organwirkungen manifestiere.[13] Die so konzipierte Ideo-logie hat insofern Parallelen zum Kantischen Kritizismus, als sie eine Metaphysikkritik bedeutet und einen wissenschaftlich betreffbaren Seelenbegriff – im Sinne der psychologia rationalis – für unhaltbar erklärt. In einem Mémoire von 1802 ›De la métaphysique de Kant‹ übt Destutt gleichwohl – bei aller Würdigung des Sinnes für Methode bei Kant – doch Kritik an dessen Systemzwang und Formalismus, an der Vernachlässigung der Sinnlichkeit und vor allem an dem Mangel an ›Beobachtung‹, besonders Beobachtung der »histoire intellectuelle de l'homme«, welche zunächst lange Zeit eine »histoire naturelle« ist.[14] Die Ideologie ist für Destutt ein Teil der Zoologie; ihr zentrales Interesse ist ein anthropologisches (Proj., 1 ff.).[15]

Ziel dieser Ideologie ist eine Analyse der menschlichen Orientierungen in ihrem weltlichen Zusammenhang unter Aufdeckung möglicher Fehlorientierungen mit Hilfe des Studiums einer Orientierungsgeschichte. Es handelt sich um eine Verbindung von Erkenntnistheorie und Anthropologie, deren Krönung eine glükkende gesellschaftliche und kulturelle Praxis des Menschen sein soll, die Destutt mit pädagogischer Tendenz durch sein Werk hin vertritt. Zugleich ist damit eine universelle enzyklopädisch ausgerichtete Wissenschaft projektiert, eine Art Wissenschaftstheorie, die gleichwohl die Vorwegnahme eines Systems ablehnt.[16]

Ideo-logie ist hier also ein Name für eine bewußt projektierte Wissenschaft, die theoretische und praktische Perspektiven verbinden soll und sich als universale Kritik versteht. Demgegenüber unterscheidet sich der Name Ideologie, wie er sozusagen offiziell bei Marx in der ›Deutschen Ideologie‹ auftritt, in doppelter Weise von diesem Wissenschaftsbegriff und Namen für eine elaborierte Wissenschaft: Ideologie ist hier zum einen nicht Name für eine Wissenschaft, sondern Name für ein Faktum, nämlich den Bewußtseinszustand von Menschen. Zum anderen wird Ideologie nicht explizit definiert, sondern operativ verwendet. Was Marx wohl mit Ideologie meinen könnte, geht aus dem ersten Satz der Vorrede der ›Deutschen Ideologie‹ hervor: »Die Menschen haben sich bisher stets falsche Vorstellungen von sich selbst gemacht, von dem, was sie sind oder sein sollen« (MEA 3, 13). Der Inbegriff solcher falschen Vorstellungen heißt Ideologie (bei Destutt heißt die kritische Analyse solcher Vorstellungen Ideologie). Als Beispiel eines solchen Inbegriffs falscher Vorstellungen, die sozusagen eine formierte Artikulation erfahren haben, dient Marx die »neuere junghegelsche Philosophie«, deren »Kern« »unschuldige und kindliche Phantasien bilden«; sie »widerspiegeln« freilich (eben in ihrer Ideologie, d.h. in ihren Ansichten) »die Erbärmlichkeit der wirklichen deutschen Zustände« (MEA 3, 13) – und sind insofern ganz und gar nicht bloß unschuldig und kindlich. Mit der Thematisierung dieser ›falschen Vorstellungen‹ der Junghegelianer ist nun ausdrücklich auch eine Kritik verbunden, für die Marx allerdings keinen Namen hat. Da der Name Ideologie in seiner Bedeutung nach ›Inbegriff von (falschen) Vorstellungen und Meinungen‹ verschoben wurde, müßte die Kritik dessen – der falschen Vorstellungen nämlich – folgerichtig Ideologie-Kritik heißen. Diesen Terminus können wir bei Marx nicht finden (die Sache mag man ihm unterstellen). Im Hinblick auf das ursprüngliche Wort Ideo-logie erweist sich Ideologie-Kritik als Pleonasmus (als eine Art Hendiadyoin), denn formal meint Ideo-logie bereits das, was Ideologie-Kritik heißen soll. Die spätere, erst im 20. Jh. sichtbar werdende Terminologie, die Ideologie-Kritik und Ideologie-Lehre kreiert, ist also eine Konsequenz der Bedeutungsverschiebung des ursprünglichen Wortes Ideologie von einem ausgearbeiteten Wissenschaftsbegriff zu einem operativen Begriff der gehobenen Umgangssprache, respektive des Jargons.

Die Frage, die sich stellt, ist die: Wie ist es zu beurteilen, daß Marx ein für seine Lehre wesentliches Projekt betreibt, das später Ideologie-Kritik heißt, ohne dafür einen klärenden Namen und tragenden Begriff zu haben? Wie kommt es, daß er in diesem Zusammenhang operativ einen Terminus verwendet, der seinem Unternehmen als sinnvoller Grundbegriff dienen könnte, den er aber in einer modifizierten, als Grundbegriff ungeeigneten Gestalt aufnimmt? Warum hängt Marxens Beitrag zur Analyse des Bewußtseins terminologisch und begrifflich in der Luft? Warum gibt es dafür keinen zureichenden Namen? Es kann nicht darum gehen, Marx auf die Ansicht der Ideo-logie des ausgehenden 18. und beginnenden 19. Jhs. festzulegen. Aber es ist bemerkenswert, daß er diese Ideo-logie, die formell seinen Absichten mindestens so nahesteht, wie die ›politische Ökonomie‹ des 18. Jhs., nicht diskutiert, sondern eine depravierte Gestalt dieses Begriffes einfach als operatives Schlagwort übernimmt und für den Mangel keinen Ersatz schafft. Daß Ideologie bei Marx in depravierter terminologischer Gestalt auftaucht, geht bereits aus dem ersten Satz des Haupttextes der ›Deutschen Ideologie‹ hervor. Hier wird nämlich von den ›deutschen Ideologen‹ gesprochen (MEA 3, 17). Für die Zeit, in der Marx schrieb, war noch bekannt, daß ›Ideologe‹ ein polemisch denunzierender Name war, und zwar nicht etwa generell für Menschen, die falsche oder einseitig fixierte Vorstellungen haben (was der heutigen Umgangssprache entspricht). Ideologe – idéologue – war der Name, den Napoleon in bewußt herabsetzender Absicht jenen Wissenschaftlern des Instituts, zu dem Destutt gehörte, gab, als sie seinen usurpatorischen und imperialistischen Zielsetzungen und Praktiken im Wege standen (ihr Widerstand gegen Napoleons Praxis brachte ihnen seinen Vorwurf, unpraktisch zu sein, ein). Sie selbst nannten sich nämlich nicht idéologues sondern idéologistes.[17] Die negative, operative Verwendung des Wortes Ideologie als Inbegriff falscher Vorstellungen, ja als unpraktisches Spinnertum, stellt sich offensichtlich über den abfälligen Ausdruck ›Ideologe‹ ein, hinter dessen Prägung nicht der geringste wissenschaftliche und methodologische Anspruch steht.

Die äußeren Schicksale der Ausdrücke Ideologie, Ideologist, Ideologe sind zwar in großen Zügen bekannt und oft gebucht[18], aber die methodologische Bedeutung dieses Bezeichnungs- und Begriffswandels ist bisher nicht zureichend gewürdigt worden. Um zur Klärung dieses Vorganges und seiner Auswirkung, die bis in unsere heutige Wissenschaftsauffassung und Wissenschaftskultur hinein reicht, einen vorbereitenden Beitrag zu leisten, soll hier zunächst die Rolle der klassischen Ideo-logie des ausgehenden 18., beginnenden 19. Jhs. skizziert werden – einschließlich der dann folgenden polemischen Reaktionen Napoleons und der Restauration. Die literarische, vor allem lexikographische Tradierung ist dann kurz zu markieren; danach ist das Auftauchen des Ausdrucks Ideologie und Ideologe bei Marx darzustellen, bevor das Wort bei ihm eine offizielle Funktion bekommt. Schließlich ist zu würdigen, was Ideologie-Kritik bei Marx sachlich bedeuten könnte. In einer abschließenden Skizze sollen einige Gedankengänge der Husserlschen Phänomenologie auf die Ideologie-Thematik bezogen werden.

I

Die neue Wissenschaft, die Destutt idéologie nennt, die weder Metaphysik noch Psychologie sein soll, führt er auf Condillac zurück (Proj., 3); sie ist »philosophie première« in einem neuen Sinn (III, 397ff.).[19] Sie thematisiert den Menschen als ein konkretes Orientierungssystem. Für Condillac wie für Destutt dokumentiert sich solche Orientierung, für welche die theoretische und praktische Komponente gleichermaßen und zunächst ungeteilt bestimmend sind, in der sensibilité oder im sentir. Der Ausgang von der Sinnlichkeit – dem sogenannten Sensualismus – wird sehr häufig in einer zu abstrakten Würdigung als Reduktionismus und Naturalismus (auch als Materialismus) bestimmt.

Der Vorwurf des Reduktionismus, des unkritischen Anfangs bei abstrakt gesetzten Sinnesdaten, ist nur bedingt gerechtfertigt. Ausgegangen wird vielmehr von zwei Größen: von der jeweils gegebenen menschlichen Realität und von den Grundgrößen, die implikativ-explikativ zu einer solchen Realität geführt haben. Destutt sagt im Hinblick auf die menschliche Realität: »les faits sont en nous, les résultats tout près de nous« (Proj., 27). »Il faut parler de l'état où vous êtes« (Proj., 28). Dabei habe man sich an Beobachtung zu halten, d.h. nichts ohne Phänomenbezug hinzuzukonstruieren; und dann ist zu analysieren. Bei dem Ausgang von der vorliegenden beobachtbaren menschlichen Realität ist freilich Vorsicht geboten: »il faut vous mettre en garde contre les fausses routes dans lesquelles vous pouvez être entrés« (Proj., 28f.). Das heißt, die menschliche (theoretisch/praktische) Orientierungsrealität wird als eine genetisch gewordene angesehen, und demzufolge ist mit Fehlorientierungen zu rechnen (das ist in einem präzis erkenntnistheoretisch-anthropologischen Zusammenhang das später so genannte ideologiekritische Moment). Die Grundeinsicht, die hier als Regulativ dient und Analysemöglichkeiten an die Hand gibt, ist die, daß alle Orientierung sentir ist. Der Rückgang auf dieses sentir ist kein unbedachter abstrakter Reduktionismus, sondern eine methodische Reduktion auf die elementarste betreffbare Form von Orientierungen, aus der entwickeltere Orientierungen, von denen wir faktisch auszugehen haben, beobachtend rekonstruiert werden können. »Sentir est un phénomène de notre existence, c'est notre existence elle-même« (Proj., 35f.).

Der Terminus sentir wird bewußt doppeldeutig verwendet, nämlich als sinnliches Auffassen und als Auffassen schlechthin. Deshalb kann hier auch nicht von Naturalismus oder Materialismus in irgendeinem hypostasierten Sinn gesprochen werden. Die sinnlich physiologische Gehaltlichkeit des sentir ist lediglich der Prototyp für Gehaltlichkeit oder Weltlichkeit schlechthin, von der jede Orientierung imprägniert sein muß. Wäre hier Naturalismus oder Materialismus einfach unkritisch vorausgesetzt, so wäre nicht zu verstehen, warum Condillac und Destutt sich ausdrücklich um den Beweis einer Authentizität der Außenwelt bemühten (s. u.).

Zwei Ausgangsbasen – worin sich die Einsicht in das Problem der ›Basis‹ und des Anfanges bekundet – formuliert auch Condillac: »C'est donc des sensations que nait tout le système de l'homme«, heißt es im Ltraité des sensations‹ (1754).[20] Das ›System‹ wird näher charakterisiert als »complet dont toutes les parties sont liées et se soutiennent mutuellement« (t. s., 9). Ein solches Orientierungssystem heißt auch als Ganzes oder hinsichtlich komplexerer Teile ›habitude‹. So spricht Condillac auch von den habitudes des ›Fühlens‹, ›Sehens‹, ja sogar des Körpers usw. (t. s., 8), die im Laufe der Orientierungsgenesis angenommen werden; oder er spricht von der Erfahrung – man könnte es auch die Orientierungserfahrungen nennen, die der Mensch macht –, deren Funktion es ist, »de nous faire contracter des habitudes« (t. s., 40). – Was Condillac unter ›système de l'homme‹ und ›habitude‹ versteht, kann an zwei seiner Werke ermessen werden. Seine Kritik am rationalistischen Systembegriff hat er 1749 in seinem ›traité des systèmes‹ dargestellt. Positiv ist System nur als prinzipiell beobachtbarer, konkreter, funktionaler Zusammenhang denkbar – und zwar ohne metaphysische Teleologie. In seinem ›traité des animaux‹ von 1755 zeigt er die mögliche Vielfalt manifester Konfigurationen und Konstellationen des Lebendigen, wobei der Mensch als ein besonders differenziertes und momentreiches ›System‹, das auch habitude heißt, behandelt wird – unter besonderer Würdigung des überindividuellen, sozialen Zusammenhanges.

Mit dem Phänomen der Sinnlichkeit können nun drei für die Bestimmung menschlicher Orientierung wichtige Momente herausgestellt werden.

1. Was man Subjektivität, Bewußtsein, Seele nennt, ist nur denkbar und traktierbar, soweit es sich in beobachtbaren Aktivitäten manifestiert. Condillac lehrt: Alle unsere Erkenntnisse und intellektuellen Fähigkeiten – Orientierungsmöglichkeiten – entfalten

sich aus den Sinnen, »viennent des sens« oder, um es besser zu sagen, »des sensations«, welche eben bereits Verarbeitungen von sinnlichen Daten sind. Denn: »les sens ne sont que cause occasionelle. Ils ne sentent pas, c'est l'âme seule qui sent à l'occasion des organes, et c'est des sensations qui la modifient« (t. s., 3). Destutt nennt diese Art elementarer Subjektivität, die immer manifeste Subjektivität sein muß, sensibilité (Proj., 33 ff., 39 ff.).

2. Diese Sinnlichkeit hat einen doppelten Charakter. Sie vermittelt Welt, Inhaltlichkeit, und sie ist gleichzeitig eine »manière d'être« des Subjekts, des Menschen selbst. Die elementaren Gehalte der fünf Sinne zum Beispiel sind nach Condillac zunächst im Hinblick auf eine potentielle Subjektivität nichts anderes »que ses propres modifications ou manières d'être« (t. s., 44). Die sinnlichen Inhalte vermitteln aber auch Welt – über die Welt hinaus, die das elementar-sinnliche Subjekt für sich selbst ja schon ist. Condillac versucht zu zeigen, wie in der Entfaltung verschiedener elementarer sinnlicher Leistungen sich schließlich im ›Fühlen‹, ›Tasten‹ (toucher) die objektive Außenwelt vermittelt und – was wichtig ist – immer schon gegenwärtig gewesen sein muß.[21] Destutt formuliert für diese Doppelheit der Sinnlichkeit – Subjekt-sein und Welt-sein zu implizieren – schon so etwas wie den Gedanken der Intentionalität, indem er die Formel für das ›penser‹, das immer ›sentir‹ sei, anbietet: »je pense cela« (Proj., 33, penser ist für Destutt »sentir une sensation«, Proj., 35). Auch Destutt nennt das sentir eine »manière d'être« (Proj., 35), »un phénomène de notre existence« (Proj., 35) und weist darauf hin, daß dieses sentir für sich selbst existieren kann und sich seiner Existenz inne ist, im Gegensatz zu den unsensiblen Phänomenen (als existent für andere). Der Ausweis der Wirklichkeit verläuft so über die sich selbst als wirklich empfindende aktive Sinnlichkeit. Dabei verbessert nun Destutt den Beweis des authentischen Bezuges auf die Außenwelt gegenüber Condillac, um die unzertrennliche und unvermeidliche Verknüpfung von subjektiv-sinnlicher Wirklichkeit und objektiver außenweltlicher Wirklichkeit zu dokumentieren. Dieser Aufweis besagt, daß eine radikale Unterscheidung beider Wirklichkeiten eigentlich nicht haltbar ist.

Um diese Argumentation zu verstehen, ist 3. ein weiteres Moment am Phänomen Sinnlichkeit zu behandeln. Es ist ihr genetisches Moment, das man auch als implikativ-explikativ bezeichnen kann. Condillac spricht im ›traité des systèmes‹ auch von einer

»explication des phénomènes« (II, 3). – Eine erfahrungsbezogene anthropologische Grundauffassung liegt dem zu Grunde: der Mensch ist ein Mängelwesen, und in dieser Mängelstruktur liegt seine Chance der Selbstproduktion.[22] Es sei nicht sinnvoll anzunehmen, daß die ›Seele‹ alle ihre Fähigkeiten unmittelbar von der ›Natur‹ bekommen habe. Vielmehr hat die Natur uns lediglich Organe gegeben, um das ›Angenehme‹ zu suchen und das ›Peinliche‹ zu fliehen – zum Zwecke unserer Erhaltung. Damit läßt die Natur es bewenden, alles Weitere überläßt sie der Entwicklung durch uns selbst. Es war für die Natur dafür nicht mehr erforderlich, »que rendre l'homme sensible« (t. s., 40). Von dem Prinzip, »qui détermine le développement« des Menschen und seiner Möglichkeiten heißt es: »Les sensations mêmes le renferment« (t. s., 39). Und so entsteht ein ›System‹ (der Mensch und menschliche Gesellschaften), »qui s'est en quelque sorte fait tout seul« (t. s., 15). – Die Sensationen, die elementaren sinnlichen Erfahrnisse, die Eindrücke (impressions) würden als solche wie Schatten vorbeiziehen und keine Spuren hinterlassen, d. h. kein ›système de l'homme‹ bilden, wenn sie nicht ›angenehm‹ oder ›unangenehm‹ wären (t. s., 7). Dieser Unterschied ist es, der die Sensibilität gleichzeitig als eine inquiétude (Unruhe) wirklich sein läßt, die auch ›Interesse‹ heißt (t. s., 7f.). Je lebhafter diese Interessiertheit und Unruhe ist, »plus il occasionne d'action dans l'âme« (t. s., 7). Grund dieser Unruhe ist der Mangel, sozusagen die Ungesättigtheit der menschlichen Sensibilität, die nach einem Ausgleich und nach ihrer Selbsterhaltung strebt: »L'inquiétude causée par la privation d'un objet est le principe de nos déterminations« (t. s., 8). Die Unruhe ist ein Urphänomen menschlicher (Welt-)Orientierung. Ausdrücklich gegen Locke, der als erster diese Unruhe entdeckt habe, hebt Condillac hervor, daß der Grund dieser Unruhe nicht der Wunsch (désir) und der Wille (volonté) sei; sondern umgekehrt – Wunsch und Wille bilden sich erst auf der Grundlage dieser Unruhe. Der Wille darf also nicht als metaphysische Größe einfach abstrakt vorausgesetzt werden. Diese Unruhe (inquiétude) kann auch Bedürfnis (besoin) genannt werden, nämlich Bedürfnis, einen Mangel auszugleichen. Die menschliche sensibilité bleibt aber nicht bei der Befriedigung eines Bedürfnisses stehen; sie ist fortwährend beunruhigt. Die Aktivität, in der sich relativ stabilisierte und stilisierte Gewohnheiten bilden, wirkt »en passant de besoin en besoin« (t. s., 17). Sensibilität, Unruhe, Bedürfnis sind also gleich ursprünglich und entfalten sich zu komplexen Konfigurationen. In der zusammenwirkenden Entfaltung der einzelnen Sinne und ihrer Konfigurationen zeigt sich auch implizit – und sich dann explizierend –, was wir ›vergleichen‹ (comparer) nennen, das mit Gedächtnisbildung (mémoire) gleichursprünglich ist und auch als ›urteilen‹ (juger) bezeichnet werden darf. Es handelt sich um einen Vorgang dauernder Transformation – um »sensation transformée« (t. s., 14, 17). Dieser Condillacsche Sensualismus verbietet es, zwischen einfachem Bedürfnis einerseits und abstrakter Vorstellung (über Bedürfnisse) andererseits zu unterscheiden. Es gibt nicht *das* Bedürfnis, sondern Stufungen von Bedürfniskonstellationen, die dann immer auch mit intellektuelleren Vollzügen untrennbar verwoben sind (es kann also kein Basis-Überbau-Modell hypostasiert werden. Basis und Überbau sind jeweils nur relative Größen). – Die Flexibilität und Mannigfaltigkeit der menschlichen Sensibilität ist es auch, welche die menschliche ›Seele‹, das menschliche Bewußtsein vom tierischen unterscheidet. Das Tier hat gleichsam eine kurzgeschlossene, vereinfachte Bedürfnisregelung und ist so zu einer Entfaltung des Bewußtseins nicht fähig (t. s., 40, Anm. 1).[23] Bei dem Prozeß der sich transformierenden sensations mit ihren verschiedenen sinnlichen Inhalten, ihrer Unruhe, ihrem Bedürfnischarakter, in welchem sich auch der ›Wille‹ und die ›Aufmerksamkeit‹ oder ›Gespanntheit‹ (attention) einstellen, bildet sich als ›Resultat‹ die ›Idee‹, die Vorstellung (t. s., 15). Die Aufmerksamkeit auf die Idee nennt Condillac ›réflexion‹. Auch diese Reflexion ist nichts anderes als transformierte sensation, aber sie markiert eine entscheidende Stufe, nämlich die Möglichkeit, das ganze Orientierungssystem zu thematisieren und zu analysieren. Es ist bemerkenswert, daß der Begriff Idee bei Condillac an dieser Stelle in doppelter Funktion auftritt: einmal als Name für das Resultat der sensations transformées und dann als »Idée de la manière dont les facultés de l'entendement sont développées dans le ›Traité de Sensations‹« (t. s., 15), d. h. als Idee eines wissenschaftlichen Projekts, das später eben deshalb Ideologie genannt werden wird. Destutt knüpft genau daran an (Proj., 19f., 37f.).[24]

Innerhalb der »génération des facultés de l'âme«, der Genese eines menschlichen Orientierungssystems, das aus nichts anderem besteht als den »habitudes acquises« (t. s., 11), hat nun für Condillac das ›toucher‹ die Funktion, dem ›sentir‹ Realität zu vermitteln; der Widerstand im ›toucher‹ soll die Weltlichkeit des ›sentir‹ belegen

(t. s., 124ff., 134ff.). Diese Auffassung wird von Destutt kritisiert, weil das ›toucher‹ keinen Vorzug vor den anderen Arten der Sinnlichkeit habe, was die Vermittlung von objektiver Realität betrifft. Auch ›toucher‹ ist als solches ein bloß subjektiver Zustand (Proj., 111f., 113ff.). Destutt schließt an den schon von Condillac ausgesprochenen (t. s., 23) Gedanken an, daß der Tastsinn in derselben Unwissenheit bezüglich einer Außenwelt bleibe wie z. B. der Geruchssinn, wenn er »immobile« verharre. Schon in seinen Mémoires aus den 90er Jahren argumentiert Destutt gegen Condillac, daß der Widerstand (résistance), der im ›toucher‹ vermeintlich direkt die Realität vermittelt, eigentlich zusammengesetzt ist aus den Momenten solidité und mouvement.[25] Das bedeutet, daß zwei Sensationen simultan und unterschieden auftreten, d. h. ein ›vergleichen‹ (comparer), also ein ›urteilen‹ (juger) möglich ist. Die »faculté de faire des mouvements« nennt Destutt hier »motilité«: »elle nous fait éprouver la sensation que nous appelons effort« (nach Madinier, 50). Destutt führt diesen Gedanken später noch einmal aus (Proj., 115ff., chap. VII De l'existence, 102ff.) unter Zurückstellung der Begriffe effort und motilité zugunsten von ›mouvoir‹ und hält fest, daß wir, wenn wir uns bewegen, ein Bewußtsein unserer Bewegung haben (Proj., 115), und so könne man von »sensation de mouvement« sprechen (Proj., 116). Damit hat Destutt das Phänomen des Handelns (der Praxis) in seiner elementarsten Form entdeckt: »quand je me meus, je crois me mouvoir« (Proj., 107). Widerfährt mir in dieser bewußten Bewegung Widerstand, den ich nicht setze, so sind zwei Momente gegeben: mein Wille (vouloir) und Außenwelt (un être réel) (Proj., 117ff.). »La prémière manière dont les êtres m'apparaissent c'est par la propriété qu'ils ont de résister aux mouvements que je fais« (Proj., 120). Die notwendige Verknüpftheit von Bewußtsein und Welt, von Wille und Realität ist herausgearbeitet, eine elementare Form von Praxis aufgewiesen, die nicht um den Preis einer polemischen Konfrontation zur Theorie gewonnen wird. Destutt will auch dieses Bewußtseins-Handlungs-Realitäts-Phänomen nicht aus Elementen zusammenkonstruieren: »dans la réalité ils sont inséparables«.[26] Nach diesem Aufweis des elementarsten Handlungsphänomens kann Destutt dann Untersuchungen höherstufiger Bewegungen folgen lassen (Proj., 195ff., chap. XII), des Willens (Proj., 204ff., chap. XIII), seiner Effekte und der damit verbundenen Bildung von habitudes (Proj., 216ff., chap. XIV).

Hier sieht Destutt das Desiderat einer Wissenschaft, deren Objekt »l'espèce humaine« ist (III, 391); sie ist noch völlig unzureichend. Die »économie politique« vermittle zwar wichtige Kenntnisse, aber es müsse zunächst zurückgegangen werden auf den Ursprung der Bedürfnisse (die von der üblichen Ökonomie erst in ihren höheren Gestalten berücksichtigt werden) und auf die Quelle unserer Vermöglichkeit zu handeln, »d'agir« (III, 392). Die Wissenschaft, die unter dem Namen »la morale« bekannt ist und die es mit dem Sinn unseres Wünschens und Wollens zu tun hat, ist vorerst noch unbrauchbarer als die Ökonomie, weil sie nur einige empirische Prinzipien aus verstreuten Beobachtungen aufsammelt (III, 392). Die ›Praxis‹ sei – obwohl recht unvollkommen – der jetzigen Theorie immer noch überlegen, weil glücklicherweise in unserer Natur wenigstens die wichtigsten Prinzipien lägen, die leichter zu empfinden (à sentir) als zu beweisen (à prouver) seien (III, 393). Eben weil das so ist, bedarf es der Analyse der Sensationen und Ideen (III, 396) als einer ›Logik‹ im Sinne der Ideologie, die eine neue Art der ersten Philosophie ist (III, 402) – will man nicht alles irrational dem bloßen historischen Prozeß überlassen.[27] Auf dieser Grundlage können dann Wissenschaften entwickelt werden, die die komplexere menschliche Realität – und eine solche liegt uns immer schon vor – erforschbar machen und zu einer gelingenden menschlichen Praxis beitragen sollen. Nach diesen Überlegungen kann Destutt den Wissenschaftsbegriff der Ökonomie neu definieren, der über den üblichen Sinn des Wortes hinausführt. Sie handelt nicht mehr bloß von ›Industrie‹, von ›Reichtum‹ und von ›Arbeit‹ im engeren Sinn, sondern von unseren Handlungen, sofern sie Mittel sind, alle Arten unserer Bedürfnisse von den ›materiellsten‹ bis zu den ›intellektuellsten‹ zu instrumentieren; diese Analyse muß »circonstancié« sein (III, 437, 441). Die Moral (la morale) ist dann das ›detaillierte‹ Studium unserer Strebungen, sofern sie Bedürfnisse konstituieren (III, 437). Sie kann aber nicht losgelöst von den Problemen der Realisierung (durch Mittel) behandelt werden. Dazu kommt eine dritte Wissenschaft, die Destutt vorläufig als »science du gouvernement« bezeichnet, die auch »science sociale« heißen könnte, aber von ihm ausdrücklich unabhängig vom üblichen Sprachgebrauch definiert wird. Sie enthält als Unterdisziplinen »legislation« und »éducation« (III, 398f.). Für alle diese Wissenschaften – politische Ökonomie, Moral, Legislation, Edukation – vermißt Destutt einen gemeinsamen Namen und hält sich nur deshalb an den üblichen Sprachgebrauch. Sie dienen als ganze der Orientierung menschlicher Praxis im Rahmen des Projekts Ideologie, durch welches sie ihre Struktur und ›Logik‹ erhalten. Im ›traité de volonté‹ (idéologie IV) hat Destutt diese Wissenschaft ausgehend von einer Analyse des Phänomens der Gesellschaft und der Handlung zu entwickeln versucht (IV, 139 ff.).

Im Gegensatz zu Condillac, der noch in seinem ›Discours préliminaire‹ zu seinem Erziehungswerk den Gang der natürlichen Orientierungsgeschichte der Menschheit mit der Erziehung des Einzelmenschen und dem methodischen Verfahren in den Wissenschaften zu parallelisieren sucht[28], äußert Destutt bei seiner Bestimmung der neuen Praxiswissenschaft in der Logik (III, 439 ff.) Zweifel an dieser Parallelisierung. Obwohl es richtig ist, daß in unserer Orientierungsgeschichte Bedürfnisse auftauchen, bevor Mittel da sind, sie zu verarbeiten[29], plädiert Destutt bezüglich des Ganges der Forschung dafür, eben doch zuerst von den Mitteln zu handeln im Zusammenhang mit einer Analyse der ›Effekte‹ des Willens und seiner Handlungen jeglicher Art (III, 439 f.). Dem neuen Typ der Ökonomiewissenschaft kommt hier also eine entscheidende Funktion zu. Den Grund für diese Umorientierung im Gang der Forschung sieht Destutt in der Möglichkeit, daß viele Bedürfnisse auf falschen Urteilen (»faux jugements«) beruhen könnten. Diese ›falschen Urteile‹ sind das, was gerade Condillac – beschreibend, nicht polemisch – »mauvaises habitudes« nennt.[30]

Das führt zu einem für das Verständnis der Ideologie wichtigen Grundsatz, den Condillac formuliert hat: »l'âme pense par habitude ou par réflexion« (disc. pr. 399 b.). Hier wird nicht etwa Reflexion als das Höherstufige gegen Gewohnheit als das Naive und Dumpfe ausgespielt. Der Satz könnte übersetzt werden: Orientierung verläuft über Liquidität und Stabilität; es gibt das eine nicht ohne das andere. Der Mensch bedarf der Gewohnheiten – nicht einmal in dem Sinne, daß er als zunächst völlig gewohnheitsfrei sie sich nachträglich zulegt, vielmehr ist seine Aktivität identisch mit der Bildung von Gewohnheiten. Man macht sich »insensiblement une habitude« (disc. pr. 398 b). Es sollen also Gewohnheiten angenommen werden – aber gute, um einen »esprit faux« zu vermeiden (disc. pr. 400 b). Die Qualität der habitude kann nun auch durch Reflexion gesichert werden, die Schritt für Schritt analytisch vorgeht (disc. pr. 400 a), während die habitude auf einmal synthetisch orientiert und den Charakter der Familiarität hat (disc. pr. 400a; heutzutage würde man das wohl ›lebensweltlich‹ nennen). Eine habitude von einer Art höheren Stufe wird von Condillac ausdrücklich reklamiert – nämlich »une habitude de passer et de repasser rapidement sur toute la suite des idées«, »des idées acquises« (disc. pr. 401a), also eine Art ›habitude de réflexion‹. (So wie es Stufen der habitudes gibt, so gibt es auch Stufen der besoins.) Auszugehen ist immer von Beständen, die zunächst zu respektieren sind, will man sich nicht voreilig um mögliche Ergebnisse von Orientierungsgenesen bringen. Man muß ausgehen von dem was man weiß – »commencer par ce qu'il sait« (disc. pr. 397b) –, was man an habitudes angereichert hat. Destutt sagt: »Il faut la connaître déja un peu pour pouvoir en raisonner« (Proj., 31).

Für die Methode einer in theoretischer und praktischer Absicht zu vollziehenden ideologischen Orientierungskritik ist es charakteristisch, daß sie zunächst den elementaren Aufbau von Orientierungssystemen über die einfachsten Aktivitäten der Sensationen (mit ihrer Bedürfnisstruktur) bis hin zur Bildung einfacher Ideen (Vorstellungen) und Reflexionen studiert. In den entwickelten Systemen zwischen den ›konkreten Gegebenheiten‹ einerseits und deren ›geistiger Verarbeitung‹ andererseits zu unterscheiden, das erstere einer sogenannten Ökonomie – das letztere einer sogenannten Ideologiekritik zu überlassen, hätte nur die Folge, abstrakte Größen gegeneinander auszuspielen. Das Studium der elementarsten Orientierungsprozesse und -gegebenheiten zeigt nach Condillac ein anthropologisches Grundverhältnis, das er in Vergleich und Beziehung zu den tierischen Systemen entwickelt (t.a. III, 451ff., chap. IX). »La liaison des idées (nämlich die hohe Flexibilität möglicher Konstellationen menschlicher Systeme gegenüber dem Tier) est donc pour nous une source d'avantages et d'inconvénients« (t.a. III, 454). Hier wird das später so genannte ›ideologiekritische‹ Moment in den anthropologischen Grundgegebenheiten positiv verankert. Die Entwicklung ›falscher Vorstellungen‹, ›falscher Gewohnheiten‹, ›falscher Praxis‹ beruht auf positiven Möglichkeiten des Menschen, nämlich seiner Orientierungsflexibilität, die z.B. auch Freiheit ermöglicht und schöpferische Entwicklung. Mit Recht hält Paul Ricoeur den späteren Ideologiekritikern seit Marx vor:

»Wenn es gelänge, falsche Vorstellungen auszuräumen, so bliebe doch das Problem, welchen Status die Vorstellung ganz allgemein hat.« »Wenn man bei den Ideologien direkt (!) auf ihre Rolle der Verdrehung, der Falsifikation (sc. Verfälschung) und der Mystifikation zugeht, so nimmt man sich die Möglichkeit zu sagen, wovon diese trügerischen Ideologien eigentlich eine Perversion sind.«[31]

Es ist ›Ideologiekritik‹ in einem besseren Sinne, wenn Condillac sagt: »Les abstractions réalisées sont une source de vaines disputes et de mauvais raisonnements« (t. a. III, 465). Spätere Ideologiekritiker wenden das gern auf jeweils unterstellte ›pathologische‹ Befunde an, ohne diese Devise je für sich selbst nutzbar zu machen und tappen so ihrerseits leicht in die Fallen, die sie anderen stellen möchten. Die sozusagen ›ideologiekritische‹ Aufgabe stellt sich Condillac unter den Titeln »fausseté de l'esprit« (t. a. III, 455), »méchantes habitudes« (t. a. III, 455), »mauvaises habitudes« (t. a. III, 453). Es gibt zwei Arten von Irrtümern: die einen beziehen sich auf die Praxis, die anderen auf die ›Spekulation‹, wobei die ersteren leichter zu durchschauen sind als die letzteren, weil die Erfahrung oft nicht bis dahin reicht, wo sich die ›erste habitude‹ für eine Spekulation gebildet hat, während über Falschheit und Richtigkeit der Praxis – ähnlich wie bei Destutt – im Hinblick auf die Wirksamkeit von Effekten und Mitteln leichter Erfahrungen zu machen sind (t. a. III, 456f.). »Or notre intérêt bien entendu nous porte à corriger nos méchantes habitudes.« So wie es höherstufige, auf das Gesamtorientierungssystem rückbezügliche habitudes gibt – so wohl auch höherstufige ›Interessen‹. »La fausseté de l'esprit est donc la première habitude qu'il faut travailler à détruire« (t. a. III, 455). Aber dieses ›Destruieren‹ ist nicht dasselbe wie ein gedankenloses Zerschlagen aller Bestände, deren Sinn nicht gleich verständlich ist. Denn beim Menschen als einem »système des habitudes« (t. a. III, 452) gibt es Gewohnheiten, die in einer Hinsicht dienlich sein können und die in einer anderen Hinsicht schädlich sind: »Les mauvaises (habitudes) ne font pas tout mal qu'on pourrait craindre, les bonnes ne font pas tout bien qu'on pourrait espérer« (t. a. III, 453). Während sich bei den Tieren die ›Interessen selten kreuzen‹, tun sie das oft beim gesellschaftlichen Menschen (t. a. III, 453); die Gesellschaftlichkeit des Menschen drückt sich darin aus, daß der eine vom anderen lernen kann und daß ihre Sprache bald über eine ›langage d'action‹ hinausgeht (t. a. III, 470f.).[32] So stellt sich die Aufgabe »de concilier nos intérêts avec ceux de nos concitoyens« (t. a. III, 453). Die mögliche Schädlichkeit von Gewohnheiten und das mögliche Auftauchen von Interessenkonflikten ist gerade das, was die höherstufige reichere Existenz des Menschen erwirkt: »Si dans le système des habitudes de l'homme il y a un désordre qui n'est pas dans celui des bêtes, il y a donc aussi de quoi rétablir l'ordre« (t. a. III, 463). Dieses ›rétablir‹ ist, wenn man die Stellung des Menschen zwischen Reflexion und habitude in Rechnung stellt, eine dauernde Aufgabe.

Auch Destutt spricht von den »faux systèmes de philosophie« (Proj., 18), von den »fausses routes« (Proj., 28) und den »idées fausses« (Proj. 36) und unterstreicht die Bedeutung der habitude (Proj., 216ff., 343ff.). Weder Destutt noch auch Condillac vertreten einfach ein bloßes optimistisches Aufklärungspathos, eben weil beide die Gebundenheit des Menschen als – wenn auch flexible – habitude erfassen. Destutt schreibt mit modernem Anklang an Camus: »ce n'est point du tout le merveilleux qui doit nous révolter, c'est l'absurde« (Proj., 237). 1817 formuliert Destutt »il ne s'agit ni de nous humilier ni de nous glorifier, mais de savoir ce que nous sommes« (Picavet, 393). Im Anschluß an den Traité des Psychiaters Philippe Pinel »sur l'aléniation mentale« (1801) unterstreicht Destutt die Möglichkeit der Heilung der Menschen durch »former leurs habitudes« (Proj., 253); habitudes sind für ihn eine »manière d'être permanente« (Proj., 343). Es folgt dann eine eher pessimistische Feststellung über die menschliche Existenz:

»Tous les hommes commencent par l'idiotisme enfantin, finissent par la démence sénile, et ont dans l'intervalle plus ou moins de manie délirante, suivant le degré de perturbation de leurs opérations intellectuelles les plus profondément habituelles« (Proj., 253 Anm. 1).

II

Das Projekt einer Ideo-logie wurde staatlich gefördert durch seine Verankerung im Institut National zur Zeit des Direktoriums (1795–99). 1797 war Napoleon als »héros des idées liberales« zum Mitglied des Instituts gewählt worden.[33] Die Ideologie fand Aufnahme in die Lehrpläne Frankreichs.[34] Destutt, der 1798 Napoleons Angebot als Marschall an der ägyptischen Expedition teilzunehmen ablehnte, wird 1799 in den Conseil de l'instruction publique berufen (Picavet, 310, 320). In Ägypten wird Napoleon durch die Einrichtung eines Instituts in Kairo die Ideologie bekanntmachen.[35] Nach dem 18. Brumaire (9.11.1799) wurde Destutt zum Senator ernannt (Picavet, 322). Im Zusammenhang mit Napoleons zunehmend autoritärem Regime und seiner Annäherung an konservative Kreise und an die Kirche wurde Kritik der Ideologen laut, die zunächst sein Konsulat begrüßt hatten. Bereits im August 1800 spricht Napoleon von ihnen als ›Metaphysikern und Fanatikern‹.[36] Im Oktober 1800 wurde der Conseil de l'instruction publique aufgelöst (Picavet, 327). Am 23.1.1803 wird die Klasse für politisch-moralische Wissenschaften im Institut geschlossen.[37] Ein öffentliches Wort Napoleons gegen die ›Ideologie‹ von 1812 findet bald auch Eingang in die deutsche Lexikographie:

»c'est à l'idéologie, à cette ténébreuse métaphysique, qui en recherchant avec subtilité les causes premières, veut sur ces bases fonder la législation des peuples, au lieu d'approprier les lois à la connaissance du cœur humain et aux leçons de l'histoire, qu'il faut attribuer tous les malheurs de notre belle France.«[38]

1838 zitiert W. T. Krug diesen Satz und meint:

»Etwas Wahres liegt doch darin.« »Aber (!) *alles* Unglück Frankreichs hat jene dunkle Ideologie oder Metaphysik gewiß nicht hervorgebracht«, vielmehr hätten Ehrgeiz und Herrschsucht Napoleons selbst in reichem Maße zu diesem Unglück beigetragen. »Und als philosophische Wissenschaft von den ursprünglichen Gesetzen der menschlichen Erkenntnis behält die Metaphysik immer ihren Wert.«[39]

Diese Charakterisierung zeigt die Erschütterung des noch bis vor kurzem eindeutigen Terminus. 1833[40] definiert Krug Ideo-logie richtig als Ideen-Lehre, unter der er aber zunächst die idealistische Form derselben versteht. Er nennt ausdrücklich Platon und meint, in gewisser Weise könne man die ganze Philosophie Ideologie nennen. Da nun in neuerer Zeit die Metaphysik, die ja die Grunddisziplin der Philosophie bezeichnet, in Verruf geraten sei, so habe man in Frankreich mit Destutts ›Ideologie‹ deren Sache wieder zu Ehren gebracht. Allerdings sei hier – bei Destutt – die Metaphysik »nicht rein abgehandelt«, »sondern mit Anthropologie (!), Logik und allgemeiner Grammatik vermischt«. Und nun die bemerkenswerte Konsequenz:

»Ideologie heißt daher in dieser engen Bedeutung nichts anderes als Metaphysik und ein Ideolog nichts anderes als ein Metaphysiker. Weil man nun aber einmal gewohnt war, die Metaphysik als ein bloßes Spiel mit Begriffen und Ideen, als eine leere Träumerei oder Schwärmerei zu betrachten: so heißt auch ein Ideolog oft so viel als ein Träumer oder Schwärmer, wo nicht gar ein Demagog oder Revolutionär« (Krug, a.a.O., 501 f.).

Ideologie ist hier nicht mehr nur der eindeutige Name für eine methodisch definierte Wissenschaft sondern das anmutungshafte und konnotationsreiche Wort für geistige Erscheinungen. Zwei Ideenbegriffe werden vermengt, der platonisch-idealistische und der sensualistisch-empiristische. Die Argumente gegen eine Ideen-Lehre à la Platon, die durch ein Zwei-Welten-Theorem bestimmt sein mag, müßte sicherlich anders sein als die gegen eine Ideen-Lehre als science des idées im Sinne des Sensualismus, wo gerade die Zwei-Welten-Lehre zugunsten konkreter Weltlichkeit abgelehnt wird. (Vgl. Krugs Hinweis auf die Anthropologie). Wer den Platonismus für weltfremd hält, kann sicherlich den konkret anthropologisch orientierten ideo-logischen Sensualismus nicht für weltfremd halten. Beide philosophische Richtungen als mögliche wissenschaftliche Projekte sind nun wiederum von Träumerei und Schwärmerei zu unterscheiden – wie letztere ihrerseits von Demagogie und Revolution. Bei Krug werden eigentlich vier Formen von Ideologie zur Geltung gebracht: 1. Ideologie als Ideenlehre und zwar a) idealistisch, b) konkret anthropologisch; 2. Ideologie als menschliche Haltung, als mentales Phänomen – und zwar a) als Demagoge, b) als Revolutionär. Und dies alles scheint noch einmal konnotativ verbunden zu werden mit dem Wort Träumerei, resp. Schwärmerei.[41]

Das Staatslexikon der Liberalen Rotteck und Welcker belegt 1839 ebenfalls die Aufweichung des Wissenschaftsbegriffs Ideologie. Schon der Titel des Artikels macht das Schwankende des nun zum Schlagwort gewordenen Begriffs sichtbar: »Ideen, politische und Ideologie; ideelle und materielle Interessen.«[42] Der wissenschaftliche Sinn, den Ideologie einmal hatte oder haben könnte, steht erst gar nicht mehr zur Diskussion – sondern nur noch seine teils positiv, teils negativ zu bewertende operative Funktion im politischen Zeitgeschehen, im Sinne politischer Geisteshaltungen. Im Text kommt der Terminus Ideologie nur noch einmal vor und wird erläutert über den des Ideologen:

»Die man in Deutschland politische Idealisten nannte, heißen im Munde der Franzosen politische Ideologen, nachdem hauptsächlich durch Destutt de Tracy die fast verdrängte Metaphysik unter dem Namen Ideologie wieder in Frankreich war eingeführt worden. ... Napoleon selbst sprach bekanntlich öfters von den Ideologen, nämlich von denen in Deutschland in einem zwar tadelnden und wegwerfenden Sinne, aber doch mit einiger Besorgnis, die das Herannahen eines Geistes ahnte, der ihn später bewältigen und sich dadurch immerhin auf eine praktische Weise betätigen sollte. Gerade das Unpraktische in den Planen der sogenannten Ideologen sollte aber mit diesem Worte hervorgehoben werden; denn man hatte sich die politischen Ideen derselben im Widerspruch mit den herrschenden Interessen gedacht, unter welchen letzteren man sich doch eben nichts Anderes als das napoleonisch-französische Interesse vorstellt« (Rotteck/Welcker a.a.O., 290f.).

Die endgültige Verkürzung des Ausdrucks Ideologie und seine Vagheit werden so notorisch. Nicht nur der Wechsel von der Bezeichnung für ein wissenschaftliches Verfahren hin zu derjenigen für subjektive Ansichten ist bemerkenswert. Die Art der Ansichten sind nun politisch gefärbt oder sollen als politisch gefärbt verstanden werden. Dabei können sie positiv und negativ bewertet werden. Die Auffassung des Ideebegriffs in Ideologie ist zudem einer genaueren methodischen Bestimmtheit – z.B. bezüglich der Art ihrer Analysierbarkeit – entzogen. Ob es sich um einen mehr anthropologisch-erkenntnistheoretischen oder einen idealistisch-ontologischen Ideebegriff handelt, bleibt gänzlich in der Schwebe. Dafür wird jetzt das Motiv faßbar, das für die später so genannte Ideologie-Kritik wichtig wird: Ideen werden in ein Verhältnis gesetzt zu etwas anderem, Konkretem, ohne daß die Art dieses Verhältnisses im einzelnen bestimmt und erläutert wird. Der Bezugspunkt sind hier die ›Interessen‹. Daß Interessen ihrerseits keine bloßen Fakten sind, sondern subjektiv Aufgefaßtes und der Idee (Vorstellung) gar nicht radikal gegenübergestellt werden können, weil sie eben doch auch als solche schon etwas Vorstellungshaftes haben, bleibt unerwogen.[43] Es geht nun nicht mehr um das Verständnis der Ideeen als solcher und um die Herausarbeitung von Methoden, wie ein solches Verständnis erarbeitet werden kann, sondern um die Feststellung eines Verhältnisses der Ideen zu etwas anderem. Es ist für die Wertigkeit des späteren Begriffs der Ideologie-Kritik wichtig, das Oszillierende und vom methodischen Zugriff her geradezu Unseriöse des Begriffs Idee, der nun nur noch unterschoben wird, zu beachten; zumal hier hinzukommt, daß auch der Begriff der Kritik wesentliche Verschiebungen erfährt und sich von dem Sinn, wissenschaftliche, grenzbestimmende Analyse zu sein – vor allem bezüglich der eigenen Möglichkeiten des Wissenschaftlers –, mehr und mehr entfernt.[44]

Unsere Feststellung, daß Ideologie-Kritik formell die Wiedergabe von Ideo-logie ist – weil Ideo-logie zu Ideologie geworden war – und damit terminologisch sozusagen der alte Zustand wenigstens schematisch wiederhergestellt ist, erweist sich so nur als bedingt richtig. Es haben nämlich nun Idee, resp. Ideologie (neu) und -logie, resp. Kritik (neu) ihren Sinn erheblich gewandelt. Die Richtung des Wandels führt ins Sprachpragmatische, Umgangssprachlich-Operative, in die intellektuelle Umgangssprache, in der wissenschaftliche oder sonst rational bestimmte Orientierungsinteressen jeweils aktuell durch das sprachlich erkämpfte und suggerierte Allerweltsthema überholt werden. Daß sich diese Entwicklung im 19. Jh. anbahnt, ist kein Zufall, weil sich hier öffentlicher Disput und wissenschaftliche Argumentation erstmals zu einer Art Rhetorik verbinden, wobei freilich der Name Rhetorik eisern verschwiegen wird. Der Begriff Wissenschaft selbst, Rationalität usw. droht dann in einer Art politischen Auseinandersetzung rhetorische Figur zu werden.

Das Bewußtsein für den ursprünglichen methodisch-wissenschaftlichen Sinn der Ideologie ist gleichwohl im 19. Jh. nicht ganz verschwunden. 1848 charakterisiert der Straßburger Philosoph Karl Buob die entsprechende Periode der französischen Philosophie folgendermaßen:

»In Frankreich aber war ... eine Zeit, da beides, System und historisch-philosophische Studien, fast gänzlich daniederlagen; ... wo nur schöne Literatur, nützliche oder mathematische Wissenschaften und glänzendes Redetalent geachtet wurden; ... wo jedermann dem Tiefsinn, dem eigentlichen Gedanken feindlich gegenüberstand, wo nichts als das für Alle Verständliche sich stolz ausbreiten durfte, wo der Name Metaphysik, ja Ideologie mit dem Begriff von Torheit als identisch genommen wurde, wo die einzige noch übrige Philosophie fast nichts mehr war als ein leeres Gewäsch, wo das Materielle über das Intellektuelle, das Interesse über jeden höheren Beweggrund einen unbedingten Sieg davongetragen zu haben schien. Der Sensualismus und die katholische Philosophie waren unvermögend solches im allgemeinen zu ändern; Napoleon war den Ideologen nicht hold; ...«

Aber hier werden – antiaufklärerisch, mit Hinweis auf V. Cousin – die sensualistischen Grundlagen der Ideo-logie verkannt: »Seit Condillacs betrübtem Sensualismus haben Witz, Physiologie, Libertinismus und rhetorische Rednerei nur allzu oft für Philosophie gegolten.«[45] Das unbewältigte Problem ist die Herstellung eines sinnvollen Verhältnisses zwischen dem professionellen wissenschaftlichen Argumentieren und dem öffentlichen laizistischen Diskurs, die so lange auf gegenseitige Kosten verlaufen, als ihre je besonderen Bedingungen nicht respektiert werden. Es gibt noch heute eine Art Ideologiekritik, in der lediglich der Wissenschaftler seine Weltläufigkeit, der Weltmann seine Wissenschaftlichkeit unter Beweis stellen will – auf Kosten methodischer Präzision oder verständiger Praxis.

III

Der Eingang, den das Wort Ideologie bei Marx findet, ist von der in seiner Zeit üblichen Diskussion geprägt. »Von Destutt übernahm Marx das Wort, nicht aber den Begriff« (Barion, ³1974, 110). Destutt wird zwar von Marx gelegentlich zitiert – z. B. bereits in den ›Pariser Manuskripten‹ im Hinblick auf ›Gesellschaft‹ und ›Austausch‹ (Lieber I, 626) – aber sein Ideologiebegriff wird nicht einmal in der ›Deutschen Ideologie‹ diskutiert, wo Tracy zwar zweimal erwähnt wird (MEA 3, 209f., 212) hinsichtlich seines Eigentumsbegriffs und dessen Beziehung zum Personbegriff (nach Destutt IV, V). Gleichwohl ist Marx früh auf die napoleonische Verunglimpfung des Namens der Ideologen hingewiesen worden. In einem Brief des Vaters (1837), in welchem dem Sohn die Abfassung eines feiernden Dramas über Preußen zur Förderung seiner Karriere vorgeschlagen wird, heißt es:

> »Nur die heutigen Zwitterliberalen können einen Napoleon vergöttern. Unter ihm hat wahrlich kein einziger das laut zu denken gewagt, was in ganz Deutschland und in Preußen besonders täglich und ohne Störung geschrieben wird. Und wer seine Geschichte studiert hat und was er unter dem tollen Ausdruck von Ideologie verstanden hat, der darf mit gutem Gewissen seinen Sturz und den Sieg Preußens hoch feiern.«[46]

Das Wort Ideologie in seiner neuen (populären) Bedeutung findet man dann in Marxens Doktorarbeit als freie Wiedergabe eines Epikurzitats: »Nicht der Ideologie und der leeren Hypothesen hat unser Leben not, sondern des, daß wir ohne Verwirrung leben« (Lieber I, 63). Im griechischen Text wurde statt griechisch idiologia (= eigentümliche, persönliche Meinung) ideologia gelesen (Lieber I, 953; vgl. Barion ³1974, 107ff.). Vor dieser Verwechslung hat übrigens bereits W. T. Krug 1838 (a.a.O., 5. Suppl. Bd., 552) ausdrücklich gewarnt. Mit Bezug auf Napoleon und wohl im Bewußtsein seiner Verdrehung des Ideologiebegriffs findet sich der Ausdruck in einer literarisch pointierten Beurteilung, die Marx 1842 als Journalist der rheinpreußischen Holzdiebstahldebatte widmet. Das Argument eines Sprechers, für die Holzbesitzer und ihren freien Willen quittiert Marx so:

»Gewiß ist es ebenso erfreuliche als unerwartete Nachricht, daß der Mensch einen freien Willen besitzt, der nicht auf jede Weise zu beschränken sei. Die Orakel, die wir bisher hörten, glichen dem Urorakel zu Dodona (hier wurde in Epirus der Wille des Zeus aus dem Wipfelrauschen einer Eiche gedeutet, die als sein Sitz galt). Das Holz teilte sie aus. Der freie Wille besaß keine ständische Qualität. Wie sollen wir nun dieses plötzliche rebellische Auftreten der Ideologie, denn in bezug auf die Ideen haben wir nur Nachfolger Napoleons vor uns, verstehen?« (Lieber I, 233f.; Rheinische Zeitung vom 30. 10. 1842).

Einen Ansatz seiner ideologiekritischen Einstellung gibt Marx ebenfalls in seinen journalistischen Stellungnahmen zur Diskussion über die Pressefreiheit im selben Landtag (Rheinische Zeitung 19. 5. 1842). Marx kritisiert jene »deutschen Liberalen«,

»welche die Freiheit zu ehren meinen, wenn sie dieselbe in den Sternenhimmel der Einbildung, statt auf den soliden Boden der Wirklichkeit versetzen. Diesen Räsoneurs der Einbildung, diesen sentimentalen Enthusiasten, die jede Berührung ihres Ideals mit der gemeinen Wirklichkeit als Profanation scheuen, verdanken wir Deutsche zum Teil, daß die Freiheit bis jetzt eine Einbildung und eine Sentimentalität geblieben ist.« »Aus lauter Respekt vor den Ideen verwirklichen sie dieselben nicht« (Lieber I, 161).

Diese Stelle zeigt bereits Möglichkeiten und Grenzen (sozusagen Glanz und Elend) der später so genannten Ideologiekritik und des Terminus Ideologie. Von Ideologie kann dann sinnvoll gesprochen werden, und das ideologiekritische Verfahren kann dann angewandt werden, wenn über die erkenntnistheoretischen und anthropologischen Probleme der Ideen im einzelnen nicht mehr diskutiert werden muß, sondern wenn es lediglich darum geht, die Ideen ins Verhältnis zu setzen zu einem wirklichen Verhalten dessen, der solche Ideen reklamiert; die Unterscheidung von Idee und Wirklichkeit hat dann auch eine gewisse Plausibilität, weil sie den Anspruch einer genauen Bestimmung von Ideen und Wirklichkeit und ihres Verhältnisses zueinander im gegebenen Kontext nicht thematisieren muß. Hier liegt auch der heuristische Wert solcher neuen Redeweise, der freilich auch sehr bedingt ist und wissenschaftlich das meiste auf sich beruhen läßt.

Auf diesem Hintergrund entwickelt sich eine Art politischer Psychologie, nach der historische Ereignisse geistreich gedeutet werden können, ohne daß erkenntnistheoretische, anthropologische und methodologische Voraussetzungen thematisiert und diskutiert werden müssen. In der ›Heiligen Familie‹ (1845) reflektiert Marx in diesem Sinne die Bedeutung der Französischen Revolution und die Auffassungen ihrer Deuter. Der Terminus Ideologie fällt hier nicht. Aber mit der Gegenüberstellung von Ideen und Interessen wird das ideologiekritische Schema deutlich. Bruno Bauers Ansicht, daß die großen Aktionen der bisherigen Geschichte verfehlt seien, weil die Massen sich für sie interessiert und enthusiasmiert hätten, hält Marx entgegen: »Die ›Idee‹ blamierte sich immer, soweit sie von dem ›Interesse‹ unterschieden war« (Lieber I, 761). Daß hier – der für die Ideologiekritik so wichtige – Gegensatz von Idee und Interesse nicht das letzte Wort ist, zeigt Marx in der weiteren Argumentation:

»Andererseits ist es leicht zu begreifen, daß jedes massenhafte, geschichtlich sich durchsetzende ›Interesse‹, wenn es zuerst die Weltbühne betritt, in der ›Idee‹ oder ›Vorstellung‹ weit über seine wirklichen Schranken hinausgeht und sich mit dem menschlichen Interesse schlechthin verwechselt. Diese Illusion (!) bildet das, was Fourier den Ton einer jeden Geschichtsepoche nennt.« (L. C. 761).

›Ideen‹ erweisen sich danach als unvermeidlich und können geradezu die Interessen der realen Geschichte antreiben – aber um den möglichen Preis der Illusion. Die Ambivalenz des Ideebegriffs bei Marx und die Ambivalenz der Deutung des Verhältnisses von Idee und Interesse wird hier greifbar. Eine Wissenschaft aber, die dieses methodisch zum Problem machen könnte – wie z. B. die französische Ideo-logie – ist nicht in Sicht. Marx interpretiert vielmehr im folgenden – nicht ohne Scharfsinn, aber doch eher als politischer Schriftsteller denn als systematischer Wissenschaftler: Er weist auf den Irrtum der Liberalen (Rotteck und Welcker) hin, die glauben, mit dem 18. Brumaire sei lediglich die revolutionäre Bewegung die Beute Napoleons geworden. Marx erkennt, daß die »liberale Bourgeoisie« selbst die Beute war. Napoleon habe das Wesen des modernen Staates als das Instrument der bürgerlichen Gesellschaft erkannt und habe mit dem Bürgertum den Staat für seine Zwecke usurpiert und damit erst den Terrorismus vollzogen (l. c. 817). Diese Betrachtungsweise, die offenkundig ideologiekritische Momente enthält, bedient sich trotzdem des Wortes ›Ideologie‹ gerade nicht, sondern umgekehrt werden die ›Ideologen‹ als von Napoleon Unterdrückte historisch in Erinnerung gerufen, ein Beleg dafür, wie äußerlich Marx mit diesem Wort umgeht und wie wenig er auf die damit verbundenen Lehren eingeht und deren mögliche Bedeutung für seine eigene Aufgabenstellung erkennt:

»Wenn er (Napoleon) den Liberalismus der bürgerlichen Gesellschaft – den politischen Idealismus ihrer alltäglichen Praxis – despotisch unterdrückte, so schonte er nicht mehr ihre wesentlichsten materiellen Interessen, Handel und Industrie, so oft sie mit seinen politischen Interessen in Konflikt gerieten. Seine Verachtung der industriellen hommes d'affaires war die Ergänzung zu seiner Verachtung der Ideologen« (l. c. 817 f.).

Damit schließt sich der Kreis von der ersten belegbaren Auffassung des Ideologiebegriffes bei Marx (1837) bis an die Schwelle der Abfassung der ›Deutschen Ideologie‹ von 1845/46. Napoleon hat die Ideologie verfolgt und den Ideologen Unrecht getan; das ist wohl Marxens historische Kenntnis. Marxens Stellung zu den französischen Ideologen kann mit derjenigen Napoleons folgerichtig nicht identisch sein. Eine alternative Kritik an der französischen Ideologie findet sich aber nicht bei Marx. Vielmehr wird er diesen Begriff auf deutsche Intellektuelle seiner Zeit ähnlich anwenden, wie Napoleon ihn hinterlassen hat. Damit hängt aber Marxens Ideologiekritik in der Luft; sie ist ortlos, weil sie sich die Auseinandersetzung mit dem französischen Projekt schenkt, obwohl Marx in vielfältiger Weise mit dieser französischen Tradition verbunden ist.

IV

Versucht man positiv den Marxschen Begriff der Ideologie und denjenigen einer möglichen Ideologiekritik herauszuarbeiten, so ist man zunächst an das Werk verwiesen, das den Terminus Ideologie im Titel führt. Der Begriff Ideologie ist freilich hier nicht selbst Thema einer Analyse; vielmehr wird er operativ zur Charakterisierung von Denkrichtungen, die Marx zu kritisieren wünscht, eingesetzt – nämlich gegen die Junghegelianer. Gleichwohl lassen sich einige Grundauffassungen herausarbeiten.

Der Vorwurf Marxens an die Junghegelianer: sie »verselbständigen« das Bewußtsein gegenüber der Wirklichkeit, statt die notwendige Verquickung desselben mit der Welt zu respektieren (MEA 3, 19f.). Nicht die Thematisierung des Bewußtseins wird kritisiert, sondern seine Isolierung durch die Spekulation. Marx plädiert demgegenüber für ein »wirkliches Bewußtsein« (MEA 3, 30), für ein »wirkliches Wissen« (MEA 3, 27). Dieses wirkliche Bewußtsein bekundet sich im, ja ist identisch mit dem »praktischen Entwicklungsprozeß der Menschen« (MEA 3, 27). »Die Menschen sind die Produzenten ihrer Vorstellungen, Ideen etc. etc.« (MEA 3, 26), so wie sie »ihre Lebensmittel... produzieren«. Beides ist gleich ursprünglich und heißt bei Marx »Leben« (MEA 3, 21), das auch »praktisch« genannt wird (MEA 3, 27). Sofern nun dieses Leben, diese Praxis sich notwendig als Produktion entwickelt und in diesem Prozeß schon in seiner »naturwüchsigen« Phase »durch das in der Teilung der Arbeit bedingte Zusammenwirken« abgrenzbare Produkte und abgrenzbare Interessen geschaffen werden, können solche sich verselbständigen und den Menschen als fremde Macht entgegentreten. Dies nennt Marx »Entfremdung« (MEA 3, 34). Die arbeitsteilig entwickelten Produkte des Bewußtseins – und auch das Bewußtsein selbst – ist dann eine solche fremde Macht (vgl. MEA 3, 38). Die so entstandene Entfremdung, d.h. hier die Isolierung eines Bewußtseins, kann nicht durch die »Forderung, das Bewußtsein zu verändern« aufgehoben werden, denn das liefe lediglich »auf die Forderung hinaus, das Bestehende anders zu interpretieren, d.h. es vermittels der Interpretation anzuerkennen« (MEA 3, 20; vgl. auch die 11. Feuerbachthese). Diese Feststellungen Marxens treffen ein sozusagen pathologisches Bewußtsein, das eben bereits von der Welt isoliert ist: Bewußtseinsveränderung könnte nur dann sinnvoll und mehr als bloße Interpretation sein, wenn das Bewußtsein in seiner ursprünglichen Verknüpfung mit der Welt, in seiner Weltlichkeit erkannt wird, d.h. als Praxis. Mit diesen Erwägungen hält Marx sich ganz im Rahmen dessen, was Condillac und die klassische Ideologie lehrten, freilich ohne daß er dies weiß, wenigstens ohne darauf einzugehen. Seine Alternative ist auch nicht das Plädoyer für eine bloße Überantwortung an die Praxis, als konkreter Vollzug, vielmehr zielt Marx gegen Spekulation auf eine »positive Wissenschaft« als »die Darstellung (!) der praktischen Betätigung« (MEA 3, 27). Das Wort ›Darstellung‹ darf nicht überlesen werden, denn in ihm bekundet sich die Anerkennung der Wissenschaft, der Theorie. Eine Wissenschaft wird gefordert, eine Darstellung – die wohl ohne Vorstellungen, Ideen, Konzepte nicht möglich ist –, nicht eine Übergabe an die Praxis, an den konkreten Prozeß. Wer die 11. Feuerbachthese so interpretiert (!), als solle Denken durch Handeln ersetzt werden, hat Marx mißverstanden, wenngleich Marx dieses Mißverständnis mitunter zu unterstützen scheint. »Die Phrasen vom Bewußtsein« sollen aufhören; aber »wirkliches Wissen muß an ihre Stelle treten« (MEA 3, 27). Das richtet sich nicht gegen jede mögliche Bewußtseinsphilosophie, sondern gegen Formen derselben, die Marx für falsch hält.

Die Gegenüberstellung von Bewußtsein und Wirklichkeit ist ein pathologischer Befund, den Marx diagnostiziert. Es hat den Anschein, daß diese Pathologie mehr und mehr seine Vorstellung von dem, was normal ist, bestimmt. Im Vorwort von ›Zur Kritik der politischen Ökonomie‹ von 1859 wird dieses Modell als Basis-Überbau-Schema festgeschrieben in dem berühmten Satz: »Es ist nicht das Bewußtsein der Menschen, das ihr Sein, sondern umgekehrt ihr gesellschaftliches Sein, das ihr Bewußtsein bestimmt« (Lieber VI, 839). Die »reale Basis« ist hier die »Gesamtheit« der »Produktionsverhältnisse«; sie »bildet die ökonomische Struktur der Gesellschaft«. Der »Überbau« ist ein »juristischer und politischer«; es handelt sich um »bestimmte gesellschaftliche Bewußtseinsformen«, die der Basis »entsprechen«. Sie heißen auch »kurz« »ideologische Formen«, zu denen auch die »religiösen, künstlerischen oder philosophischen« gehören (Lieber VI, 839). Was hier auffällt, ist die relative Abstraktheit der Größen Basis und Überbau und die sehr allgemeine und ungeklärte Rede von ihrem »entsprechen«. Wie Bewußtseinsformen im einzelnen entstehen, wie die ökonomische Gesellschaft im einzelnen sich bildet, darauf gibt es keine Antwort. Bemerkungen über ihr Verhältnis zueinander (z.B. die Verschiebung der Veränderungsgeschwindigkeiten von Basis und Überbau) sind von beachtlicher Großzügigkeit.

Immerhin ermöglicht die berühmte These über das Verhältnis von Sein und Bewußtsein, die Marx als »das allgemeine Resultat« seiner Studien bezeichnet (diese Stelle ist ohnehin die ausdrücklichste zum Ideologieproblem bei Marx), einen Rückbezug auf die »Deutsche Ideologie«. Die Geltung der These von der Seinsbestimmtheit des Bewußtseins kann damit relativiert werden. Der Satz von der Seinsbestimmtheit des Bewußtseins ist tautologisch, weil Marx das Sein, von dem er hier spricht, ein »gesellschaftliches« nennt (was in der Zitierung oft unterschlagen wird), in der Gesellschaftlichkeit aber bereits Bewußtsein mitgesetzt hat. Dies zeigt sich sehr deutlich in entsprechenden, fast parallel laufenden Formulierungen in der ›Deutschen Ideologie‹.

Die Formulierungen sind verständlicher: »Das Bewußtsein kann nie etwas Anderes sein als das bewußte Sein, und das Sein der Menschen ist ihr wirklicher Lebensprozeß« (MEA 3, 26). »Nicht das Bewußtsein bestimmt das Leben, sondern das Leben bestimmt das Bewußtsein« (l.c., 27). Hier wird deutlich, daß das dem Bewußtsein gegenübergestellte »Leben«, das »Sein der Menschen« und »ihr wirklicher Lebensprozeß« nicht etwas ganz und gar A-Bewußtes, sondern selbst durchaus bewußt ist, d.h. »wirkliches Bewußtsein«. Es ist für Marx die ›Sprache‹, an der sich die Wirklichkeit des Bewußtseins dokumentiert:

»Die Sprache ist so alt wie das Bewußtsein – die Sprache ist das praktische, auch für andere Menschen existierende, also auch für mich selbst erst existierende wirkliche Bewußtsein, und die Sprache entsteht, wie das Bewußtsein erst aus dem Bedürfnis, der Notdurft des Verkehrs mit anderen Menschen« (l.c., 30).

Wenn Marx hier die Gleichursprünglichkeit von Sprache und Bewußtsein herausarbeitet und gleichzeitig die Sprache als Bedingung des menschlichen Verkehrs begreift, der menschliche Verkehr aber nichts anderes ist als seine Gesellschaftlichkeit, dann ist der konkrete gesellschaftliche Mensch ohne Bewußtsein nicht denkbar. Die radikale Trennung von Bewußtsein und gesellschaftlichem Sein kann also – nach Marx selbst – nicht aufrechterhalten werden; beides ist durch Sprache und Bedürfnis immer schon vermittelt, wenn von Mensch überhaupt gesprochen werden soll. Condillac und die klassische Ideologie hatten zu diesem Zwecke eine minutiöse Sprachanalyse vorgelegt, die bis in die elementarsten Sprachformen reichte, nämlich bis zur ›langage d'action‹, in der Sprachlichkeit und Bedürftigkeit (Bedürfnisstruktur) noch völlig verwoben sind. Eine solche Analyse fehlt bei Marx; der Hinweis auf die Sprache geht über das Aperçu nicht hinaus und verwirrt sich bald in der Metapher[47], wenn es heißt:

»Die Produktion der Ideen, Vorstellungen, des Bewußtseins ist zunächst unmittelbar verflochten in die materielle Tätigkeit und den materiellen Verkehr der Menschen, Sprache des wirklichen Lebens. Das Vorstellen,

Denken, der geistige Verkehr der Menschen erscheinen hier noch als direkter Ausfluß ihres materiellen Verhaltens« (l. c., 26).

Marx erläutert nicht, was hier »Sprache des wirklichen Lebens« meint. Ist es die Sprache, die dem wirklichen Leben angemessen ist und in ihm gesprochen wird? Oder ist das wirkliche Leben selbst die Sprache – so wie man z. B. von der Sprache der Natur und dgl. spricht? Letzteres wäre bloße Metapher. Die Frage ist nicht aufklärbar, weil Marx die Analyse nicht weit genug treibt. Und auch in diesem Text, in dem er Bewußtsein und materielle Tätigkeit »unmittelbar (!) verflochten« sein läßt, verfällt er wieder in das – nur pathologisch gerechtfertigte – Schema von Basis und Überbau, wenn er hinsichtlich der Sprache zwar von einem »direkten«, aber eben doch vom »Ausfluß« des »materiellen Verhaltens« spricht. Hinsichtlich der Bedürfnisse, die ja gern als das Basale im Marxismus vorgestellt werden, hat Marx vom Gedanken her die Position des Sensualismus und der klassischen Ideologie durchaus erreicht, wenn er sagt,

»daß das befriedigte erste Bedürfnis selbst, die Aktion der Befriedigung und das schon erworbene Instrument der Befriedigung zu neuen Bedürfnissen führt – und diese Erzeugung neuer Bedürfnisse ist die erste geschichtliche Tat« (l. c., 28).

Es kann also nicht das Bedürfnis als Basis reklamiert werden, noch steht einfach Bedürfnis gegen Idee, sondern es stehen sich verschieden entwickelte und organisierte Bedürfnisse entgegen, die je für sich immer auch bewußte Momente haben. Auf das Problem der Fixierung ›erster‹ Bedürfnisse und ihrer Identifizierung, der Realität und Funktion ihrer primitivsten Momente von Handlung und Sprachlichkeit geht Marx nicht ein. Er macht vielmehr sehr allgemeine Angaben über historisch ferne, aber doch bereits sehr entwickelte Formen praktischer Tätigkeit – im Sinne einer Art ökonomiewissenschaftlich imprägnierten Kulturgeschichte (l. c., 28 ff., 21 f.). »Die erste Voraussetzung aller Menschengeschichte ist natürlich die Existenz lebendiger Individuen« (l. c., 20) – Individuen, die übrigens ursprünglich gesellschaftlich sind; und so wie das »Bewußtsein« »von vorneherein ein gesellschaftliches Produkt ist« (l. c., 31), so ist Gesellschaftlichkeit, Verkehr nicht ohne Sprache, d. h. nicht ohne wirkliches Bewußtsein möglich (s. o.). Aber auf diese »erste Voraussetzung aller Menschengeschichte« geht Marx ausdrücklich nicht ein. Eine Wissenschaft, die sich Aufgaben stellte wie die französische Ideo-logie, steht bei ihm nicht zur Diskussion, obwohl Marx »die sinnliche Tätigkeit der Menschen« als »Produktion« für »die Grundlage der ganzen sinnlichen Welt« erklärt (l. c., 44).

Demgegenüber sind es die Inkonvenienzen der späteren »Teilung der materiellen und geistigen Arbeit« (l. c., 31), von denen er wirklich ausgeht, ohne deren Relativität zueinander zu erkennen; denn materielle Arbeit hat nach Marx selbst immer schon ideelle Momente (Lieber IV, 178, Kapital), und geistige Arbeit dokumentiert sich materiell, z. B. in Sprache (MEA 3, 30). Der von Marx zu Recht festgestellte pathologische Befund einer falschen Isolierung des Bewußtseins, ist zur Norm geworden. Am Beispiel der sogenannten Entfremdung als einem Ergebnis der Arbeitsteilung wird dies noch einmal sichtbar. Die große Entdeckung Hegels, die Marx in den ›Pariser Manuskripten‹ bestätigt (Lieber I, 645 ff.), war die Entdeckung der Struktur menschlicher Arbeit, der Produktivität als eines anthropologischen Konstituens. In der Arbeit produziert sich der Mensch, indem er etwas macht. Im Machwerk entäußert er sich notwendigerweise. Schon hier liegt ein erstes Moment von Teilung der Arbeit. Dieses Produzieren terminiert zunächst in einem Produkt (jeglicher Art) und heißt insofern Entäußerung. Soll der Mensch in dieser Entäußerung, in diesem Produkt nicht fixiert werden und weiterhin seine anthropologische Grundeigenschaft, Produzierer zu sein, erhalten, dann muß diese Entäußerung aufgehoben werden; dies geschieht durch erneute Entäußerung. Fixierte und isolierte Entäußerungen heißen Entfremdung. Entfremdung ist damit das Ergebnis eines Konstituens des Menschen. Wann Entfremdung zum Skandalon wird, das zu beantworten, gibt es bei Marx keine Maßstäbe. Welche Entäußerung schlecht ist, welche nicht, kann hier allenfalls formal beantwortet werden – etwa mit dem Hinweis, diejenigen, die am längsten dauerten (denn Entäußerungen überhaupt sind nach der Hegel-Marxschen Anthropologie unerläßlich). Das Skandalöse an der Entfremdung festzustellen, ist unserem konkreten Wünschen, Wollen und Meinen überlassen, das von Epoche zu Epoche wandelbar ist. Auch der in diesem Zusammenhang so wichtige Arbeitsbegriff ist nicht eindeutig. Einerseits will Marx den Hegelschen Arbeitsbegriff konkretisieren, was zunächst plausibel ist; andererseits könnte dieser Begriff nicht so fruchtbar gehandhabt werden, wenn er nicht doch etwas mehr bedeutete als Arbeit im engeren, ökonomiewissenschaftlichen Sinn. Sollte Marx bei dem sinnvollen Postulat, den Arbeitsbegriff zu konkretisieren, in eine falsche Konkretion geraten sein? Vielleicht gibt es eine Konkretion des Arbeitsbegriffs, die ihn nicht auf eine entwickelte Ökonomie im Sinne Marxens sondern auf eine elementare Ökonomie im Sinne Destutts festlegt, nämlich als Agieren mit Mitteln im Zusammenhang jedweder Bedürfnisbefriedigung.

Die unterschiedlichen ideologischen Gegenüberstellungen von Idee und Wirklichkeit oder Idee und Praxis werden noch einmal gravierend bedeutsam, wenn es um Wissenschaft selbst geht. Denn wie immer man es wendet, ohne Bewußtsein, ohne Vorstellungen wird Wissenschaft nicht arbeiten können (selbst der materiellen Arbeit konzidierte Marx ein Minimum von Idee). Dies wird Marx nicht bestreiten. Wissenschaft wird auch nicht darin bestehen, daß man die Wirklichkeit oder die Praxis in einem nicht näher bestimmbaren Prozeß Vorstellungen entwickeln läßt. Was Marx zunächst positiv feststellt, ist dies, daß Wissenschaft sich nicht in einem abgeschlossenen Bereich von Ideen, die sich von jeder Wirklichkeit untangiert abheben, abspielen kann. Dies kann man das antispekulative, empirische, auf Konkretion gehende Motiv nennen. Weiterhin erkennt Marx, daß die Wissenschaft auch dann, wenn sie Methode, Gedankeninstrument ist, gleichwohl auch als Faktum und als in Realitäten verwickelt angesehen werden kann (schon Hegel bekundet diese Einsicht, wenn er in der Einleitung zur ›Phänomenologie des Geistes‹ sagt: »Aber die Wissenschaft darin, daß sie auftritt, ist sie selbst eine Erscheinung.«). Man kann dies als das wissenssoziologische Motiv bezeichnen, das ja oft mit dem ideologiekritischen einhergeht und auch mit ihm verwechselt wird. In der ›Deutschen Ideologie‹ reklamiert Marx ausdrücklich eine »Geschichts*auffassung*«. Sie »*erklärt* nicht die Praxis aus der Idee«, vielmehr sie »erklärt die Ideenformationen aus der materiellen Praxis« (MEA 3, 38). Daß Ideenformationen (eben bei Marx sogenannte Ideologien) aus der materiellen Praxis heraus, die ja – wie wir sahen – selbst bewußt ist, verstanden werden sollen, ist positives Programm der antispekulativen Philosophien, z.B. des französischen Sensualismus, der französischen Ideologie und im 20. Jh. der Phänomenologie. Die Frage freilich ist, welchen Status diese »Geschichtsauffassung« hat, die solchen Praxisbezug der Vorstellungen empfiehlt. Sie ist sicherlich nicht bewußtlos, sondern ein Konzept, eine Idee oder ein geordneter Komplex von Ideen. Diese Geschichtsauffassung ist auch mehr als bloße Praxis; ihre Begründung, ihr methodischer Ort ist von Marx nicht erwogen, so wenig wie er ein solches Konzept in seiner Einmaligkeit unter allen anderen menschlichen Vorstellungen reflektiert (es ist jene ›Idee‹ bei Condillac, die über Ideen und habitudes urteilt und sie im ganzen zur Diskussion stellt). Marx beansprucht damit durchaus eine »positive Wissenschaft«, die nach seiner Auffassung »die Darstellung« ist jener »praktischen Betätigung, des praktischen Entwicklungsprozesses der Menschen« (l. c., 27). Diese Darstellung – der Praxis nämlich – ist wohl nicht dasselbe wie die Praxis. In dieser Darstellung wird vorgestellt, so wie es die Menschen schon tun, noch bevor Wissenschaft entwickelt ist, wenn sie sich über ihre Verhältnisse orientieren. In der Wissenschaft geschieht dies lediglich methodischer.

Die Kritik an dem von der Basis isolierten Bewußtsein geht so weit, daß sie sich ihren eigenen Boden zu entziehen droht. Statt sich der konzeptionellen Einsicht zu stellen, daß der Mensch tätiges Leben – wirkliches Bewußtsein ist und die auf dieser anthropologischen Grundlage entwickelten konkreteren oder abstrakteren Gestalten in einer die Phänomene respektierenden Rekonstruktion verständlich zu machen, hypostasiert Marx ›materielle‹ und ›ideelle‹ Größen operativ und verdeckt sich damit wichtige Einsichten. Er verdeckt z. B. seine eigene phänomenologische Einsicht, daß »selbst« die »›reine‹ Naturwissenschaft« ihr Fundament im »sinnlich tätigen Menschen« (MEA 3, 44), d. h. doch im handelnd-verstehenden Menschen hat, indem er das sogleich vermischt mit der Abhängigkeit der »Naturwissenschaft« von »Industrie und Handel« (l. c., 44); das ist eine ökonomische Allerweltsweisheit, die später – vielleicht durch Anregung Marxens – auch wissenssoziologisch solid präzisiert werden kann, aber ihrerseits eben auch den handelnd verstehenden Menschen voraussetzt. Die Aufstellung ganz und gar unrealistischer und karikaturhafter Methodenideale ist die Folge:

»... es wird nicht ausgegangen von dem, was die Menschen sagen, sich einbilden, sich vorstellen, auch nicht von dem gesagten, gedachten, eingebildeten, vorgestellten Menschen...; es wird von den wirklich tätigen Menschen ausgegangen...« (l. c., 26).

Es muß sehr wohl von dem ausgegangen werden, was Menschen sagen und sich vorstellen, wenn man vom tätigen Menschen handeln will. Und auch ganz unvermeidlich ist es, daß der Mensch, der thematisiert wird, immer auch ein gedachter und vorgestellter Mensch ist. Was solches Gedachtsein usw. methodisch bedeutet sowohl für eine wissenschaftliche Bearbeitung als auch für eine praktische Orientierung, das ist gerade die Frage. Dieser Frage scheint Marx gleichsam die Disziplin zu verweigern. Deshalb finden wir selbst die wenigen wichtigen ideologiekritischen Beiträge von ihm – wie z. B. seine Freiheitsanalyse – methodologisch namenlos.[48] Damit scheint sich der Ersatz von Wissenschaft durch Praxis doch noch bei Marx zu bestätigen; diese Praxis wäre dann eine literarische, poetisch agitierende, aber keine Wissenschaft, auch keine »positive« oder »wirkliche« Wissenschaft.

V

Unter neuen Bedingungen könnte das alte Projekt der französischen Ideo-logie von der Phänomenologie wieder aufgenommen und die methodologische Schwäche der späteren Ideologiekritik überwunden werden. Erkenntnistheoretische, anthropologische und logische Erfordernisse werden ausgewogen, indem sowohl eine einseitige Isolierung des Bewußtseins als auch eine falsche Furcht vor dem unvermeidlichen Bewußtseinsbezug vermieden werden. Mit der aufweisenden These von der Intentionalität des Bewußtseins ermöglicht es die Phänomenologie, die Weltlichkeit des Bewußtseins zu begreifen. Diese Weltlichkeit des Bewußtseins hat Husserl in seiner späteren Philosophie nach den verschiedensten Richtungen hin differenziert und phänomenbezogen expliziert.

Die unvermeidliche Bezogenheit und Angewiesenheit aller Orientierungen und erst recht der wissenschaftlichen (als ausdrücklicher, methodisch organisierter Orientierungskritik) auf Bewußtsein wird in der Phänomenologie gerade nicht verwechselt mit völliger Transparenz und absoluter Mächtigkeit des Bewußtseins. Vielmehr bedarf das Bewußtsein selbst der Kritik. Diese Kritik kann freilich nur Selbst-Kritik sein, die von keinem wie immer gearteten ›Materiellen‹ geleistet werden kann. Die Selbst-Kritik zeigt dann auch die opaken und kontingenten Momente im Bewußtsein – sozusagen das, was nicht Selbst am Selbst ist, ohne welches das Selbst aber keinerlei Gehaltlichkeit hätte und nichts wäre.

In Husserls neuem Begriff des Apriori wird das deutlich. Dieses Apriori ist nicht mehr bloß Inbegriff formaler Strukturen und bloßer formaler Anspruch – sondern durchaus gehaltlich bestimmt, eine Art Manifestations-Apriori.

Husserls Theoreme von den cogitativen Typen (Bewußtseinsgestalten), der Intersubjektivität, von der Lebenswelt und der Sedimentierung bieten Ansätze einer Analyse dessen, was man oft verkürzt ›ideologische Befangenheit‹ nennt. Mit den verschiedenen Stufen möglicherweise ineinander fundierter ›Einstellungen‹ leitet Husserl ebenfalls konkrete Analysen für ›Befangenheiten‹ und für die Beurteilung solcher Befangenheiten ein. Auch die Untersuchung von Einstellungen erweist sich als eine Einstellung. Husserl operiert dabei häufig mit dem Begriff der Naivität. Diese Naivität ist zwar auch negativ bestimmt, d.h. sozusagen als ideologischer Befund erfaßt; gleichzeitig erkennt Husserl, daß es ein substrathaftes ›diesseits‹ oder ›jenseits‹ von Naivitäten nicht geben kann. Bewußtes menschliches Leben ist somit dauernd aufgefordert, Naivitäten zu erkennen und zu respektieren, um wenigstens allgemeine Orientierungsstrukturen zu gewinnen.

Vor allem die Rolle des Geschichtlichen und des Genetischen hat Husserl in seinem Spätwerk differenziert untersucht. Dabei entfaltet sich ihm der Topos vom ›Ursprünglichen‹ zu einem in sich durchaus relativen Begriff. Husserl hat Gestalten solcher Ursprünglichkeit phänomenologisch konkret untersucht: z.B. die elementaren Kinaesthesien, die passive Synthesis, elementare Formen der Sprachlichkeit, elementare Formen der Sozialität usw. Begriff und Phänomen des Handelns werden vor allem in den Intersubjektivitätsbänden aus dem Nachlaß entwickelt.

Gleichwohl hält Husserl an einigen formalen Eckwerten der Bestimmung des menschlichen Bewußtseins fest, die gleichsam als Maßstäbe jeder phänomenologischen Intentional-Analyse dienen. Diese Eckwerte nennt Husserl gelegentlich auch ›absolut‹. Man kann vier solcher Absoluta hervorheben, wobei allerdings der Begriff *absolut* relativiert (!) wird. Diese Absoluta sind: 1. die formale Struktur der Intentionalität als ›ego cogito cogitatum‹. 2. die sogenannte transzendentale Intersubjektivität, die zunächst nichts anderes bekundet als den Grundsatz, daß ein einzelnes Phänomen oder Bewußtseinsphänomen erst dann voll erfaßt ist, wenn es im Zusammenhang aller seiner Implikationen erfaßt ist. Dies ist ein wichtiges Regulativ gegen jedwede vereinseitigende Isolierung.

3. die ursprüngliche immanente Zeitlichkeit als faktisch nicht hintergehbare Dokumentation von Bewußtheit oder Lebendigkeit.
4. der konkrete faktische Typ Mensch, den Husserl auch im Sinne eines Komplexes von Habitualitäten (vgl. habitudes) Monade nennt. – Diese vier sogenannten Absoluta haben eine methodische Funktion und dienen gegenseitiger Regulierung. Es sind methodische Ideale auf der Grundlage phänomenologischer Aufweisungen.

Anmerkungen

1 Werner Marx: *Hegels Phänomenologie des Geistes. Die Bestimmung ihrer Idee in ›Vorrede‹ und ›Einleitung‹.* Frankfurt 1971, S. 117f.
2 Beim jungen Marx dokumentiert sich das in den Topoi von der ›Zerrissenheit der Welt‹ und der ›Entfremdung‹. Beides scheint freilich eine Grundmöglichkeit der menschlichen Existenz sein zu müssen.
3 Ob das, was gemeinhin in einem abwertenden Sinne als Idealismus bezeichnet wird, nicht in Wirklichkeit eine Karikatur ist, sei hier dahingestellt. Ein Minimum an Idealismus vertritt auch noch Marx, wenn er darauf hinweist, daß die noch so elementare menschliche Arbeit sich von der subtilsten tierischen Tätigkeit dadurch positiv unterscheidet, daß das Arbeitsziel »schon in der Vorstellung des Arbeiters, also schon ideell vorhanden war« (*Das Kapital. Kritik der politischen Ökonomie,* 1. Bd. 1867, in: Karl-Marx-Ausgabe, hrsg. von H.-J. Lieber, Darmstadt 1962, Bd. IV, S. 178).
4 Dies kommt insbesondere in den ›Pariser Manuskripten‹ zum Ausdruck, wo Hegel die Entdeckung des Begriffs der Arbeit nachgerühmt wird. Karl-Marx-Ausgabe, hrsg. von H.-J. Lieber VI Bde., Darmstadt 1962ff.; hier Bd. I, S. 665. Wir zitieren: *Lieber* plus Bändezahl plus Seitenzahl in Klammern.
5 Die Frage, ob solche Kritik vielleicht zu spät kommt und hoffnungslos hinter Hegel zurückbleibt, soll hier nicht gestellt werden.
6 Der durchaus traditionelle, szientifische Charakter von Marxens Hauptwerk ›Das Kapital‹ wird bereits durch den Untertitel betont: ›Zur Kritik der politischen Ökonomie‹ (vgl. auch die Vor- und Nachworte bei Lieber IV). Zur wissenschaftlichen Traktierbarkeit von Marxens Ökonomie Werner Becker: *Kritik der Marxschen Wertlehre.* Hamburg 1972.
7 Dabei geht es auch um eine Kritik an den linken Junghegelianern.
8 Vgl. die Textsammlung Kurt Lenk (Hrsg.): *Ideologie. Ideologiekritik*

und Wissenssoziologie. Neuwied/Berlin ³1967. Marxistische und nichtmarxistische Ideologiekritiken haben dies gemeinsam, daß sie den methodologischen Sinn des Begriffs kaum diskutieren, statt dessen aber um so eifriger ›Ideologien‹ als ›falsche Einstellungen‹ usw. diagnostizieren. Die Beziehung zu Erkenntnistheorie und Wissenssoziologie bleibt oft unklar.

9 Z. B. im ›traité des animaux‹ (1755) vgl. *Oeuvres complètes de Condillac* (hrsg. von A. F. Théry) III (Paris 1821), S. 455.

10 Vgl. Lieber I, 827. Zur Bedeutung des Interessebegriffs bei Marx und im Marxismus vgl. Peter Bollhagen: *Interesse und Gesellschaft*, Berlin/Ost 1967.

11 Destutt verkehrte auch im Salon der Mme Helvétius in Auteuil.

12 Die gründlichste Studie zur Ideologie liegt vor in François Picavet: *Les Idéologues. Essai sur l'Histoire dss Idées et des Théories scientifiques, philosophiques, réligieuses, etc., en France depuis 1789*, Paris 1891; hier S. 299ff., 306, 313. Vgl. auch Gabriel Madinier: *Conscience et Mouvement. Etude sur la Philosophie française de Condillac à Bergson* (1938), Louvain/Paris ²1967, S. 47ff.

13 Danach sind die Organe die Gelegenheit, an denen sich die Subjektivität manifestiert. Es handelt sich um einen eigentümlichen, antispekulativen Occasionalismus.

14 Zu Destutts Kant-Verhältnis Picavet, 347ff. Zur Geschichte der Vernunft und zur Naturgeschichte vgl. Destutt de Tracy: *Projet d'Eléments d'Idéologie.* A l'Usage des Ecoles centrales de la République française, Paris An IX (= 1801), 237, 247, 355. Wir zitieren diesen Bd. I der Ideologie als *Proj.* plus Seitenzahl. Die übrigen drei Bände (II Grammatik, III Logik, IV Moral/Ökonomie) zitieren wir nach den Pariser Ausgaben von 1803, 1805 und 1815 unter bloßer Angabe der Bändezahl; hier zur Naturgeschichte III, 407.

15 *Les Eléments d'Idéologie* erscheinen von 1801–1815 zu fünf Teilen in vier Bänden in Paris. 1801: LProjet d'Eléments d'Idéologie‹ (in späteren Auflagen auch als ›Idéologie proprement dite‹ bezeichnet). 1803: LGrammaire‹ (eine Sprachtheorie als universelle Zeichen- und Bezeichnungstheorie). 1805: LLogique‹ (es ist die eigentliche Theorie). 1815: (Bd. 4 mit zwei Teilen) ›Traité de la Volonté et de ses Effets‹ (die Grundzüge einer praktischen Philosophie als Morallehre und politische Ökonomie).

16 Ein Überblick zu dem nie ausgeführten Gesamtkonzept findet sich im Kapitel IX der Logik (III, 386–521). Die Tafel der Wissenschaften und Disziplinen, die Destutt hier aufstellt, enthält drei Sektionen zu je drei Teilen. Dazu kommt ein Appendix, der eine Ideologiekritik im späteren engeren Sinne impliziert und von »Des fausses sciences ...« handelt (III, 520f.).

17 Vgl. Proj., 296; Picavet, 21 u. ö. Die Ideologen waren mit der Verlei-

hung des Namens ›idéologiste‹ an bedeutende Autoren der Philosophiegeschichte großzügig.

18 Vgl. Hans Barth: *Wahrheit und Ideologie* (1945). Zürich/Stuttgart ²1961, 13–31; Jakob Barion: *Ideologie, Wissenschaft, Philosophie.* Bonn 1966, 3–16; ders.: *Was ist Ideologie? Studie zu Begriff und Problematik.* Bonn ³1974; U. Dierse: »Ideologie«. In: *Hist. Wb. d. Philos.*, hrsg. von J. Ritter u. K. Gründer Bd. 4, Basel/Stuttgart 1976, Sp. 158–164 (vgl. dort auch weitere Artikel von Romberg und Dierse).

19 Erste Philosophie wird hier ausdrücklich der Metaphysik entgegengesetzt.

20 Wir zitieren nach der 16bändigen Ausgabe von Théry (Paris 1821/22) mit dem Kürzel t.s. (III).

21 Destutt wird diesen Beweis kritisieren, um ihn im Interesse der Gewinnung eines ›wirklichen‹ Bewußtseins zu verbessern.

22 Es handelt sich hier um das Grundmotiv der in der Neuzeit entstehenden Anthropologie, die unter anderem auf eine Auslegung der biblischen Erzählung von der Erschaffung des Menschen und seinem Sündenfall zurückgeht. Vgl. auch Condillac, der in seinem Essai von 1746 auf diese Frage eingeht (I, 13 ff.).

23 In seinem ›Traité des animaux‹ (= t. a.) von 1755 geht Condillac darauf näher ein. »L'être sentant ne fait que se transformer« (III t. a., 469). Vgl. auch Proj., 251. Zum Transformationstheorem Gerhard Funke: »Natur und ›zweite Natur‹ im konsequenten Sensualismus. Condillacs Transformationstheorie«. In: *Philosophia naturalis* Bd. IV (1957), 101–125; vgl. auch ders.: »Analyse und Synthese im französischen rationalistischen Sensualismus«. In: *ebd.* Bd. III (1956), 70–97.

24 Zur Reflexion Proj., 76. Zur Ideologie Proj., 64, 111, 179 ff.

25 Madinier, 49 ff.

26 Proj., 197, s. a. 196.

27 Kantisch mutet folgende Stelle aus Destutts Logik an: »Je ne parle pas de la science du droit; séparée de celle de la législation, elle n'est que la connaissance de ce qui est ordonné, sans retour sur ce qui *devrait être;* ainsi il est manifeste qu'elle est sans théorie comme sans principes. C'est une *simple histoire* de ce qui est.« (III, 395).

28 Wir zitieren den ›Discours préliminaire‹ als disc. pr. nach der Ausgabe von Georges Le Roy: *Oeuvres philosophiques de Condillac* (Auteurs modernes t. XXXIII) vol. 1, Paris 1947, 397–424.

29 Die übliche Reihenfolge kennzeichnet Destutt (ähnlich wie Condorcet) so: »Il (l'homme) pense d'abord à ses besoins, ensuite à ses plaisirs. Il s'occupe d'agriculture, de médecine, de guerre, de politique pratique, puis de poesie et d'arts, avant que de songer à la philosophie: et lorsqu'il fait un retour sur lui mème et qu'il commence à réfléchir, il prescrit des règles à son jugement...« (Proj., 2).

30 Vgl. disc. pr., 399 ff., im ganzen aber t.a.

31 Paul Ricœur: »Rückfrage und Reduktion der Idealitäten in Husserls ›Krisis‹ und Marx' ›Deutscher Ideologie‹«. In: *Phänomenologie und Marxismus 3* (Sozialphilosophie), hrsg. von B. Waldenfels u. a., Frankfurt 1978, 207–239, hier 235.

32 Zur ›langage d'action‹ bei Destutt Proj., 292, 349, im ganzen ›Grammaire‹ (II). Mit der Handlungssprache versuchen Condillac und Destutt auf die elementarsten Stufen der Aktion und Verständigung zurückzugehen. Die Einheit dieser beiden Größen nenne ich Orientierung (es ist ein ursprünglicher Komplex von Handeln und Verständigung).

33 Barth, a.a.O., 22.

34 Picavet 32ff., 64ff., 584ff.

35 Dierse, a.a.O., 159.

36 Dierse, a.a.O., Anm. 30.

37 Barth, a.a.O., 23.

38 Barth, 27, Dierse, 159. Diese Äußerung fiel am 20. 12. 1812 im Staatsrat und wurde in ›Le Moniteur universel‹ vom 21. 12. 1812 veröffentlicht; vgl. Hippolyte Taine: *Les Origines de la France contemporaine. Le Régime moderne.* Paris ^{5}1898, II, 219f. – Zur populären journalistischen Verwendung in Deutschland im 19. Jh. vgl. Dierse, 159ff. und Barth, 97ff.

39 Wilhelm Traugott Krug: *Allgemeines Handwörterbuch der philosophischen Wissenschaften, nebst ihrer Literatur und Geschichte.* 5. Suppl. Bd. zur zweiten Auflage, Leipzig 1838, 552.

40 *Allg. Hdwb. d. philos. Wissenschn.*, 2 Bd. Leipzig ^{2}1833, 501f.

41 Ideologie als idealistisch orientierte Ideenlehre findet sich bei Karl Rosenkranz: *System der Wissenschaft.* Ein philosophisches Encheiridion, Königsberg 1850, vgl. ›Erster Teil, Dritte Abtheilung. Die Idee: Ideologie‹, S. 238ff. Bei Hegel wird ›Ideologie‹ lediglich historisch zitiert mit Bezug auf die Franzosen und die schottische Philosophie (*Vorles. über d. Gesch. d. Philos.*, Glockner 19, 505f.). Der Sache nach könnte man später sogenannte Ideologien mit Hegels ›Gestalten des Bewußtseins‹ vergleichen.

42 Carl von Rotteck/Carl Welcker: *Staats-Lexikon oder Encyklopädie der Staatswissenschaften in Verbindung mit vielen der angesehensten Publizisten Deutschlands,* Bd. VIII 1839, 283–295; der Artikel ist gezeichnet mit S.

43 Zur Interesseproblematik vgl. E. W. Orth: »Interesse«. In: *Geschichtliche Grundbegriffe. Hist. Lexikon zur politisch-sozialen Sprache in Deutschland*, hrsg. von O. Brunner, W. Conze, R. Koselleck, Bd. 3, Stuttgart 1979.

44 Der Kritikbegriff verschiebt sich in neuerer Zeit mehr und mehr in die Richtung Polemik und Agitation. Vgl. Marxens Floskel von dem ›Ersetzen der Waffe der Kritik durch die Kritik der Waffen‹ und Nietz-

sches Begriff einer kritischen Geschichte, gemäß seiner Zweiten Unzeitgemäßen Betrachtungen.

45 Karl Buob: »Die Kantische Philosophie in Frankreich«. In: *Zs. f. Philosophie u. philos. Kritik*, Bd. 19 (1848), 40–82, hier 40f.

46 Vgl. dazu K.-G. Faber: »Nova Marxiana«. In: *Historische Zeitschrift*, Bd. 211 (1970), 354ff.

47 Den Mangel einer Klärung des ursprünglichen Verhältnisses von Handlungen und Sprachlichkeit stellt auch Ricœur, a.a.O., 235f. fest.

48 Das Ausdrücklichste, was sich bei Marx zu Ideologie und einer möglichen Ideologiekritik findet, steht außer in der ›Deutschen Ideologie‹ auf wenigen Seiten im Vorwort von ›Zur Kritik der politischen Ökonomie‹ von 1859. Die genannte Freiheitsanalyse findet sich in den ›Grundrissen der Kritik der politischen Ökonomie‹, vgl. *Politische Ökonomie. Geschichte und Kritik*, Frankfurt/Berlin (Europ. Verlagsanstalt/Europa-Verlag) o. J., 151ff.; es handelt sich um das Heft II von 1857 der Grundrisse; zu ›Produktions- und Rechtsverhältnisse‹ vgl. MEA 13, 639ff.

Jan M. Broekman
Fetisch und Erkenntnis

Drei Schwerpunkte haben sich in der Diskussion zwischen Phänomenologie und Marxismus herausgebildet, von denen ich im folgenden ausgehen werde.

A. In Marxismus und Phänomenologie wurde eine idealistische Erkenntnistheorie mit einer postidealistischen konfrontiert. Für das marxistische Denkmodell sei das idealistische Denken insoweit wirksam, als zumindest auf erkenntnistheoretischem Niveau immer wieder die Vorstellung der Klasse eine zentrale Rolle spielt, ja, innerhalb der eigenen Theorie alle Beziehungen der Klasse zugeordnet werden. Alle idealistischen Züge des phänomenologischen Denkens weisen auf eine verwandte Funktion der Kategorie der Subjektivität hin: das gilt dort in gleichem Maße für die Konstitutionsproblematik wie für die Erkenntnistheorie, für die Sozialphilosophie wie die praktische Philosophie.

B. Eine Diskussion entwickelte sich sodann anläßlich der Frage nach den vorreflexiven Strukturen jener beiden Denkrichtungen. Im Schatten der Subjektivitätsproblematik wurde die Analytik der Unmittelbarkeit des Lebensweltlichen angesetzt wie auch die Frage nach der Praxis als einem Moment der übergreifenden Einheit von Theorie und Praxis gestellt.

C. Im Lichte dieser vorgängigen Fragestellungen wurde die Erkenntnistheorie von Phänomenologie und Marxismus zur Debatte gestellt. Das Interesse galt dabei hauptsächlich der phänomenologischen Theorie der Reduktion und der Idee der Einstellungsänderungen, d. h. der konstitutiven Bewußtseinsfunktion. Das Interesse des Marxismus war in vielerlei Gestalt auf die Ideologietheorie gerichtet. Diese Schwerpunkte haben die Frage nach dem Stellenwert und der Funktion der politischen Ökonomie als erkenntnistheoretischem Modell in den Vordergrund gerückt. Inwiefern wird das Modell des *Discours de la Méthode* durch das Erkenntnismodell der *Kritik der politischen Ökonomie* aufgehoben? Man muß sich vergegenwärtigen, daß bei Marx die Rede von *zwei* Ideologietheorien und bei Husserl von *zwei* Reduktionsansätzen ist. Nur so bringen beide jeweils das erkenntnistheoretische Grundmodell von Phänomenologie beziehungsweise Marxismus zum Ausdruck. In beiden Fällen ist jedoch das theoretische Interesse vorwiegend auf die subjektzentrierte Theorie ausgerichtet, während die a-subjektive Ideologie- bzw. Reduktionstheorie weniger im Vordergrund stand. Auch sind bis heute Phänomenologen und Marxisten überzeugt, daß die subjektzentrierten Theorien für die jeweilige Denkrichtung repräsentativ sind.

Erst eine Erörterung der a-subjektiven Momente des Ideologie- bzw. Reduktionsgedankens ermöglicht den Übergang von einer analytisch-verbindenden zu einer holistisch-dialektischen Theoretizität. Darin bestünde die einzige Chance, die Entfremdungs- und Krisenproblematik sowie das Problem der Humanität nicht ausschließlich als Ergebnis einer existenzphilosophisch angehauchten Marxismus- bzw. Phänomenologie-Interpretation aufzufassen, sondern es in eine umfassendere Einheit mit der Seinsproblematik zu bringen, wie dies durch die Kritik der politischen Ökonomie gedacht worden ist. Eine solche Perspektive hat Heidegger vielleicht schon gesehen, als er bemerkte, daß es bei Marx eine radikalere Sicht und eine tiefere Erfahrung gibt als in der Phänomenologie oder im Existentialismus. Die hier gestellte Aufgabe richtet sich also zunächst auf die Kritik der politischen Ökonomie als erkenntnistheoretischem Kernstück. In einer ersten Analyse soll die Differenz zwischen einer subjektzentrierten Ideologiekritik und einer Kritik des Fetischismus entwickelt werden. Um den umfassenderen Zusammenhang einer Kritik der politischen Ökonomie ins Blickfeld zu bekommen, soll das Band zwischen Fetisch und Praxis hervorgehoben werden. Denn erst dann wird ersichtlich, wie sehr das subjektzentrierte Denken, welches den Menschen als Macht und Erkenntnis unter dem Vorzeichen einer Bewußtseinstheorie denkt, unter dem Vorzeichen der Beschränktheit und der Begrenztheit und nicht unter dem Vorzeichen der Unbeschränktheit und Unbegrenztheit steht, wie das Reflexionsmodell suggeriert. Dennoch ist dieses letztgenannte Modell dominierend in der abendländischen Metaphysik. Die Idee einer Kritik der politischen Ökonomie als Grundmodell einer Erkenntnistheorie soll dazu beitragen, diese Dominanz aufzuheben.

I. Kritik des Fetischismus

In der Diskussion zwischen dem Marxismus und dem Strukturalismus nach 1970 (d.h. dem synthetischen Strukturalismus) wurde der Versuch unternommen, das Denken als Denken von Äquivalenzen aufzugeben und in ein dialektisches zu transformieren. Dies steht im Gegensatz zum Freudomarxismus, wo ein analytisches Verknüpfen der Theorie-Elemente die theoretische Hauptaktivität bleibt. Man ist dazu geneigt, die scharfe Formel »Dezentrierung des Subjektes«, die man gerne als repräsentativ hinstellt, als Demonstration des notwendigen Überganges zu einer dialektischen Aktivität aufzufassen. Denn sie ist kennzeichnend für den analytischen Strukturalismus, aber keineswegs für den synthetischen – vor allem, weil dort die Kritik von Ricœur, es handle sich hier um ein Kantianismus ohne transzendentales Subjekt, durch die Entwicklung einer Diskurstheorie und somit einer andersartigen Sprachtheorie nicht mehr zutrifft.[1] Ein ähnlicher Bruch wird in der Ideologietheorie sichtbar, wenn man sich fragt, welches die interne Motivation der Ideologie-Problematik der *Deutschen Ideologie* sei. Diese gilt doch als die wichtigste, idealistisch gefärbte, im Marxismus am gründlichsten diskutierte und meist repräsentative Form der Ideologiekritik des gängigen Marxismus. Vor allem ist hier nicht aus den Augen zu verlieren, daß die Ideologiekritik und die Kritik des Fetischismus tatsächlich als *Kritik* fungieren. In der *Deutschen Ideologie* ist die Idee einer Ideologie gebunden an die Weise, wie sich das bürgerliche Denken und das bürgerliche Lebensgefühl darstellen. Somit ist die Ideologieproblematik als Problem der Wiedergabe jenes Denkens und Lebensgefühls ein Problem der Darstellung. Ideologiekritik ist dann die Demaskierung jenes Darstellungsereignisses, der Durchbruch des Scheines, welcher in der Darstellung und durch dieselbe aufrechterhalten wird. Auf diese Darstellungsproblematik sind letzten Endes alle Begriffe ausgerichtet; die klassengebundenen Interessen, die arbeitsteilige Gesellschaftsstruktur und jenes bürgerliche Bewußtsein, das als »verzerrtes, illusionäres, falsches, verselbständigtes« charakterisiert wird. Solches gilt schließlich auch für Gegensätze in der Gesellschaft, die als naturnotwendig gelten, jedoch in der ideologiekritischen Darstellung erhellt werden. Dies betrifft das Verhältnis von Ideologieproduktion und Warenproduktion in gleichem Maße wie die Verhältnisse zwischen Tauschwert und Gebrauchswert oder zwischen materieller und geistiger Macht.

Die Folgerung jener Kritik ist wohl, daß man vorschnell dazu neigt, aus der Analyse jener Darstellung eines Denkens und eines Lebensgefühls auf die Struktur der Erkenntnis überhaupt zu schließen. Das ideologische Denken ist immer als Denken aufgefaßt worden, welches sich selbst als autonom und sich selbst fundierend darstellt. So entsteht der Schein, der alle ideologischen Vorstellungen betrifft, nämlich der Schein einer Autonomie jener Vorstellungen. In diesem Sinne schreibt Engels an Mehring am 14. Juli 1893:

»Es ist dieser Schein einer selbständigen Geschichte der Staatsverfassungen, der Rechtssysteme, der ideologischen Vorstellungen auf jedem Sondergebiet, der die meisten Leute vor allem blendet...«

Aber in diesem Brief bleibt Engels nicht bei der Analyse jenes Scheins der Selbständigkeit stehen. Er betrifft hauptsächlich den Marxismus, insofern als dieser versucht, solche symbolischen Formen aus den ökonomischen Grundtatsachen abzuleiten. Darin besteht aber nur ein Teil des marxistischen Denkanstoßes, jener nämlich, auf den Engels hinweist, wenn er schreibt:

»... wir alle haben zunächst das Hauptgewicht auf die *Ableitung* der politischen, rechtlichen und sonstigen ideologischen Vorstellungen und durch diese Vorstellungen vermittelten Handlungen aus den ökonomischen Grundtatsachen gelegt und *legen müssen*...«

Der andere, weniger ausgeführte Teil des Marxismus betrifft die Entstehungsgeschichte der Darstellungen selbst; in den Worten von Engels aus demselben Brief an Mehring: »... die Art und Weise, wie diese Vorstellungen etc. zustandekommen«. Daraus ergibt sich für das Ideologieproblem, daß sowohl die Ableitung der Darstellungen aus den ökonomischen Grundtatsachen wie auch mit gleichem Recht die Genese dieser Vorstellungen, die sich in den Darstellungen repräsentieren, als Bestandteil der Ideologietheorie betrachtet werden soll. Nun wird deutlich, daß die Ableitung der Darstellungen der symbolischen Formen eine subjektzentrierte Ideologietheorie nach sich zieht. Denn diese ist verbunden mit dem bürgerlichen Denken und dem bürgerlichen Lebensgefühl, welches als einzige Quelle die Subjektivität kennt. Horkheimer hat dies vorzüglich ausgedrückt, als er in seinem Aufsatz *Traditionelle und kritische Theorie* schrieb:

»Das bürgerliche Denken ist so beschaffen, daß es in der Reflexion auf sein eigenes Subjekt mit logischer Notwendigkeit das Ego erkennt, das sich autonom dünkt. Es ist seinem Wesen nach abstrakt, und die als Urgrund der Welt oder gar als Welt überhaupt sich aufblähende, vom Geschehen abgeschlossene Individualität ist sein Prinzip.«

Es ist merkwürdig, daß die meist diskutierte und repräsentative Ideologietheorie des Marxismus durch ihre Darstellungsproblematik an diese logische Notwendigkeit des bürgerlichen Denkens gekettet war. Die Frage nach einer Rekonstruktion der Genesis jener Darstellung als solcher war nicht an diese Notwendigkeit gebunden und indirekter an der bürgerlichen Ideologie orientiert. Darum war sie als Ansatz für eine a-subjektive Ideologiekritik brauchbar. Auch hier weist Engels den Weg eines angemessenen Verständnisses: nicht die Ökonomie, sondern vielmehr die Geschichte ist beispielhaft für eine derartige Rekonstruktion. So schreibt er 1895 an Werner Sombart:

»Nach der Marxschen Auffassung geht alle bisherige Geschichte, was die großen Ergebnisse angeht, bewußtlos vor sich, d.h. diese Ergebnisse und ihre weiteren Folgen sind nicht gewollt; die geschichtlichen Figuranten haben entweder direkt etwas anderes gewollt als das Erreichte, oder dies Erreichte zieht wieder ganz andre unvorhergesehene Folgen nach sich.«

Im Nachwort zur zweiten Auflage des ersten Bandes vom *Kapital*, 1873, zitiert Marx zustimmend eine russische Besprechung der *Kritik der politischen Ökonomie*, verfaßt von I. I. Kaufman, der sich über die Methode des besprochenen Buches äußert:

»Wenn das bewußte Element in der Kulturgeschichte eine so untergeordnete Rolle spielt, dann versteht es sich von selbst, daß die Kritik, deren Gegenstand die Kultur selbst ist, weniger als irgend etwas andres, irgendeine Form oder irgendein Resultat des Bewußtseins zur Grundlage haben kann.«[2]

Eine nicht an das bewußtseinsphilosophische Modell gebundene und daher a-subjektive Ideologiekritik ist an erster Stelle eine Kritik des *Fetischismus*. Diese ist das Gegenstück zur Ideologietheorie der *Deutschen Ideologie*, welche die Darstellung als Moment der Ableitung aus ökonomischen Grundtatsachen thematisiert. Die a-subjektive Theorie behandelt also nicht ausschließlich diese *Ableitung*, sondern vielmehr die *Genesis* der Darstellung. Engels beschreibt im bereits zitierten Brief an Mehring aus dem Jahre 1893 das Verhältnis beider parallel zum Verhältnis von Form und Inhalt.

Die Subjektivitätstheorie stimmt dann mit der inhaltlichen, die a-subjektive Theorie mit der formalen Seite des Erkenntnisprozesses überein. Letztere wird erfaßt durch die Kritik der politischen Ökonomie. Diese Schematik ist in gewissem Sinne die Wiederholung jener Kritik, die Marx in seiner Skizze zur Kritik der klassischen politischen Ökonomie übt, wo er sagt, daß diese noch weiter untersuchen müsse, »... wie sich also die Arbeit im Wert und das Maß der Arbeit durch ihre Zeitdauer in der Wertgröße des Arbeitsproduktes darstellt«. Weiter betrachtet Marx es als einen »der Grundmängel der klassischen politischen Ökonomie, daß es ihr nie gelang, aus der Analyse der Ware und spezieller des Warenwertes die Form des Wertes, die ihn eben zum Tauschwert macht, herauszufinden«.[3]

Was bedeutet in diesem Zusammenhang die Behauptung, daß die Fetischismuskritik Bestandteil einer a-subjektiven Ideologietheorie sei? Verständlich wird diese Behauptung vielleicht insofern, als die Fetischismustheorie anthropologisch relevant ist. Darin drückt sich aber eine Überbetonung des jungen Marx aus, denn im Rahmen einer derartigen Auffassung wird immer nur das Verhältnis von Fetisch und Anthropos, nie aber jenes von Fetisch und Erkenntnis beachtet. Als Anthropologie bringt die Fetischismustheorie tatsächlich die Theorie der Entfremdung zum Ausdruck. Dies wird erst deutlich, wenn man jene Passagen im *Kapital* betont, die die Verdinglichung und Veräußerlichung der menschlichen Beziehungen behandeln. Auch Lukács behauptet in *Geschichte und Klassenbewußtsein* (1923), daß auszugehen sei von der Frage »... wie weit der Warenverkehr ... das *ganze* äußere wie innere Leben der Gesellschaft zu beeinflussen fähig ist ...« Der Grund, weshalb Engels die Naturgesetze der kapitalistischen Ökonomie als Zufallsgesetze beschreibt (M.E.W., 21, 169), ist deshalb für Lukács keine erkenntnistheoretische Beschreibung. Es handelt sich hier höchstens um die soziologische Dimension einer Zergliederung der bürgerlichen Rationalität und um das Entstehen sozialer Teilsysteme in der bürgerlichen Gesellschaft – also um anthropologisch-soziologische Sachverhalte. Der erkenntnistheoretische Aspekt bleibt unbeachtet, und ebensowenig beachtet Lukács, daß die anthropologische Dimension in der Kritik des Fetischismus eng mit der erkenntnistheoretischen verbunden ist. Dies ergibt sich aber bereits dort, wo die anthropologische Kennzeichnung der Tauschwert produzierenden Arbeit in *Zur Kritik der po-*

litischen Ökonomie eine Konsequenz der Kritik der klassischen Ökonomie ist: denn in dieser selbst blieb die anthropologische Beziehung noch verborgen.

»Es charakterisiert endlich die Tauschwert setzende Arbeit, daß die gesellschaftliche Beziehung der Personen sich gleichsam verkehrt darstellt, nämlich als gesellschaftliches Verhältnis der Sachen ... Wenn es daher richtig ist zu sagen, daß der Tauschwert ein Verhältnis zwischen Personen ist, so muß aber hinzugesetzt werden: unter dinglicher Hülle verstecktes Verhältnis.«[4]

Fetischismuskritik als Ideologiekritik ist demnach *nicht* das Ergebnis einer »interprétation inverse«, wie die Schlußfolgerung von Rancière lautet.

Wieder wird ersichtlich, daß die Frage nach der Darstellung eine andere Frage ist als jene, wie die Darstellung aus den ökonomischen Grundtatsachen ableitbar sei. Damit wird natürlich nicht der innere Zusammenhang dieser beiden Fragen verleugnet, aber es zeichnet sich nun eine gewisse Rangordnung ab. Die Differenz, welche eine solche Rangordnung ermöglicht, verleiht der Fetischismuskritik ihren erkenntnistheoretischen Wert. Denn diese Kritik weist darauf hin, daß die Darstellung das Ergebnis eines Hypostasierungs- und Verdinglichungsprozesses sei. Ersichtlich wird dann, daß jede Erkenntnis auf dem Niveau der Darstellung zu einem a-historischen Naturereignis wird.[5] Vergessen, geleugnet und verdrängt wird, daß Erkenntnis sich immer als historisches Ereignis manifestiert. Wenn man nun auf den bereits dargelegten Zusammenhang von Fetischismuskritik und Entfremdungstheorie zurückblickt, wird deutlich, daß auch die Theorie der Entfremdung nicht nach ihrer soziologischen Äußerlichkeit, sondern ebenso als erkenntnistheoretisches Problem behandelt werden sollte. Die Einsicht in den Vorgang der Hypostase verleiht als Fetischismuskritik der Kritik der politischen Ökonomie ihre Stellung als erkenntnistheoretisches Modell.

Die Relevanz dieser Einsicht ist an mehreren Stellen zu verdeutlichen. Wir wählen hierzu zuerst Marxens Betrachtung des Geheimnisses, welches die Warenform verbirgt.

»Das Geheimnisvolle der Warenform besteht also einfach darin, daß sie den Menschen die gesellschaftlichen Charaktere ihrer eigenen Arbeit als gegenständliche Charaktere der Arbeitsprodukte selbst, als gesellschaftliche Natureigenschaften dieser Dinge zurückspiegelt, daher auch das gesellschaftliche Verhältnis der Produzenten zur Gesamtarbeit als ein außer ihnen existierendes gesellschaftliches Verhältnis von Gegenständen ... So stellt sich der Lichteindruck eines Dings auf den Sehnerv... als gegenständliche Form eines Dings außerhalb des Auges dar. Aber beim Sehen wird wirklich Licht von einem Ding... auf ein andres Ding, das Auge, geworfen... Dagegen hat die Warenform und das Wertverhältnis der Arbeitsprodukte, worin sie sich darstellt, mit ihrer physischen Natur und den daraus entspringenden dinglichen Beziehungen absolut nichts zu schaffen. Es ist nur das bestimmte gesellschaftliche Verhältnis der Menschen selbst, welches hier für sie die phantasmagorische Form eines Verhältnisses von Dingen annimmt. Um daher eine Analogie zu finden, müssen wir in die Nebelregion der religiösen Welt flüchten. Hier scheinen die Produkte des menschlichen Kopfes mit eignem Leben begabt, untereinander und mit den Menschen in Verhältnis stehend selbständige Gestalten... Dies nenne ich den Fetischismus...«[6]

Ähnliches gilt für das Geheimnis des Zusammenhangs zwischen den Menschenrechten und der »Plusmacherei«.

»... in die verborgne Stätte der Produktion, an deren Schwelle zu lesen steht: No admittance except on business... wird sich zeigen, nicht nur wie das Kapital produziert, sondern auch wie man es selbst produziert, das Kapital. Das Geheimnis der Plusmacherei muß sich endlich enthüllen. Die Sphäre der Zirkulation oder des Warenaustausches, innerhalb deren Schranken Kauf und Verkauf der Arbeitskraft sich bewegt, war in der Tat ein wahres Eden der angebornen Menschenrechte. Was allein hier herrscht, ist Freiheit, Gleichheit, Eigentum und Bentham... Denn Käufer und Verkäufer einer Ware... sind nur durch ihren freien Willen bestimmt... sie beziehen sich nur als Warenbesitzer aufeinander und tauschen Äquivalent für Äquivalent... jeder verfügt nur über das Seine... die einzige Macht, die sie zusammen und in ein Verhältnis bringt, ist die ihres Eigennutzes, ihres Sondervorteils, ihrer Privatinteressen.«[7]

Dieselbe hypostasierte Erkenntnisform, dasselbe Zuschreiben einer a-historischen, naturereignishaften Erkenntnis wird aufgedeckt, wie der Wert als Form eines Arbeitsproduktes erhellt wird.

»Die politische Ökonomie hat nun zwar, wenn auch unvollkommen Wert und Wertgröße analysiert und den in diesen Formen versteckten Inhalt entdeckt. Sie hat niemals auch nur die Frage gestellt, warum dieser Inhalt jene Form annimmt... Formeln, denen es auf der Stirn geschrieben steht, daß sie einer Gesellschaftsformation angehören... gelten ihrem bürgerlichen Bewußtsein für ebenso selbstverständliche Naturnotwendigkeit als die produktive Arbeit selbst. Die Wertform des Arbeitsproduktes ist die abstrakteste, aber auch allgemeinste Form der bürgerlichen Produktionsweise, die hierdurch als eine besondere Art gesellschaftlicher Produktion und damit zugleich historisch charakterisiert wird. Versieht man sie daher für die ewige Naturform gesellschaftlicher Produktion, so übersieht man notwendig auch das Spezifische der Wertform, also der Warenform, weiter entwickelt der Geldform, Kapitalform usw.«[7]

Marxens Beschreibung des vollkommenen Fetisch in der Funktion des zinstragenden Kapitals hat eine ähnliche Struktur.

»In dem zinstragenden Kapital ist aber die Vorstellung vom Kapitalfetisch vollendet, die Vorstellung die dem aufgehäuften Arbeitsprodukt, und noch dazu fixiert als Geld, die Kraft zuschreibt, durch eine eingeborne geheime Qualität, als reiner Automat, in geometrischer Progression Mehrwert zu erzeugen...«[8]

Die fetischhafte Hypostase erscheint in jeder Darstellung als Moment eines allgemeingültigen sozialvertraglichen Denkens. Gerade diese Selbstverständlichkeit wird durch die Fetischismuskritik aufgehoben. Darum führt diese Kritik zu den Grundlagen der Gesellschaftsformation; sie zeigt an, wie der Sozialvertrag nicht nur das Soziologische, sondern auch die Erkenntnisstruktur prägt. So führt der Fetischcharakter ins Geheimnis des Alltags, und die Einsicht in die »Geheimnismacherei« wirft deshalb zugleich die Frage auf, ob vor-ideologische Erkenntnis überhaupt möglich sei.

Wie gesagt: die Kritik des Fetischismus führt zur Grundstruktur des Sozialvertrags.

»Was allein hier herrscht, ist Freiheit, Gleichheit, Eigentum und Bentham. Freiheit! Denn Käufer und Verkäufer einer Ware, z. B. der Arbeitskraft, sind nur durch ihren freien Willen bestimmt. Der Kontrakt ist das Endresultat, worin sich ihre Willen einen gemeinsamen Rechtsausdruck geben. Gleichheit! Denn sie beziehen sich nur als Warenbesitzer aufeinander... Eigentum! Denn jeder verfügt nur über das Seine... Und eben weil so jeder nur für sich und keiner für den andern kehrt, vollbringen alle, infolge einer prästabilierten Harmonie der Dinge oder unter den Auspizien einer Allpfiffigen Vorsehung, nur das Werk ihres wechselseitigen Vorteils, des Gemeinnutzens, des Gesamtinteresses.«[8]

Die Wirkung des Fetischismus im Alltag ist gerade das Geheimnis dieses Alltags. In der Alltäglichkeit bleibt dieses Geheimnis allen verborgen, die in ihr leben, aber auch jenen, die darüber reflektieren. So spielt sich das ganze Leben ab in einem »religiösen Widerschein« (Marx). Der Fetischismus als hypostasierender Vorgang ist dadurch gekennzeichnet, daß durch ihn menschliche Beziehungen undurchsichtig bleiben, die Beziehung des Menschen zur Natur unaufgeklärt und die Gesellschaft eine »dumpfe Seinsform« (Horkheimer) bleibt.

Gibt es aber dennoch eine vor-ideologische Phase der menschlichen Existenz und der menschlichen Erkenntnis als Konzept für eine Philosophie des Alltags, oder gibt es eine solche Phase in der Realität des Alltäglichen, die beispielsweise als Konzept des »primitiven Zusammenlebens« erneut zu entdecken und zu verwirklichen ist? Die Antwort bleibt zwiespältig wie die Ideologie- und Erkenntnistheorie selbst. Bejahend wäre die Antwort dann, wenn die Ideologietheorie in einem subjektiven Sinne aufgefaßt wird, als streng geordnetes System von Ideen nämlich, genauso wie die *Deutsche Ideologie* im Schatten von Hegel entstand. Verneinend ist die Antwort aber, wenn man sich vergegenwärtigt, daß es keine Kultur gibt ohne vermittelndes symbolisches System. Bejahend wäre die Antwort wiederum, sobald die Darstellungsproblematik durchschaut werden kann, verneinend insofern diese trotz des Durchschauens niemals aufhebbar wird. In beiden Fällen darf nicht vergessen werden, daß die innere Dynamik jedes symbolischen Systems von den Grundprinzipien der Kritik der politischen Ökonomie beherrscht wird. Marxens Analysen der Trennung von Handarbeit und Kopfarbeit und des Entstehens der damit verbundenen ideologischen Bewußtseinsformen bewirken eben *keine* Trennung der Ordnung der Arbeit von der Ordnung des Symbolischen. Im Gegenteil: die Einheit der *Ökonomisch-philosophischen Manuskripte* von 1844 und der *Deutschen Ideologie* besteht nur, weil es eine Einheit von Arbeit und symbolischer Ordnung gibt. Das heißt, die beiden Momente einer Ideologietheorie sind nicht als Gegensatz zu einer irgendwie anders gearteten Theorie aufzufassen, sondern ausschließlich in ihrer Beziehung zur Praxis, welche die präreflexiven und regionalreflexiven Strukturen der Lebenswelt artikuliert. Deshalb ist auf die folgende Bemerkung von Marx zu achten:

»Der religiöse Widerschein der wirklichen Welt kann überhaupt nur verschwinden, sobald die Verhältnisse des praktischen Werkeltagslebens den Menschen tagtäglich durchsichtig vernünftige Beziehungen zueinander und zur Natur darstellen. Die Gestalt des gesellschaftlichen Lebensprozesses ... streift nur ihren mystischen Nebelschleier ab, sobald sie als Produkt frei vergesellschafteter Menschen unter deren bewußter planmäßiger Kontrolle steht.«[9]

Die Einsicht, daß die Kritik der politischen Ökonomie in der Strukturierung der Lebenswelt immer schon wirksam ist, und die

Kritik an dieser Arbeit – welche man auch semiologische Arbeit nennen könnte – in Form einer Fetischismuskritik als erkenntnistheoretischer Kritik führt gleichzeitig zur Einsicht in die Notwendigkeit eines Zusammenhanges von marxistischem und phänomenologischem Denken.

II. Die Kritik der politischen Ökonomie als erkenntnistheoretisches Modell

Es bleibt uns noch die schwierigste Deutung der dargestellten Problemlage im Hinblick auf ein vergangenes, aber ebenso auf ein künftiges Gespräch zwischen Phänomenologie und Marxismus. Denn dieses Gespräch berührt die Frage nach der impliziten Struktur der Erkenntnistheorie beider Denkrichtungen. Dabei kann man sich, wie gesagt, nicht einfach auf Gegensätze, wie jene zwischen idealistischem und materialistischem oder dialektischem Modell stützen. Denn man muß besonders bedenken, daß die Rekonstruktion des Marxismus als eines möglichen Gesprächspartners immer auch die Rekonstruktion einer marxistischen Erkenntnistheorie ist. Diese liegt jedoch auch im Interesse der Phänomenologie und stellt kein neutrales Theorie-Element dar. Aber welches ist dieses Interesse der Phänomenologie? Und ist die Aufdeckung jenes Interesses nicht äußerst wichtig für eine phänomenologische Erkenntnistheorie? Solche Fragen sind selbstverständlich nur skizzenhaft zu beantworten, sie sind erst noch zu erarbeiten! Zuerst muß bedacht werden, daß die Kritik der politischen Ökonomie, welche innerhalb der Erkenntnistheorie das Hauptinteresse beansprucht, nicht ausschließlich auf die Enthüllung der verborgenen Gestalten in Kapital und Arbeit gerichtet ist. Sonst müßte tatsächlich eine strenge Parallele zwischen Kant und Marx angenommen werden. Die *Kritik* der politischen Ökonomie kann als *erkenntnistheoretisches Modell* dienen, weil sie nicht bei der Enthüllung der Oberfläche der Realität stehen bleibt, sondern auf die Totalität der menschlichen Praxis, auf transparente Verhältnisse und humane Sozialbeziehungen ausgerichtet ist. Darum steht diese Erkenntnistheorie nicht als Theorie der Praxis gegenüber; sie ist vielmehr Teil einer umgreifenden Einheit, welche durch sie selbst hervorgebracht wird. Somit ist die Struktur und das Ziel dieses erkenntnistheoretischen Entwurfs im Gegensatz zum traditionellen Reflexionsmodell nicht harmonistisch und illusionär. Dies ergibt sich ebenfalls aus der Aufgabe der Kritik der politischen Ökonomie als einer Kritik. Im bekannten Brief von Marx an Lasalle vom 22. Februar 1858 heißt es, das Verhältnis dieser Kritik zur Kritik der bürgerlichen Ökonomie sei gerade, daß ihre Darstellung des Systems eben durch die Darstellung Kritik sein kann und sein muß. Im Nachwort zur zweiten Auflage des *Kapitals*, 1873, wird die Bedingung hierfür angegeben. Diese zeichnet sich aus durch die Struktur der Hypostasierung, denn Kennzeichen der bürgerlichen Ordnung, so heißt es dort, sei es, daß diese die kapitalistische Ordnung nicht als vorübergehende Entwicklungsstufe, sondern umgekehrt als absolute und letzte Gestalt der gesellschaftlichen Produktion auffaßt. Und der Rezensent I. I. Kaufman folgert daraus:

»... ihm ist nicht nur das Gesetz wichtig, das sie beherrscht, soweit sie eine fertige Form haben und in einem Zusammenhang stehn, wie er in einer gegebnen Zeitperiode beobachtet wird. Für ihn ist noch vor allem wichtig das Gesetz ihrer Veränderung, ihrer Entwicklung, d. h. der Übergang aus einer Form in die andre, aus einer Ordnung des Zusammenhangs in eine andre... Demzufolge bemüht sich Marx nur um eins: durch genaue wissenschaftliche Untersuchung die Notwendigkeit bestimmter Ordnungen der gesellschaftlichen Verhältnisse nachzuweisen und soviel als möglich untadelhaft die Tatsachen zu konstatieren, die ihm zu Ausgangs- und Stützpunkten dienen. Hierzu ist vollständig zureichend, wenn er mit der Notwendigkeit der gegenwärtigen Ordnung zugleich die Notwendigkeit einer andren Ordnung nachweist, worin die erste unvermeidlich übergehn muß, ganz gleichgültig, ob die Menschen das glauben oder nicht glauben, ob sie sich dessen bewußt oder nicht bewußt sind«. In diesem Zusammenhang ist es vor allem wichtig, »daß... die Serie der Ordnungen erforscht wird, die Aufeinanderfolge und die Verbindung, worin die Entwicklungsstufen erscheinen«.[9]

Abstrakte, hypostasierte, a-historische, auf Ewigkeitswerte angelegte und durch wissenschaftliche Reflexion entstandene Gesetze der Ökonomie sind bürgerliche Gesetze; sie sind das Ergebnis jenes hypostasierenden Denkens, das nur Fetische hervorzaubern kann. Die Kritik der politischen Ökonomie bezweckt das Gegenteil.

Die ideologischen Gebilde, welche die Kritik der politischen Ökonomie aufzudecken versucht, sind Gebilde der alltäglichen Lebenswelt. Sie sind, wie Marx es ausdrückte, das Geheimnis jener Lebenswelt, Geheimnisse der bürgerlichen politischen Ökonomie; dazu gesellen sich die Ökonomie der Sprache und des Sprechens, der sozialen Verhältnisse und Rollen, ebenso das Gespräch, die Sexualität, die Besitzverhältnisse, die führenden Ideen, Normen und Werte – sie existieren alle als Vertrag mit der Oberfläche der Realität, als Vertrag mit dem Offensichtlichen. In dieser prägnant unkritischen Weise erfüllen sie den Sozialvertrag, denn auf diese Weise entsteht der Zusammenhang des Systems der Äquivalenzen. Goux bemerkt in seinem Buch: *Freud, Marx, économie et symbolique* (1973, dt. 1975), daß Marx durch die Analyse der Genesis der Geldform und der Tauschform die dialektische und historische Logik des Symbolisierungsprozesses entdeckt hat. Denn der Tausch ist keineswegs auf die materiellen Dinge und die Oberfläche der Realität beschränkt. Er erfüllt als lebensweltliche Aktivität in erster Instanz den Sozialvertrag. Aber ein Tauschverhältnis, welches Gleichheit als Sozialverhältnis bedingt und entsprechend Gleichheit produziert, lebt nicht von Elementen einer Äquivalenzsystematik, die aus Fakten der Natur oder der Sozialität besteht. Der Tausch schafft eben Äquivalenzen, indem er Elemente hervorbringt, die äquivalent werden können!

Diese Interpretation ist nicht herleitbar von der traditionellen Sicht einer materialistischen, dialektischen oder gar wissenschaftlichen Auffassung der marxschen Erkenntnistheorie. Colletti beschreibt seine anfänglich fast unüberwindbare Schwierigkeit, der intuitiven Einsicht zu folgen, nach welcher »Werttheorie und Theorie der Entfremdung und des Fetischismus eins sind«, und »daß die Hypostasierungsprozesse, die Substantialisierung des Abstrakten, die Verkehrung von Subjekt und Prädikat usw. weit davon entfernt waren, für Marx lediglich fehlerhafte Weisen der Hegelschen Logik, die Realität widerzuspiegeln, sondern daß dies vielmehr Prozesse waren, die er in der Struktur und der Funktionsweise der kapitalistischen Gesellschaft selbst wiederfand.«[10]

Hierbei ist erstaunlich, daß Colletti weder den Zusammenhang zwischen Fetischismus und Ideologiekritik, noch die Einheit von Werttheorie, Fetischismustheorie und Entfremdungstheorie in einem neuen Ansatz zu einer Erkenntnistheorie erkennt.

Um dies zu sehen, müssen wir die metaphysischen Grundlagen einer Kritik der politischen Ökonomie als einer Erkenntnistheorie erläutern. Darauf spielte bereits der änigmatische Satz an, welcher besagte, daß die klassische Reflexions- und Bewußtseinstheorie die Wirklichkeit unter dem Vorzeichen der Unbeschränktheit und Unbegrenztheit denkt; dies in einem Gegensatz zum Modell einer politischen Ökonomie. Was ist die Bedeutung und die Relevanz dieses Gegensatzes?

Ausgangspunkt besseren Verständnisses ist vielleicht der Gegensatz, welchen Horkheimer in *Traditionelle und kritische Theorie* (1937) einführt. Er spricht dort von zwei Erkenntnisweisen: zuerst gibt es die im *Discours de la Méthode* begründete Erkenntnisweise, welche, so könnte man hinzufügen, in der *Kritik der reinen Vernunft* ihren Höhepunkt fand. Die Kritik der politischen Ökonomie wäre somit die Alternative zu diesem Denk- und Erkenntnismodell. Beide haben gemeinsam, daß sie das Erbe der Philosophie bewahren, indem sie sich nicht nur als eine willkürliche Forschungshypothese, sondern vielmehr als ein unablösbares Moment der historischen Anstrengung verstehen, eine Welt zu schaffen, die den Bedürfnissen und Kräften der Menschen genügt. Die entscheidende Frage, wo diese beiden Erkenntnisweisen auseinandergehen, ist jedoch, in welcher Hinsicht diese Welt in ihrem Zusammenhang mit jenen Bedürfnissen und Kräften gedacht werden kann. Soll dies eine Welt des iterativ unendlich Möglichen sein, eine Welt mit immer neuen Fortschrittsmöglichkeiten, in der das unveränderliche Wesen der Dinge als Gegensatz zur Welt der menschlichen Begebenheiten fungiert, weil es nie eine andere Grenze geben wird als jene der menschlichen Vernunft und der praktischen Tätigkeit des Menschen? Dann steht jede Erfahrung irgendeiner Begrenztheit unter dem Vorzeichen der möglichen Unbegrenztheit. Damit wird sogar die Einsicht in die Architektonik und in die Grenzen der Vernunft als subtilster Ausdruck dieser Unbegrenztheit verständlich. Wie könnte eine derartige Dominanz je aufgehoben werden, und wie könnte in bezug auf menschliche Bedürfnisse und Kräfte eine Welt gedacht werden, die jene Unbegrenztheit fortwährend als Darstellung und Schein auffassen kann? Dies ist die Ideologiefrage *par excellence.* Unsere Frage wird in der *Kritik der politischen Ökonomie* nicht beantwortet, aber sie bricht dort wenigstens durch. Die Kritik der bürgerlichen politischen Ökonomie will deshalb zeigen, wie durch eine Ökonomie der Knappheit der Sozialvertrag aufrechterhalten wird. Es ist diese Ökonomie, die den Sozialvertrag zur Grundlage von Recht und Pflicht, Freiheit und Eigentum, Individualität und Sozialität gemacht hat. Marxens verzweifelter Versuch, die Sozialität als Assoziation freier Individuen, als Aufhebung eines solchen Denkens zu betrachten – eine Formel, die auch in Husserls *Cartesianische Me-*

ditation hätte stehen können –, beweist nicht so sehr, daß der Versuch, jene Dimension aufzuheben, gescheitert ist, sondern vielmehr, daß Marx im Schatten dieser Dominanz versucht hat, seine Kritik zu formulieren. Aber schon die Ausformulierung des zu denkenden Gegensatzes entkommt nicht dem Zugriff des Sozialvertrags; denn »freie Individuen« waren seit Grotius und Hobbes die hypostasierten Elemente jenes Vertrags. Wie soll es zu einer neuen Freiheit kommen, die diesen Sozialvertrag nicht erneut bestätigt?

Zwei Denkbewegungen vereinigen sich daher. Das Prinzip der Knappheit, oder besser: der Begrenztheit, mitsamt seiner Dynamik in Form der immer notwendigerweise auftretenden Verdrängung, Platzeinnahme, Stellvertretung und Stellenwerteinschätzung wird zur Grundlage der Ideologiekritik und der Erkenntnistheorie. Man wird erinnert an Marx' Analyse der aristotelischen Begriffe *Oikonomikos* und *Chrematistikos* aus dem ersten Buch der *Politiké*. Der *Chrematistikos* erstrebt Überfluß, aber dazu gehört weder der Warenhandel, noch geht es dabei um lebenswichtige Güter. Erst durch das Entstehen des Geldes und durch seine Funktion im Tauschhandel entstand dieser Drang zum Überfluß, um dessentwillen das Geld sich um seiner selbst willen zu produzieren anfing. Geld und Geist erstreben somit Unbegrenztheit, Selbstvermehrung um ihrer selbst willen. Der *Oikonomikos* lebt hingegen in der Begrenztheit, Beschränktheit, Knappheit, es geht ihm nicht ausschließlich ums Geld als Selbstzweck. Marx zitiert Aristoteles im Lichte seines eigenen Verhältnisses zur klassischen politischen Ökonomie: »Die Verwechslung beider Formen, die einander überspielen, veranlaßt einige, die Erhaltung und Vermehrung des Geldes ins Unendliche als Endziel der Ökonomik zu betrachten.«[11]

Dieses Prinzip der Begrenztheit ist nur verständlich, wenn die in der Lebenswelt sich kontinuierlich manifestierende Darstellung der Wirklichkeit als Oberfläche dieser Wirklichkeit aufgefaßt wird. Das bewirkt zweierlei: diese Oberfläche wird durch eine Tiefenstruktur hervorgerufen, aber diese Tiefenstruktur ist nicht als Dimension automatisch ablaufender Bewußtseinsvorgänge zu betrachten, sondern als Ensemble von immer wechselnden Produktionsverhältnissen. Die Differenz zwischen Oberflächenstruktur und Tiefenstruktur der Wirklichkeit ist parallel gedacht zur Unterscheidung von *phénotexte* und *génotexte* (Kristeva). Letztgenannter ist als *anamnesis* des phénotexte zu betrachten, nicht als tragende Idealität, basale Materialität oder gar als Schichtenverhältnis überhaupt. Denn die Phänomenalität der Oberfläche ist als Darstellung ein Moment der Tiefenstruktur, wie diese nicht sein kann ohne Oberfläche. Marx berücksichtigt diese Struktur in seinen erkenntnistheoretischen Überlegungen, wo er die Entwicklung des zinstragenden Kapitals analysiert.[12] »Die Form der Revenue und die Quellen der Revenue drücken die Verhältnisse der kapitalistischen Produktion in der fetischartigsten Form aus«, heißt es dort zunächst. Durch die Differenz zwischen Form und Quelle und zugleich durch den Vorgang des Sich-ausdrückens der kapitalistischen Produktionsverhältnisse entsteht nicht eine willkürliche, sondern die fetischartigste Form jener Produktion. Dieser Superlativ wird durch die endgültige Trennung von Phänomenalität und Tiefenstruktur der kapitalistischen Wirklichkeit produziert. »Es ist ihr Dasein, wie es an der Oberfläche erscheint, von dem verborgnen Zusammenhang und den vermittelnden Zwischengliedern getrennt.« Diese Tiefenstrukturen des Zusammenhangs und der Vermittlung haben für Marx offensichtlich den Wert einer Quelle, und dies keineswegs *in abstracto*. Denn es entsteht ein Doppeltes: das Verhältnis von Oberfläche und Tiefe, Form und Quelle bleibt erhalten, aber im Ausdruck der kapitalistischen Verhältnisse wird die wahre Bedeutung jenes Verhältnisses verkehrt: »So wird die *Erde* Quelle der *Grundrente*, das *Kapital* die Quelle des *Profits* und die *Arbeit* die Quelle des *Arbeitslohns*.« Hier ist der hypostasierende Prozeß am Werk: die Verkehrung drückt sich in einer verkehrten Form aus, diese wird in den ideologischen Vorstellungen fortwährend reproduziert, und Kausalitätsketten entstehen, die eine Darstellung der Oberfläche für selbstverständliche und tatsächliche alltägliche Lebensweltlichkeit, ja, für natürliche Wirklichkeit halten.

Warum nennt Marx die Erkenntnis der Wirklichkeit »eine Religion des Vulgären«? Eben weil es sich bei einer Vorstellungsweise offensichtlich um eine »Übersetzung«, eine Transformation, um die Erfüllung des Vertrags mit der Oberfläche und somit um eine hypostasierende Redeart handelt. Schließlich wird diese Betrachtungsweise, die keine eigentliche Betrachtungsweise ist, als Wort der Macht entschleiert:

»Die Vulgärökonomen ... übersetzen in der Tat die Vorstellungen, Motive etc. der in der kapitalistischen Produktion befangenen Träger derselben ... in eine doktrinäre Sprache, aber vom Standpunkt des herrschenden Teils aus ...«

So entsteht ein bestimmter, fetischisierter Diskurs, nämlich das fortwährende »bornierte und pedantische Aussprechen der Vulgärvorstellungen, die sich notwendig in den Trägern dieser Produktionsweise erzeugen ...« Dieses Reden erfüllt eben den Sozialvertrag als Vertrag mit der Wahrheit der Oberfläche. Die Vulgärökonomen – Repräsentanten eines ideologisch befangenen Denkens – erfüllen diesen Vertrag, als wäre er eine Naturnotwendigkeit, sobald sie ihn konstituiert haben. Daraus ergibt sich die politische Relevanz einer diese Vorgänge aufdeckenden Kritik: die *natürliche* Redeweise entpuppt sich im Lichte dieser Kritik als Wort der Macht. Die »Narben der Entstehung« (Marx) dieser Macht sind unsichtbar geworden, der Fetisch und das »gesellschaftliche Verhältnis ist vollendet als Verhältnis des Dings (Geld, Ware) zu sich selber«. Stellte sich der *Chrematistikos* nicht dar, indem er alle Vermittlung auslöschte, und auch, wenn »die *Fetischgestalt* des Kapitals wie die Vorstellung von dem *Kapitalfetisch* fertig« ist?

Die Ideologiekritik und in einem weiteren Sinne die Erkenntnistheorie der politischen Ökonomie kommt somit nicht aus ohne die Differenz zwischen Oberfläche und Tiefe. Daß es hier nicht um ein einfaches dialektisches Modell im traditionellen Sinne sich handelt, ist offensichtlich. Weniger klar ist vielleicht, daß sich auch hier das Prinzip der Begrenztheit als Gegensatz zu einem Denken unter dem Vorzeichen der Unbegrenztheit durchsetzt. Aber dies kann bereits aus der Tatsache abgeleitet werden, daß die Phänomenalität der Oberfläche nicht besteht, ohne zugleich Moment der Tiefenstruktur zu sein. Es ist ähnlich wie mit Marxens Nachweis hinsichtlich des »Stellenwerts des Kapitals«, welcher besonders im ersten Band des *Kapitals,* wie auch in den Entwürfen des vierten Bandes (den *Theorien über den Mehrwert*) zu finden ist. Oberstes Gesetz ist hier einmal, daß etwas nicht sein kann, wo sich schon etwas anderes befindet – das Prinzip der Verdrängung, Besetzung, Vertretung –, und zum andern, daß das überhaupt nur möglich ist, weil es Stellen gibt, die besetzt werden können. Die Realität ist in diesem Lichte ein Ensemble von zu besetzenden Stellen, aber auch ein Ensemble von immer schon durch Produktionsvorgänge besetzten Stellen. Dieses dem Linguisten sehr vertraute Bild hat allgemeinere Gültigkeit. Stellvertretung, Platzeinnahme, Assimilation, Identifikation, Syntax, ja, Klassenkampf – aus solchen Prozessen wird ersichtlich, wie sehr sogar Macht unter dem Vorzeichen der Begrenztheit steht. Dies wäre die radikalste Schlußfolgerung aus der hegelschen Dialetik von Herrschaft und Knechtschaft. Ironischerweise treffen sich gerade hier Ideologiekritiker und Vulgärökonomen. Sie tun dasselbe, sie kämpfen beide um die Besetzung offener Stellen, aber die einen wollen dies selbst nicht wahr haben, und die anderen vermuten nur, sie wüßten, was sie tun. Wer von ihnen entkommt letztlich dem Zugriff des Wortes der Macht? Nur ein Denken, das sich für aufklärerisch hält und im Selbstbestimmungs- und Selbstverwirklichungspostulat der Aufklärung gefangen bleibt, meint hier eine endgültige Antwort finden zu können.

Dennoch definiert Marx aber gerade von einem solchen Postulat her die Arbeit als *Selbst*-Erzeugnis des Menschen. Erkenntnistheorie ist demzufolge die Theorie der Einsicht, daß das Arbeitsprodukt nicht nur eine Vergegenständlichung des Arbeiters darstellt (Entfremdungstheorie), sondern auch, daß der Mensch aufgrund seiner Anpassung an die Natur die Idee zu jenem Mittel machen kann, wodurch der Gegenstand seiner Arbeit als das behandelt wird, was er wirklich oder vermeintlich ist (Fetischismustheorie). In der Verschränkung dieser beiden Theorien liegt beschlossen, weshalb ideologische Verhältnisse produziert und Hypostasierungen als Naturnotwendigkeit erscheinen. Produktionsverhältnisse in der Tiefenstruktur, die gesellschaftliche Produktionsverhältnisse sind, zeigen das Spannungsverhältnis von Subjektdenken und A-Subjektivität auf eine solche Weise, daß die Kritik der politischen Ökonomie dadurch genügend ausgezeichnet wird. Im Innersten dieses Spannungsverhältnisses ist das Prinzip der Begrenztheit und seine Dynamik der Verteilung durch Verdrängung und Besetzung am Werke. In der Psychoanalyse, Linguistik und auf anderen Gebieten der Humanwissenschaften wird dieses Prinzip und die Einsicht in seine Dynamik teilweise bereits angewandt. Wie sehr solche Anwendungen tatsächlich als vereinzelte Beiträge zu einer umfassenden und neuartigen Erkenntnistheorie betrachtet werden können, sollte die Ausarbeitung einer Kritik der politischen Ökonomie als Erkenntnistheorie zeigen. Dort könnte deutlich werden, daß der Ökonomie eine umfassendere Bedeutung zukommt, als die bürgerliche Ökonomie ihr je zu verleihen vermochte (Bataille), und daß Politik nicht die Politik eines individuellen Willens, eines Bewußtseins, eines Privatinteresses oder gar einer Partei oder Gruppe ist. Ökonomie wird dann zum übergreifenden Begriff für jene Dynamik der Stellvertretung, Platzeinnahme, Verdrängung, welche eben jenem Prinzip der Begrenztheit eine zentrale Stellung im Erkennen zu verleihen vermag. Die skizzierte Dominanz der abendländischen Metaphysik, den Menschen unter dem Vorzeichen der Unbegrenztheit als Macht zu denken, ist demgemäß relativierbar. Praxis und Erkenntnis sind dann keine auswechselbaren Elemente einer Erkenntnistheorie mehr, denn eine solche Auffassung wäre mit dem theoretischen Grundmodell einer Kritik der politischen Ökonomie unvereinbar. Die Möglichkeit der Transformation von Erkenntnis- und Redeweisen, wie Marx sie problematisierte, beruht eben nicht auf Tauschverhältnissen von Theorie-Elementen. Kehren wir zurück zu den Bedingungen eines Gesprächs zwischen Marxismus und Phänomenologie im Lichte der erwähnten Problematik. Es ist merkwürdig, wie sehr Husserl die dargelegten Grundmotive stützt, wenn er über den Zusammenhang der Apriorizität und der Historizität der Lebenswelt spricht. Denn einerseits soll die Lebenswelt ein Apriori aller Historizität und eigentlich aller Erkenntnis sein; andererseits ist die Lebenswelt selber historisch-relativ, denn sie ist ein sich immer wandelnder soziokultureller Kontext.

Dieser Doppelsinn verweist auf das Zusammenspiel einer zweifachen Theoretizität der Erkenntnis: es gibt die Möglichkeit einer subjektzentrierten transzendental-phänomenologischen Reduktion, aber es gibt auch jene der a-subjektiven Lebensweltanalyse. Die Reduktion wird unter dem Vorzeichen der Unbeschränktheit vollzogen, das reduktive Verfahren ist in sich eine Demonstration der Macht in Form der beherrschbaren Bewußtseinsintentionalität. Die Lebensweltanalytik steht aber insofern quer zur Reduktionstheorie, als diese durch jene nicht aufgehoben wird, sondern dazu führt, daß der implizite Anspruch der unbeschränkten Macht jener Bewußtseinsaktivität eingeschränkt und relativiert wird. Die Idee der Lebenswelt ist sinnvoll, weil *beide* Momente für die Praxis ausschlaggebend sind. Es liegt hier eine Einheit in der Differenz vor: die Theorie steht nicht der Praxis, die Subjektivitätstheorie nicht der Theorie des A-Subjektiven, Reduktionstheorie nicht der Lebensweltanalyse gegenüber – ebensowenig wie für Marx Ideologiekritik im Sinne der *Deutschen Ideologie* und die Fetischismustheorie gegensätzlich sind. Denn eine Trennung der beiden würde erst recht zur Entfremdung beitragen.

Erkenntnis erscheint als ausgezeichnetes Vermögen, von jeder beliebigen Vorstellung aus Linien einer größeren Vervollkommnung zu zeichnen. Für Husserl geschieht dies aber im Bewußtsein, daß dies notwendigerweise eine Aktivität in der *Beschränktheit* ist. Diese Beschränktheit hat, je nach dem Charakter der jeweiligen Praxis, unterschiedliche Merkmale. Eine wichtige Differenz ist in dieser Hinsicht zu verzeichnen zwischen der idealen Praxis eines reinen Denkens, welche sich ausschließlich im Reiche reiner Limesgestalten aufhält, und den Beschränkungen der realen Praxis[13]. Beschränkungen innerhalb der idealen Praxis stellen sich dar als Grenzen der Theorie. Diese können durch die Idealität des Theoretischen selbst hervorgerufen, wie auch durch einen Einbruch der historisch-relativen Lebenswelt in dieser Idealität erfahren werden. Das Denken eines »plus ultra«, einer Konzeption des »immer wieder« ist im Vorgang des Erkennens mit dem Denken der Grenze und der Beschränktheit aufs engste verbunden, die Konstruktion eines Gegensatzes zwischen diesen beiden käme der Konstruktion eines falschen ideologischen Bewußtseins nahe.

Ein weiterer Hinweis auf die Funktion des Prinzips der Beschränktheit und seiner Dynamik der Platzeinnahme ist Husserls Umschreibungen von Philosophie und Theoretizität zu entnehmen. Im Menschen als subjektivem Wesen vollzieht sich die Verwirklichung einer Kultur, indem die naive Empirie des Alltags und die unkritisch hingenommenen Traditionen schrittweise verdrängt werden. Statt dessen entstehen Ideale und Normierungen, die eine fast philosophische, jedenfalls universal-kritische Einstellung begünstigen. Deshalb ist diese neue Erkenntnishaltung keine rein theoretische, sondern ein Moment der Praxis.

»Vermöge der Forderung, die gesamte Empirie idealen Normen, nämlich denen der unbedingten Wahrheit zu unterwerfen, ergibt sich daraus alsbald eine weitgreifende Wandlung der gesamten Praxis des menschlichen Daseins, also des ganzen Kulturlebens; sie soll sich nicht mehr von der naiven Alltagsempirie und Tradition, sondern von der objektiven Wahrheit normieren lassen.«[14]

Man darf nun nicht meinen, daß die auf solche Weise zustandegekommene Objektivität eine mathematische oder allgemein-theoretische sei. Es handelt sich im Gegenteil um eine Objektivität der alltäglichen Praxis, die sich der naiven Alltagsempirie mehr und mehr entzieht, ohne jedoch ihre intersubjektive Geltung einzubüßen. Solches wäre als das Ergebnis des beschriebenen Prozesses der Stellenwechsel und Platzverdrängung zu betrachten. Hier liegt die erkenntnistheoretisch ausgereifte Erklärung für Husserls Äußerungen, die oft nur mit einem skeptischen Lächeln hingenommen wurden. So beschreibt er, wie eine Zusammenarbeit aufgrund des beschriebenen Prozesses entstehen kann, eine neuartige Beseelung, die ihre Auswirkung in Bildung und Erziehung nicht verfehlen wird. Auf solche Weise könnte das Unmögliche tatsächlich möglich werden: eine neue Kultur und ein neues humanitäres Bewußtsein.

Vielleicht ist es überflüssig, diese offensichtliche Naivität, die als Resultat einer äußerst relevanten erkenntnistheoretischen Einsicht zu betrachten ist, mit der sogenannten brutalen Realität zu konfrontieren. Denn ohne Leitbilder kann keine Gesellschaft existieren. Oft stehen diese im dauernden Konflikt mit der augenblicklichen Situation. Das ist auch hier der Fall. Aber dieser Konflikt weist auf die Wurzeln von Macht und Erkenntnis in unserer Gesellschaft hin. So entsteht ein Kampf, der das philosophische Interesse an neuen Erkenntnisformen und Modellen direkt in ein Politikum verwandelt.

»Offenbar führt das nicht einfach zu einer homogenen Verwandlung des normalen, im ganzen befriedigenden staatlich-nationalen Lebens, sondern mit Wahrscheinlichkeit zu großen inneren Spaltungen, in denen dasselbe und das Ganze der nationalen Kultur in einen Umbruch hineingerät. Die in der Tradition konservativ Befriedigten und der philosophische Menschenkreis werden einander bekämpfen, und sicherlich wird der Kampf sich in der politischen Machtsphäre abspielen. Schon in den Anfängen der Philosophie beginnt die Verfolgung. Die Menschen, die auf jene Ideen hinleben, werden geächtet. Und doch: Ideen sind stärker als alle empirischen Mächte.«[14]

Diese und ähnliche Bemerkungen Husserls sind oft aufgefaßt worden, als wären sie mehr oder weniger zerstreute und irrelevante Bemerkungen zur philosophischen Aktivität als ganzer, und als hätten sie nichts mit dem erkenntnistheoretischen Gerüst der transzendental-phänomenologischen Philosophie zu tun. Wenn man jedoch beachtet, welcher besondere Entwurf einer Erkenntnistheorie im Hintergrund steht und wie sehr die hier angeführten Motive eine Einheit bilden mit den Überlegungen von Merleau-Ponty oder Sartre, mit Heideggers Humanismus-Brief und Beaufrets Fragen, mit dem täglichen Kampf und den Idealen der »Praxis«-Gruppe, dann wird man eines besseren belehrt.

»Nie kann es aber besser werden, solange der aus einer natürlichen Einstellung auf Umweltlichkeit entsprungene Objektivismus in seiner Naivität nicht durchschaut ist und die Erkenntnis durchgebrochen, daß die dualistische Weltauffassung... eine Verkehrtheit ist.«[14]

Husserls Aufruf verbirgt eine merkwürdige Pointe. Es sieht so aus, als würde die dualistische cartesianische Einstellung abgelehnt, und als bilde diese Ablehnung den Leitfaden von den *Cartesianischen Meditationen* bis zur *Krisis.* Das Gespräch zwischen Phänomenologie und Marxismus verdeutlicht jedoch in erster Linie, daß es sich hier um eine tieferliegende Struktur handelt. Objektivismus, Naivität und Verkehrtheit sind Begriffe, die hinweisen auf ein fragloses Erfüllen des Vertrags mit dem Augenscheinlichen, mit der Oberfläche der Phänomene. Erkannt wird, daß ein solcher Objektivismus letzten Endes eine Form des Fetischismus wäre. Hypostasierung erscheint in diesem Lichte als der wichtigste Faktor des Erkenntnisvorganges. Kinder benötigen, jedenfalls in unserer Kultur, Bilder, um die Strukturen der alltäglichen Wirklichkeit verstehen zu lernen. Und auch wir neigen dazu, diese Wirklichkeit bildhaft aufzufassen. Jeder Mensch benötigt Bilder und Symbole, um sich in der vielfältigen Wirklichkeit zu orientieren. Aber diese weisen uns zugleich hinauf die unabdingbare Notwendigkeit, jene Hypostasierung zu relativieren: das gilt in gleichem Maße für Gottesbilder wie für das Geld. Die Mehrzahl der Ereignisse im täglichen Leben beweist, wie zerstörerisch der Ontologisierungsprozeß wirkt, wenn er undurchschaut bleibt. »Nicht mache dir Schnitzgebild – alle Gestalt des, was im Himmel oben, was auf Erden unten, was im Wasser unter der Erde ist, neige dich ihnen nicht...« (Übersetzung Buber-Rosenzweig). Merkwürdig bleibt, daß diese Herausforderung vielleicht zu den wichtigsten Motiven eines Gesprächs zwischen Marxismus und Phänomenologie zählen dürfte.

Anmerkungen

1 Jan M. Broekman: *Strukturalismus, Moskau – Prag – Paris,* Freiburg i. Br. 1971, S. 114ff.
2 MEW, Bd. 23, S. 26.
3 MEW, Bd. 23, S. 95.
4 MEW, Bd. 13, S. 21; Jacques Rancière: *Lire le Capital,* Bd. III, Paris 1973, S. 95.
5 Dies ist klar zu erkennen aus dem von G. Duménil analysierten Material für seine Abhandlung: *Le concept de loi économique dans »Le Capital«,* Paris 1978.
6 MEW, Bd. 23, S. 86.
7 A.a.O., S. 189, 95.
8 MEW, Bd. 25, S. 412; MEW, Bd. 23, S. 189ff.
9 MEW, Bd. 23, S. 94; ebd. S. 19ff., S. 25ff.
10 Lucio Colletti: *Marxismus und Dialektik,* Frankfurt/Berlin/Wien, 1977, S. 27ff.; ders.: *Hegel und der Marxismus,* ebd. 1976, S. 229ff. Ernst Michael Lange: »Wertformanalyse, Geldkritik und die Konstruktion des Fetischismus bei Marx« in: *Neue Hefte für Philosophie,* XIII, Göttingen 1978, S. 1–49.
11 Aristoteles: *Politik I,* III, 8–15; MEW, Bd. 23, S. 167, 179ff.
12 MEW, Bd. 26.3, S. 445ff.
13 E. Husserl: *Die Krisis der europäischen Wissenschaften und die transzendentale Phänomenologie.* Husserliana VI, Den Haag 1954, S. 23.
14 A.a.O., S. 335, 345.

Hinweise zu den Autoren

Jan M. Broekman: geb. 1931 in Voorburg (Niederlande). Studierte Soziologie und Philosophie in Leiden und Göttingen, promovierte mit einer Arbeit über Husserl (*Phänomenologie und Egologie,* Den Haag 1963). Danach Lehrtätigkeit an der Sozialakademie Den Haag und an der Universität Amsterdam, seit 1968 o. Professor für Philosophie, besonders Rechtsphilosophie und Philosophie der Gegenwart, an der Universität Leuven. Weitere Veröffentlichungen: *Strukturalismus* (Freiburg 1971, übers. ins Niederländische, Englische und Spanische), dazu zahlreiche Studien zur Ästhetik, zu Grundlagenfragen der Psychatrie, zur Sozialphilosophie und zur Rechtsphilosophie und -theorie. Herausgeber der Reihe »Kolleg Rechtstheorie« (Alber Verlag). Broekman arbeitet zur Zeit an rechtsphilosophischen Problemen (*Recht und Anthropologie*, Freiburg 1979 und *Mens en mensbeeld van ons recht*, Leuven 1979), an einer Interpretation von Bubers »Ich und Du« und an einer Philosophie der Diskursivität. Er bemüht sich um eine Synthese von Strukturalismus und dialogischem Denken, unter Nutzung seiner phänomenologischen Schulung und in Verarbeitung marxistischer Anregungen.

William H. Newton-Smith: geb. 1943 in Kanada. Studierte zunächst Mathematik und Philosophie an der Queen's University, Kanada, dann Philosophie an der Cornell University, Ithaca, New York (M. A. bei Max Black) und in Oxford (D. Phil. bei A. N. Prior und M. A. E. Dummett mit der These »The Structure of Time«). Seit 1970 Fellow und Tutor bzw. Senior Tutor am Balliol College und gleichzeitig Dozent für Philosophie an der Universität Oxford. Die philosophischen Hauptinteressen gelten der Wissenschaftstheorie, der Philosophie, der Physik, speziell der Theorie der Materie, der Sprachphilosophie und philosophischen Raum- und Zeittheorien. Veröffentlichungen: *The Structure of Time* (Frühjahr 1979); *The Rationality of Science* (erscheint voraussichtlich Herbst 1979 bei Routledge & Kegan Paul).

Leszek Nowak: geb. 1943 in Polen. Studium der Rechts- und Sozialwissenschaften und der Philosophie in Poznań und Warschau. 1967 Promotion. 1970 Habilitation in Wissenschaftstheorie. Seit 1976 o. Prof. am Institut für Philosophie der Universität Poznań. Die wichtigsten Veröffentlichungen: *Grundlagen der Marxschen Wissenschaftsmethodik* (Warschau 1971, polnisch, it. Übersetzung: Bologna 1977); *Prinzipien der Marxschen Wissenschaftstheorie* (Warschau 1974, polnisch); *Grundlagen der Marxschen Axiologie* (Warschau 1974, bulg. Übersetzung: Sofia 1975); *Grundlagen der Marxschen Dialektik* (Warschau 1977, polnisch); *Einführung in die*

Idealisierungskonzeption der Wissenschaft (Warschau 1977, polnisch); *Vorlesungen über marxistische Philosophie:* I. Dialektik, II. Ontologie und Epistemologie, III. (zusammen mit P. Buczkowski u. A. Klawiter) Historischer Materialismus (Poznań 1976–79). *The Structure of Idealization* (Reidel, Dordrecht, im Druck). Herausgeber der *Poznan Studies in the Philosophy of the Sciences and the Humanities* (Grüner, Amsterdam). Nowaks Hauptinteressen gelten der Methodologie der Humanwissenschaft, der Rechtstheorie, allgemeinen Fragen der Methodologie und speziell einer Rekonstruktion der Marxschen Methodologie und Epistemologie und der Dialektik im Rahmen des Historischen Materialismus.

Ernst Wolfgang Orth: geboren 1936 in Bonn. Studium der Philosophie, Psychologie, Germanistik und Geschichte in Mainz und Freiburg/Br. Promotion 1965 bei G. Funke in Mainz. Seit 1970 Professor für Philosophie an der Universität Trier. Seit 1974/75 Herausgeber der *Phänomenologischen Forschungen,* seit 1978 Vizepräsident der Deutschen Gesellschaft für phänomenologische Forschung. Veröffentlichungen: *Bedeutung, Sinn, Gegenstand.* Studien zur Sprachphilosophie E. Husserls und R. Hönigwalds (Bonn 1967); Einzelstudien zur Sprachphilosophie, vergleichenden Philosophie- und Wissenschaftsgeschichte und zu phänomenologischen Themen. Die Schwerpunkte der philosophischen Arbeit, nämlich Philosophie des 18. und 19. Jahrhunderts, Sprachphilosophie, Anthropologie und Neukantianismus, finden ihren Zusammenhalt in einer von Husserls Phänomenologie bestimmten Perspektive, wobei zugleich wissenssoziologische Interessen miteinfließen.

Lauri Routila: geb. 1934 in Finnland. Studierte Philosophie, alte und moderne Literatur und Kunstwissenschaft an der Universität Turku. Habilitation 1970. Lehrtätigkeit an verschiedenen finnischen Universitäten und Hochschulen. Seit 1972 Forscher, seit 1976 leitender Forscher an der *Akademie von Finnland.* Gastprofessor an der Universität Hamburg im Sommersemester 1978. Seit 1971 Präsident der Finnischen Gesellschaft für Philosophie und phänomenologischen Forschung (gegr. 1961). Veröffentlichungen: *Die aristotelische Idee der Ersten Philosophie* (Amsterdam 1969), *Über Zeichen, Sinn und Wahrheit* (Turku 1971), *Meaning and the Concrete Thing – A Prolegomenon to the ›Metaphysics‹ of Art* (Turku 1977) und Aufsätze, Essays und Rezensionen in wissenschaftlichen Zeitschriften und Jahrbüchern. Im Rückgang auf Husserl, Heidegger und Gadamer versucht Routila eine hermeneutische *Philosophie der Produktion* zu verwirklichen, die die menschlichen Gestaltungen und Lebensformationen wiederzuerkennen und kritisch zu prüfen hat. Routila sieht die Philosophie als einen Vorgang an, der im schulfreien, offenen Gepräch die Kommunikation mit jedem über alles zu fördern sucht. Z. Z. arbeitet er an zwei größeren Plänen: an seinem Buch *Die theoretischen Grundlagen der humanwissen-*

schaftlichen Forschung (erscheint 1979) und an der Philosophie von Nicolaus Cusanus.

Ilja Srubar: geb. 1946 in Teplitz (ČSSR). Studium der Philosophie, Soziologie und Geschichte in Prag (u. a. bei K. Kos(k und M. Machovec) und Frankfurt/M. Das Interesse an der von K. Kos(k und J. Patočka in Prag wiederbelebten Phänomenologie führte zu einer Dissertation, die den Zusammenhang zwischen der Zeitstruktur der sozialen Wirklichkeit und ihrer intersubjektiven Konstitution behandelt *(Glaube und Zeit. Über die Begründung der Metaentwürfe der sozialen Welt in der Struktur der sozialen Zeit,* Frankfurt 1975). 1974 Promotion in Frankfurt/M. Seit 1974 Lehrtätigkeit im Fachbereich Soziologie der Universität Konstanz. Veröffentlichungen: *Kultura víry (Die Kultur des Glaubens. Eine Studie über den Zusammenhang der altjüdischen und der europäischen Geschichtsauffassung,* tschechisch, Prag 1969); »Die Theorie der Typenbildung bei A. Schütz«, in: R. Grathoff/W. M. Sprondel (Hrsg.), *A. Schütz und die Idee des Alltags,* Stuttgart 1978. Das gegenwärtige Interesse gilt dem Versuch, das in der phänomenologischen Soziologie von Schütz vorgegebene analytische Instrumentarium so weiterzuentwickeln, daß die Konstitution konkreter, historischer Lebenswelten begreifbar wird. Daraus ergibt sich die Notwendigkeit, sowohl auf Husserl zurückzugreifen (zum Zwecke der Begriffserklärung) als auch auf Theorien wie die von Marx oder Max Weber, die Modelle für historische Entwicklungen einer Gesellschaft entwerfen.

Mihály Vajda: geb. 1935 in Budapest. Studierte ebendort Philosophie, u. a. bei Agnes Heller; Promotion 1958, Habilitation 1967. Nach der Promotion trat Vajda in engen persönlichen Kontakt zu Lukács und schloß sich seinem Kreis an. Er wird der sog. Budapester Schule zugerechnet. Nachdem er wegen »revisionistischer und linksradikaler antimarxistischer Gedanken« seines Amtes enthoben worden war, war er 1961–1973 wissenschaftlicher Mitarbeiter des Instituts für Philosophie an der ungarischen Akademie der Wissenschaften in Budapest. Veröffentlichungen: *Eingeklammerte Wissenschaft,* Zur Kritik der Wissenschaftsauffassung der Husserlschen Phänomenologie (Habilitationsschrift, Budapest 1967, ung.); *An der Grenze von Mythos und Ratio,* Die Phänomenologie von E. Husserl (Budapest 1968, ung.); *Faschismus als Massenbewegung* (London 1976, engl.). Mitverfasser von mehreren Büchern der »Budapester Schule«, u. a.: *Individuum und Praxis,* Positionen der »Budapester Schule« (Frankfurt/M. 1975). Herausgebertätigkeit: Lukács, *Lenin* (Budapest 1970, ung.); Lukács, *Geschichte und Klassenbewußtsein,* (Budapest 1972, ung.); *Ausgewählte Kleinere Studien von Husserl* (Budapest 1972, ung.); *Fichtes Ethische Schriften* (Budapest 1976, ung.). Vajdas philosophische Hauptinteressen gelten der Phänomenologie; der Geschichte der marxistischen Philosophie und Sozialtheorie mit dem Schwerpunkt »Philosophie der Praxis«; der politischen Soziologie mit dem Schwerpunkt Staatstheorie und der Ästhetik der Malerei. Er bekennt sich zu einem phänomenologischen Marxismus im Sinne einer kritischen Sozialtheorie.

Bernhard Waldenfels: geb. 1934 in Essen. Studium der Philosophie, Psychologie, Klassischen Philologie und Geschichte in Bonn, Innsbruck, München und Paris. Promotion 1959 und Habilitation 1967 in München. Nach dortiger anfänglicher Lehrtätigkeit seit 1976 o. Professor für Philosophie an der Universität Bochum. Von 1970–76 Vizepräsident der Deutschen Gesellschaft für phänomenologische Forschung. Veröffentlichungen: *Das sokratische Fragen* (Meisenheim 1961); *Das Zwischenreich des Dialogs.* Sozialphilosophische Untersuchungen in Anschluß an E. Husserl (Den Haag 1971); Einzelstudien zur praktischen Philosophie, zur Sozial- und Sprachphilosophie, zur modernen französischen Philosophie. Übersetzung von Merleau-Pontys »Struktur des Verhaltens«. Mitherausgeber der *Philosophischen Rundschau.* Das derzeitige Interesse gilt Problemen des leiblichen, sprachlichen, kommunikativen Verhaltens als einem offenen Strukturierungs- und Selektionsprozeß. Die Phänomenologie, die im Austausch mit den empirischen Disziplinen den Standpunkt einer reinen Bewußtseinsphilosophie überschreitet, stößt hierbei auf marxistische Fragestellungen und auf Anregungen seitens des Strukturalismus und der Analytischen Philosophie; eine Öffnung dorthin versucht Waldenfels zu betreiben.

Quellen- und Übersetzernachweise

Es handelt sich ausschließlich um Originalbeiträge.
Die Aufsätze von W. Newton-Smith und L. Nowak wurden von Bernhard Waldenfels aus dem Englischen übersetzt.

stw 139 *Materialien zu*
Schellings philosophischen Anfängen
Herausgegeben von
Manfred Frank und Gerhard Kurz
480 Seiten
Schellings philosophische Anfänge sind noch weitgehend unaufgeklärt. Der vorliegende Materialienband macht daher in erster Linie auf ein Desiderat der Forschung aufmerksam: Welche Bedeutung hat Schellings Philosophie für die Entwicklung des Deutschen Idealismus? Welche politischen Implikationen hat seine Philosophie? – Der Band bietet unter zugleich chronologischen und systematischen Gesichtspunkten Quellen und Abhandlungen zu wesentlichen Aspekten der Frühphilosophie Schellings.

stw 141 Karl-Otto Apel
Der Denkweg von Charles Sanders Peirce
Eine Einführung in den amerikanischen Pragmatismus
384 Seiten
Apels Darstellung des philosophischen Hintergrundes der Entstehung des Pragmatismus bei Charles Sanders Peirce und von Peirces Denkweg vom Pragmatismus zum Pragmatizismus ist eine umfassende Auseinandersetzung mit dem Werk von Peirce, die den historischen Ort dieses Werkes bestimmt und seine vielfältigen fruchtbaren Wirkungen für das philosophische und wissenschaftstheoretische Denken der letzten Jahrzehnte aufweist. Sie ist zugleich eine Einführung in den Pragmatismus, den Apel – neben dem Marxismus und dem Existentialismus – als eine der heute wirklich funktionierenden Philosophien begreift, das heißt: als eine Philosophie, die Theorie und Praxis des Lebens faktisch vermittelt.

stw 144 *Seminar: Philosophische Hermeneutik*
Herausgegeben von Hans-Georg Gadamer und Gottfried Boehm
352 Seiten
Die philosophische Hermeneutik lehrt keine bestimmte Wahrheit, vielmehr repräsentiert sie ein kritisches Reflexionswissen, dem es darum geht, Erkenntnischancen offenzulegen, die ohne sie nicht wahrgenommen würden.

stw 145 G. W. F. Hegel
Grundlinien der Philosophie des Rechts oder Naturrecht und Staatswissenschaft im Grundrisse
Mit Hegels eigenhändigen Notizen und den mündlichen Zusätzen
544 Seiten
Hegels »Rechtsphilosophie – darin liegt das Geheimnis ihrer gedanklichen Provokationen und ein Schlüssel zu ihrer wechselvollen Wirkungsgeschichte – ist philosophisches Lehrbuch und politische Publizistik, gelehrter Traktat und aktuelle Kampfschrift in einem.« (Manfred Riedel)

stw 146 Shlomo Avineri
Hegels Theorie des modernen Staats
Übersetzt von R. und R. Wiggershaus
336 Seiten
Avineris Studie rekonstruiert die politische Philosophie Hegels. Sie macht deren Stellenwert – insbesondere den der Rechtsphilosophie – einerseits in Hegels philosophischem System, andererseits in den politischen Auseinandersetzungen seiner Zeit klar. Hegels politische Philosophie erscheint als der erste große Versuch, den ökonomischen und gesellschaftlichen Gegebenheiten der Moderne gerecht zu werden.

stw 147 Sören Kierkegaard
Philosophische Brocken
De omnibus dubitandum est
Übersetzt von Emanuel Hirsch
208 Seiten
Das zentrale Thema der Schrift *Philosophische Brocken* ist das Verhältnis von Wissen und Glauben. Ein vorläufiger Titel Kierkegaards lautete: »Die apologetischen Voraussetzungen der Dogmatik oder Annäherungen des Gedankens an den Glauben«. Der Titel *Philosophische Brocken* wendet sich ironisch gegen den Totalitätsanspruch der idealistischen (insbesondere der Hegelschen) Systemphilosophie.

stw 148 Fredrick C. Redlich/Daniel X. Freedman
Theorie und Praxis der Psychiatrie
Aus dem Amerikanischen von Hermann Schultz und Hilde Weller
1216 Seiten. 2 Bände

Dieses Lehrbuch wendet sich an Studenten und Ärzte, insbesondere Nervenärzte, an Psychologen, Soziologen und Sonderschulpädagogen, an Sozialarbeiter, medizinisches Pflegepersonal und interessierte Laien – kurz: an alle, die in ihrer Ausbildung oder in ihrer beruflichen Praxis mit den Problemen psychischer Gesundheit und Krankheit zu tun haben. Psychiatrie wird von den Verfassern als eine *angewandte Humanwissenschaft* verstanden, die sich mit Erforschung, Diagnose, Vorbeugung und Behandlung gestörten oder von der Norm abweichenden Verhaltens befaßt.

stw 149 Urs Jaeggi
Theoretische Praxis
224 Seiten
In der deutschen Strukturalismus-Debatte ist der strukturale Marxismus in die sozialphilosophische Fragestellung aufgesogen worden. Als Kritiker am Hyper-Empirismus, als Gegner der »Rhapsodie von Fakten«, steht er andererseits quer sowohl zu einem Spät- oder Neohegelianismus wie auch zu den Exerzitien einer wortgetreuen Marx/Engels-Exegese. Jaeggi versucht herauszuarbeiten, weshalb der strukturale Ansatz dabei nicht gegen die historisch-materialistische Methode ausgespielt werden kann, sondern im Rahmen des historischen Materialismus richtige Fragen formuliert und reformuliert.

stw 151 Clemens Lugowski
Die Form der Individualität im Roman
Mit einer Einleitung von Heinz Schlaffer
240 Seiten
Seit ihrem ersten Erscheinen (1932) ist Lugowskis Abhandlung nur wenigen Fachgelehrten bekanntgeworden: einer der bedeutendsten Beiträge zur Literaturwissenschaft ist noch zu entdecken. Seine Parallelen liegen außerhalb der zünftigen Germanistik: in Cassirers *Philosophie der symbolischen Formen*, in den kunsttheoretischen Arbeiten der Warburg-Schule, im russischen Formalismus.
In der gegenwärtigen Situation der Literaturwissenschaft, die sich in textlinguistische und sozialgeschichtliche Schulen getrennt hat, kann dieses Buch an vergessene Vermittlungen erinnern: an ästhetische Sinnformen, an die besondere Weise der Dichtung, Leben und Welt deutend darzustellen.

stw 154 Jürgen Habermas
Zur Rekonstruktion des Historischen Materialismus
352 Seiten
Die in diesem Band zusammengefaßten Arbeiten zielen alle auf die Rekonstruktion des Historischen Materialismus ab. Rekonstruktion heißt hier: eine Theorie auseinandernehmen und in neuer Form wieder zusammensetzen, um das Ziel, das sie sich gesetzt hat, besser zu erreichen.

stw 155 Peter Weingart
Wissensproduktion und soziale Struktur
256 Seiten
Die in diesem Band zusammengefaßten Arbeiten zielen alle auf die Begründung und Explikation eines neuen Ansatzes in der Wissenschaftssoziologie. Ihr systematischer Zusammenhang ergibt sich aus dem Versuch, Wissen als »soziale Kategorie« zu fassen. Damit eröffnet sich die Möglichkeit, die historische und aktuelle Analyse der Wissenschaftsentwicklung und -politik über die Beschränkungen der in diesem Feld vorherrschenden Begriffsraster hinauszutreiben.

stw 156 *Seminar: Kommunikation, Interaktion, Identität*
Herausgegeben von Manfred Auwärter, Edit Kirsch und Klaus Schröter
Der Band enthält Arbeiten aus der Interaktions- und Kommunikationsforschung, die u. a. als Beiträge zur Klärung folgender Fragen gesehen werden können: Wie interpretieren Individuen wechselseitig ihre Äußerungen und Handlungen? Wie stimmen sie Erwartungen aufeinander ab? Wie verhalten sie sich im Fall der Enttäuschung von Erwartungen? Was folgt daraus für den Prozeß, in dem grundlegende interaktive und kommunikative Fähigkeiten erworben werden und Identitäten aufgebaut und bewahrt werden?

stw 157 Heinz Kohut
Narzißmus
Eine Theorie der psychoanalytischen Behandlung narzißtistischer Persönlichkeitsstörungen
Aus dem Amerikanischen von Lutz Rosenkötter
400 Seiten

»Ohne Frage ist dieses Buch ein Meilenstein, nicht nur in der Fortentwicklung der Psychoanalyse über Freuds ursprüngliche Ansätze hinaus, sondern auch im so langsam und zäh fortschreitenden Erkenntnisprozeß des Menschen über seine eigene Natur.« *Jürgen vom Scheidt*

stw 158 Norbert Elias
Über den Prozeß der Zivilisation
Soziogenetische und psychogenetische Untersuchungen
Erster Band: Wandlungen des Verhaltens in den weltlichen Oberschichten des Abendlandes
350 Seiten

stw 159 Norbert Elias
Über den Prozeß der Zivilisation
Soziogenetische und psychogenetische Untersuchungen
Zweiter Band: Wandlungen der Gesellschaft. Entwurf zu einer Theorie der Zivilisation
508 Seiten
Die Soziologie des 20. Jahrhunderts konzentriert sich vor allem auf Zustände. Die langfristigen Transformationen der Gesellschaft und Persönlichkeitsstrukturen hat sie weitgehend aus den Augen verloren. Im Werk von Norbert Elias bilden diese langfristigen Prozesse das zentrale Interesse: Wie ging eigentlich die »Zivilisation« im Abendlande vor sich? Worin bestand sie? Und welches waren ihre Antriebe, ihre Ursachen oder Motoren?
Bei Elias' Arbeit handelt es sich weder um eine Untersuchung über eine »Evolution« im Sinne des 19. Jahrhunderts noch um eine Untersuchung über einen unspezifischen »sozialen Wandel« im Sinne des 20.; seine Arbeit ist grundlegend für eine undogmatische, empirisch fundierte soziologische Theorie der sozialen Prozesse im allgemeinen und der sozialen Entwicklung im besonderen.

stw 160 Hans G. Furth
Intelligenz und Erkennen
Die Grundlagen der genetischen Erkenntnistheorie Piagets
Übersetzt von Friedhelm Herborth
384 Seiten
Hans G. Furth hat den ersten Versuch einer systematischen Darstellung der Theorie Piagets unternommen, und er hat,

wie Piaget selbst es formuliert, »diese Aufgabe außerordentlich erfolgreich gelöst«. Piaget zwingt zu einer Revolution unserer Anschauungen, wie es außer ihm in der Neuzeit nur Kopernikus, Darwin und Freud getan haben.

stw 164 Karl-Otto Apel
Transformation der Philosophie
Band 1: Sprachanalytik, Semiotik, Hermeneutik
384 Seiten

stw 165 Karl-Otto Apel
Transformation der Philosophie
Band 2: Das Apriori der Kommunikationsgemeinschaft
464 Seiten
Transformation der Philosophie meint die Transformation der Transzendentalphilosophie des Privat-Subjekts in eine Transzendentalphilosophie der Intersubjektivität.

stw 166 *Seminar: Theorien der künstlerischen Produktivität*
Entwürfe mit Beiträgen aus Literaturwissenschaft, Psychoanalyse und Marxismus
Herausgegeben von Mechthild Curtius unter Mitarbeit von Ursula Böhmer
464 Seiten
Die in diesem Band versammelten Beiträge aus westlichen und östlichen Ländern geben einen Überblick über den gegenwärtigen Stand der »Theorie« künstlerischer Produktivität und einen Ausblick auf mögliche Weiterentwicklungen dieser Theorie.

stw 176 Emile Durkheim
Soziologie und Philosophie
Mit einer Einleitung von Theodor W. Adorno
Übersetzt von Eva Moldenhauer
160 Seiten
Die Aufsätze und Diskussionsbeiträge, die unter dem Titel *Soziologie und Philosophie* zusammengestellt und zuerst 1924 veröffentlicht wurden, führen in ein für Durkheims Denken zentrales Gebiet: in die von ihm intendierte Wissenschaft der Moral, die sowohl individuelle als auch kollektive moralische – und das heißt zugleich anthropologische, psychologische und soziologische – Phänomene erfassen will.

Alphabetisches Verzeichnis der suhrkamp taschenbücher wissenschaft